U0710106

饶阿雷往来信札

小穗先生敬题

（中）

苏月笑 编

國家圖書館出版社

仲翔先生台鉴：

十月五日手教并附下大作论诗绝句二册均拜收，铭感之至。大著将遵嘱面交潘先生，请放心。

大著以七绝评论历代诗人，此类论著，古人偶有之，但近人著作中则为少见，可谓别开生面。以诗代论，易于记忆，便可参考史文之效果也。尤可贵者，每诗后之注释，精详而扼要，自作诗而自注释，殆亦林之似一人而已。旧诗识者渐少，有注释者有助于提高青年人读旧诗之兴趣也。专此奉复

顺颂

撰安

晚 林肇刚拜上

九三、十一、二

上海辞书出版社

渊雷教授：

昨天才给您写了信，请您惠撰关于《一切经音义》的文章。今天已收到严北溟教授《谈谈一部古佛教辞典——一切经音义》的文章。我是去年三月底去信请他写的，他一直没有回信，不久前听说他去外地，想来他不可能写了，就又给您写了信。这样，《一切经音义》的文章就请您不要写了。但我们仍请您惠撰它文。我们希望您就我国古辞典、类书（也是书的一种）撰写研究评介的文章，即《辞通》等也欢迎。希望与您手头的研究工作相结合，就您的方便，可好？顺颂

教祺

尚丁 上

4.30

上海市
华东师范大学历史系
蘇渊雷 教授大鉴
浙江省平阳县志编纂委员会办公室缄 周
地 址：浙江平阳县府大院 电 话：1566、1567

蘇教授：

久未奉候，罪甚。

最近平阳文物馆将会文书院加以修理，准备开放。开放前他们拟将会文书院简史、平阳建置沿革、"阳"和南雁荡会文书院有关的著名人物如我

师、孙衣言、宋平子、陈志三、周喜兰、宋之才、蔡心胜等人的简略，运用书面文字加以介绍。孙衣言、宋平子请蔡启东执笔，我师的简略事迹由晚执笔。初稿脱稿前后曾均请林敬过陈鸣翠志先生，但不妥之处可能仍然存在。原拟请我

师审阅后抄出，但因时间不允许，故只得作如下决定：即先行抄出，烦我

师审阅后再行改抄。现将原稿附上，请

审阅后再交邮寄给晚，敬请为荷。

林景熙诗章纂建会拟为林景熙出一纪念册，他们除向著名人物如我

师等约稿外，亦向晚等小人物约稿，对诗词晚

虽为门外汉，但为纪念先贤，亦愿写几句以作纪念。唯恐出丑，特录后奉请

吾师，敬请

吾师应和，我

师简略事迹一起寄下为祷。

专此 敬颂

撰安！

师母前均此问好。

晚 周千秋 首

1987.5.27.

前寄《三传》注释初稿，敬请我师抽空核实后明示，以便再加斟酌。

切切

又及

赐教处：

浙江平阳县志办公室

15×15=225　　平阳县志稿纸　　第　页

第　　页

水调歌头

为仰霄亭作

国破欲何去（往）、策蹇故乡居。春风设帐堪娱，华发伴残书。试向人间坊表，史迹斑斓千古，花片入襟裾。"仰霄"墓前立，大地绣新图。

叹（有）孤树，惊寒鸟，历崎岖，草囊入骨，杜鹃啼血越山区。万里腥膻如许，和泪诗翁挥笔，国运几时苏。中土嗟方（谁）定，家祭又何如。

苏教授：

寄上时对上片第一句用"去"还是用"往"，下片第一句用"叹"还是用"有"，下片倒数第二句用"方"还是用"谁"。上片第七句"花片入襟裾"的格律照原句，放在此处是否恰当，均请一起改定为祷。

又及

装订线

20×15=300

渊雷先生左右：今日得阅加贺卓君等同志赠我之扇，上有 大作诗画，始知自己对老教授及新青年，总慢待矣！此件珍品，到家已半个多月，今才见到，足证我之疏懒及家人之不懂事，幸老友勿以为罪也。兹特补此申谢，并祝

教安。

弟周谷城谨上。一九八三年四月廿五日

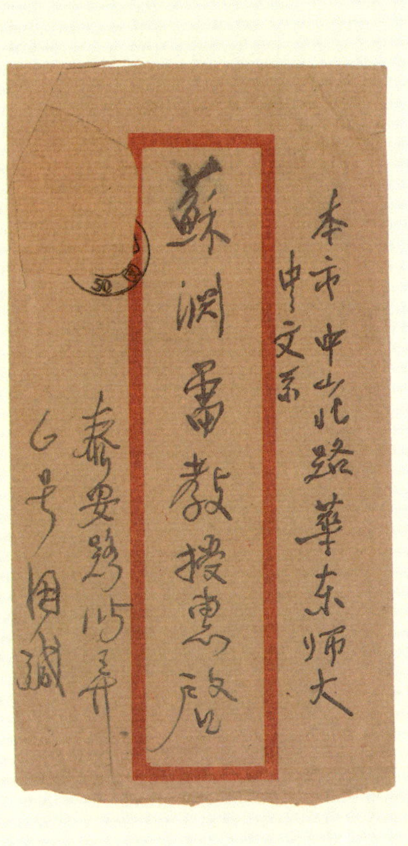
本市中山北路华东师大中文系
苏渊雷教授惠启
泰安路115弄6号周缄

盍水先生吟席：入春以来，念未修候，驰切良殷，终以迫於
俗冗，无暇握管，何胜歉疚。辰维
潭祉凝庥，
道履康豫为颂。
尊作寄示，夏老函来，盛加赞许，原函附奉
台阅。近作数首乞
正指。拙集可否先
掷还？
先影之广，不急之文，毋承
吟祺
百盍 弟采泉叩 六月十六日

盋水先生史席：今晨谈藝至快，承謬贊，尤增愧汗。兹奉上老娘夜来香徵诗启，希察收。朱别宥先生今年七十歲，有萬季野明史稿及黄梨洲手稿，自署萬黄齋主人，今併奉告，並附七绝四首，乞正。題画诗箋随函寄奉察。題後希同拙稿并擲為荷。即頌

吟祺

周湜上

廿八日晚

盋水先生吟席 日间接奉
大函即晚元如又赍来
尊画及拙稿 畅读达六时 弟所见青廿年诗人成就若
此确为罕觏 殆四灵之余烈迄今犹未泯耶
尊函略述叙言大旨已可抵一篇弁首 但总觉
推挹太过 殊不敢承 将来
秉笔时不妨简略 盛名定价固不在於溢美之辞也
即复 祇颂
兴居百益
周采泉 叩上 四月十五日

盈水老友：今春前有人自雁荡归来，知
足下方应文化局邀请，与方介堪先生等
在雁荡山作画留题，为名山生色，诚韵事
也。兹特裁笺奉候，如墨池有余润，能以
拳石或写 近作，以尺幅见赐，藉资永
葆，合弟望之。 夏老今年七十四，去岁悼
亡，上月与其女弟子吴闻（天五之妹）结婚，
兄亦闻此喜讯否？即颂
著祺百益 弟周采泉顿首 八月五日

钵水先生：阔别三年，解后相逢，匆匆即别，能无怅怅！当时曾订后会之期，迄今未见
惠临，想已北上矣。
尊况前曾托友人得传闻，未便慰问，前寄七律诗一首，诗中用吴汉槎故事，虽所拟不类，还望读此当别有心会也。自后能通讯固所欢迎，否则天涯地角，各存心曲可耳。
临风怀想，不尽一一。 [illegible]泉
九月十日

渊雷老兄师事：一别倏倏十年，无时不以为念。前闻
兄在雁荡作画，即有函寄雁荡招待所，不知曾投达否？弟碌碌
如常，今春以来诗兴较佳，积得五六十首，兹奉上四首，乞
赐郢斤。　瞿老今春续弦，并蓄须，新夫人为诗人吴天五
之妹，丰韵颇佳，闺门之乐，不让红豆山庄也。唯
浙湖兄休致后，安置于慈谿姆山上宅，今年尚未与通讯，亦不知
其近况何若，殊为引念。
尊驾如有来杭之便，还望　过存，以罄别愫。平时则为
希不时通讯。弟近有怀友句云：旧雨阑心偏爱我，晨星侠
指不多人，亦堪为　足下咏之。纸尽俟后邮，即颂
吟安　弟周采泉叩　十月八日

通讯处　杭大河南宿舍16/333室

钵水诗家吟席音书久阔系念为劳知比来
优游林泉颐神养性如坡翁居雪堂穷约不改
其乐至为健羡日前 大可先生来书知
足下以金陵怀古索和弟以为其他诗可作此题目前以
不作为是雪浣其精达观见爱人以怀谅
故人勿以戆直见斥也日前晤
孟海兄谓前承 寄素纸索书以当时际山雨欲来
漫卷诗书今心事粗定敬清积逋而
尊函失检乞 示通讯地址以便将写件寄奉即颂
吟祺 弟 周采泉 上 十月十日

盋水先生师事接奉
惠翰并示以北游篇及论诗绝句读之令人神王 北游篇浑灏
流转一如少陵咏怀北征诸篇通首结构整秀沉雄顿挫而又
融以新入古直堪与香山揖让矣论诗绝句不为今人爱古人立论平恕
公允深得浣花微旨不若秋谷之评渔洋恃才傲物仰见
冲和朗抱曷胜佩服诸一日夜之力成诗五十四首想见寒灯一夜付
与人之雪苑豪情不图古稀老人尚有如此凌云健笔是又一苏海
矣耶
先为拙稿撰序收价定名胜於
华衮引领
昌言先此稿首弟生平积诗凡千首四十以前诗大都已佚四十以后者
辑为九晚集一卷文集张撫山诗成如顾撫一卷近年诗题为老学斋
诗存均由 雪野老友为之纂录诗存曾由胡苹秋为题序并经
莲垞老人为之甄选现在蒋处 忻君曾存处已函 忻还寄
尊处拙作浅薄实不足以当
聆睐寄有句云诗争时好不成家亦有自知之明但立意新不随人
俯仰顺物玩情主学性道似於诚斋略近然掩采眷晦缺之
时代精神与香山诗歌为时而作之旨邈若河汉异时德成为
覆瓿物耳弟自去年参预汉语大辞典编写上月又奉公至杭苏
沪三地采购书於苏得晤章太炎夫人於沪得晤 莲垞退密诸
师友不虚此行汉语大词典温州组於今秋成立来有开会之代表
似为阮延龄君推荐徐景沅(规)云该组原拟邀
阁下参加因 北游故未奉邀今
文旌已旋或已邀参预矣此为旷世盛业若弟辈滥竽耳以
阁下之才之学之识若能肩此艰钜宜可早日乐观其成也企予望之

寒家先祖 先考及先兄峻陵皆有诗集藏于家故弟曾以少陵句诗
是吾家事镌一印但皆不留传聲今春 张丛碧词家以八月双寿图
函来徵题始学为词其后又与 黄君坦 周玉言京津名流酬唱
祇以金缕一调为限积稿为金缕百咏现已由友人辑录誊奉
散稿数阕 乞布
正拍弟初学填词匠门斵述者以旧友忻君宝存为最多君为
名进士鹤巢先生哲嗣其外祖 董觉轩(沛)先生纂四明清诗略
鹤巢先生又为续编刊行于世於桑梓有清一代文献赖以不堕君
幼承家学其后负笈沪江大学与徐志摩等结嘤鸣诗社时年
才弱冠也其后委身计会不顾世事年逾七衍即提前退休耕散诗
词无一不精正草隶篆无一不妍多才多艺堪与
阁下伯仲今年亦谱花烛曾撰五采结同心一词广徵题咏
菊社社友钱萼云老人亦有和作不知
阁下亦能
赐以鸿藻否牯岭先容想不日当有专函与拙稿同寄也 自
菊生 齐亭 胡云 诸老先后殂谢沪上吟侣寥若晨星宝存兄亦巍
然鲁殿章各爽康宁吟兴飙发伤今后长通缟纾空谷跫
音正可以破岑寂也弟生平知已要以 百年 崇安
阁下与忻兄为最笃今 赵陈长逝两
两公逸兴往还故不惮覶缕为之撮合专此敬颂
撰祺百益

教弟周采泉叩上 十二月十三日

手颤目眊 恕不庄楷

乙丑九日與貽先詢先同拜蒼虬墓所棖觸前游愴然賦此

墓門羣從共悽皇小閣餐英夢忍忘隔歲豈期成隔世重泉誰與度重陽歡蹤水逝雲秋色歸處雲迷縣帝鄉故事不修殘客在人間此日更須忙

病樹初稿

客有言康藏公路之雄峻者詩以紀之
此從太古先頭白望帝蠶叢不敢攀倘使青蓮曾
到此回看蜀道未云艱 萬斗輓粟上青天朝暮
山腰舟舟旋四月重棉猶不暖雪花如掌雹上峯
紅歷而外氣層稀萬壑從無一鳥飛月大於盤誰賞
得者當才照女兒衣 木羊鐵兔只三年新闢康莊
路八千去日攀廬依幕井歸來短驛起人煙（木羊鐵兔藏曆紀年）
盤水詩家吟定 周湜育稿

鉢水自哈尔濱轉杭旋里解后城站
口占贈别
一别無消息相逢鬢已斑懷才
真若海負謗却如山古戍秋
笳淚新交金淺慳隨身千
里月照客入榆関
周湜稿

上海廠商聯合營業股份有限公司

字第　號第　頁

承盋水词家题同懷聯吟圖二十八字賦
此答谢
傾倒蘇翁友亦師殷勤携畫索題辭
能将廿許掞多許竟有新知勝舊知翰墨
無聊徒溢譽風裁峻整出精思深慚四十
真虚度不及知君年十四時（君十四歲已能诗）
拙藁即希
郢斤　弟周采泉貢藁

中華民國　年　月　日

上海總公司　浙江中路四六二號三〇一室　電話九五九九六·九一三一五　電報掛號四六四一

瀋陽分公司　南市區十一緯路一五九號（匯豐銀行對面）　電話㈡三九七二　電報掛號四六四一

大明信染織廠　宏大橡膠廠　華南織造廠
永新雨衣染織廠　啓明染織廠　榮豐線廠
光華織造廠　景綸衫襪紡織廠　環球內衣織造廠

益鉢水齋印和主人與墨巢諸老酬唱韻

高柯張翠障片石縮青山室雅貯佳趣卜蹤
遊汗顏寧求無罪貴未許廢詩閒蘧落與同
感相期樂往還

曩讀小園賦欽遲庾子山乾坤名士淚文采美
人顏勝會花承寵春間園中海棠盛開君與墨巢均有賞花之作明時我獨
閒索詩如索負羞幸不空還余求君題園懷聯吟圖卷當不虛此行也

五律二首印請
鉢水先生吟正益仁
仲陶詞長

鄞縣采泉周湜併稿

季子歸來騰叔衰浮家泊宅青溪頭
修書欲寄何從寄露白蒹葭又一秋
每因薄醉江檄酡媚鄭子不是過休
說六朝金粉事當前兆復舊山河
蘆水詩家吟正 周湜自杭寄稿

兄北遊哈爾濱師院教授如之，一别秋
後至蒿廬訊 嫂夫人，始得遂遠
賦此寄呈

渊雷吾兄大吟壇削正

小弟周南陔初艸

雷霆雨露意深微，舊苑相望
浸碧暉。山寺不嗟還地遠，别
來方悔裹將歸。室中瓶鉢

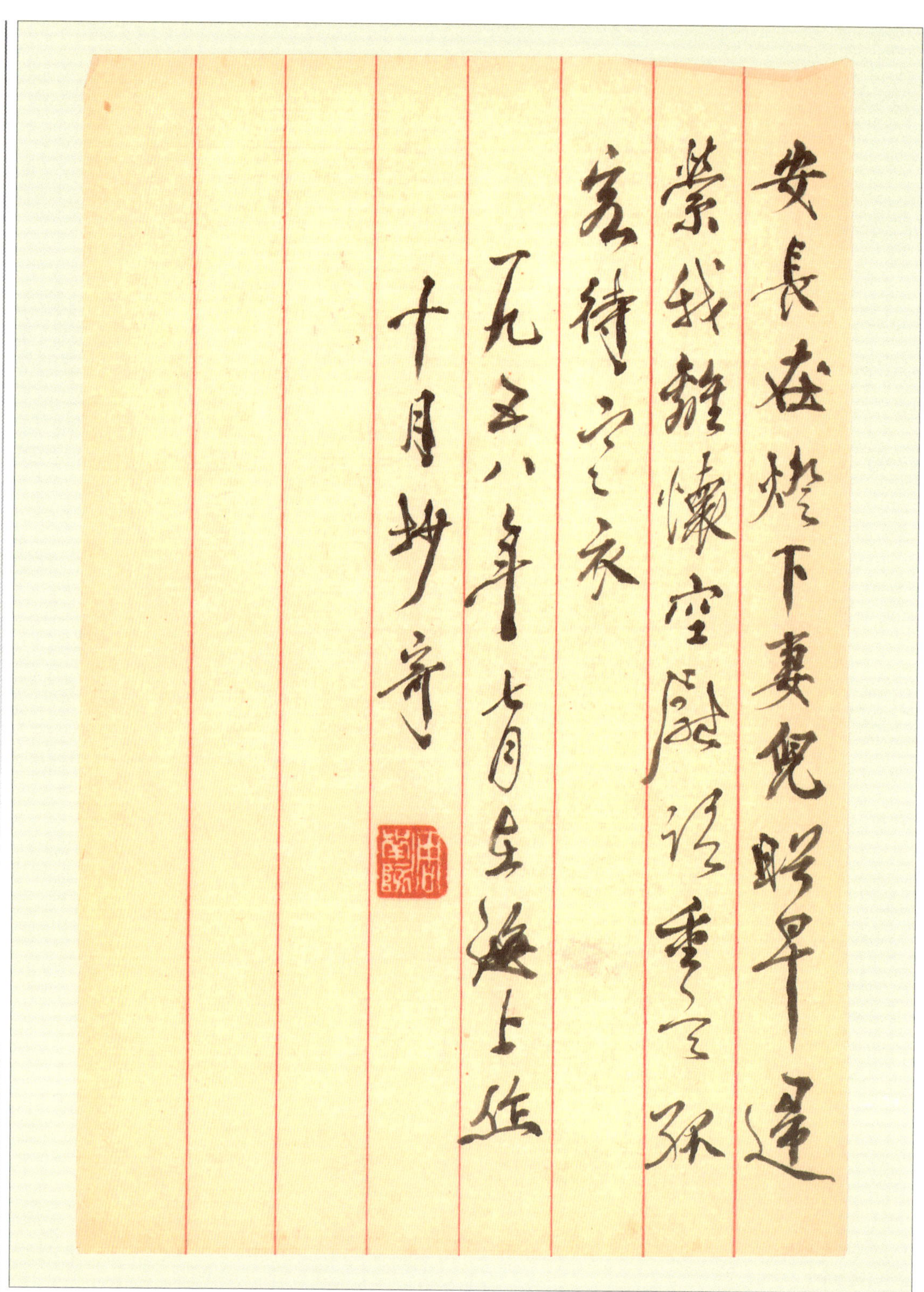

安長春燈下妻兒照早遲

縈我雜懷空感後香之孫

家待之之衣

一九五八年七月在海上作

十月抄寄

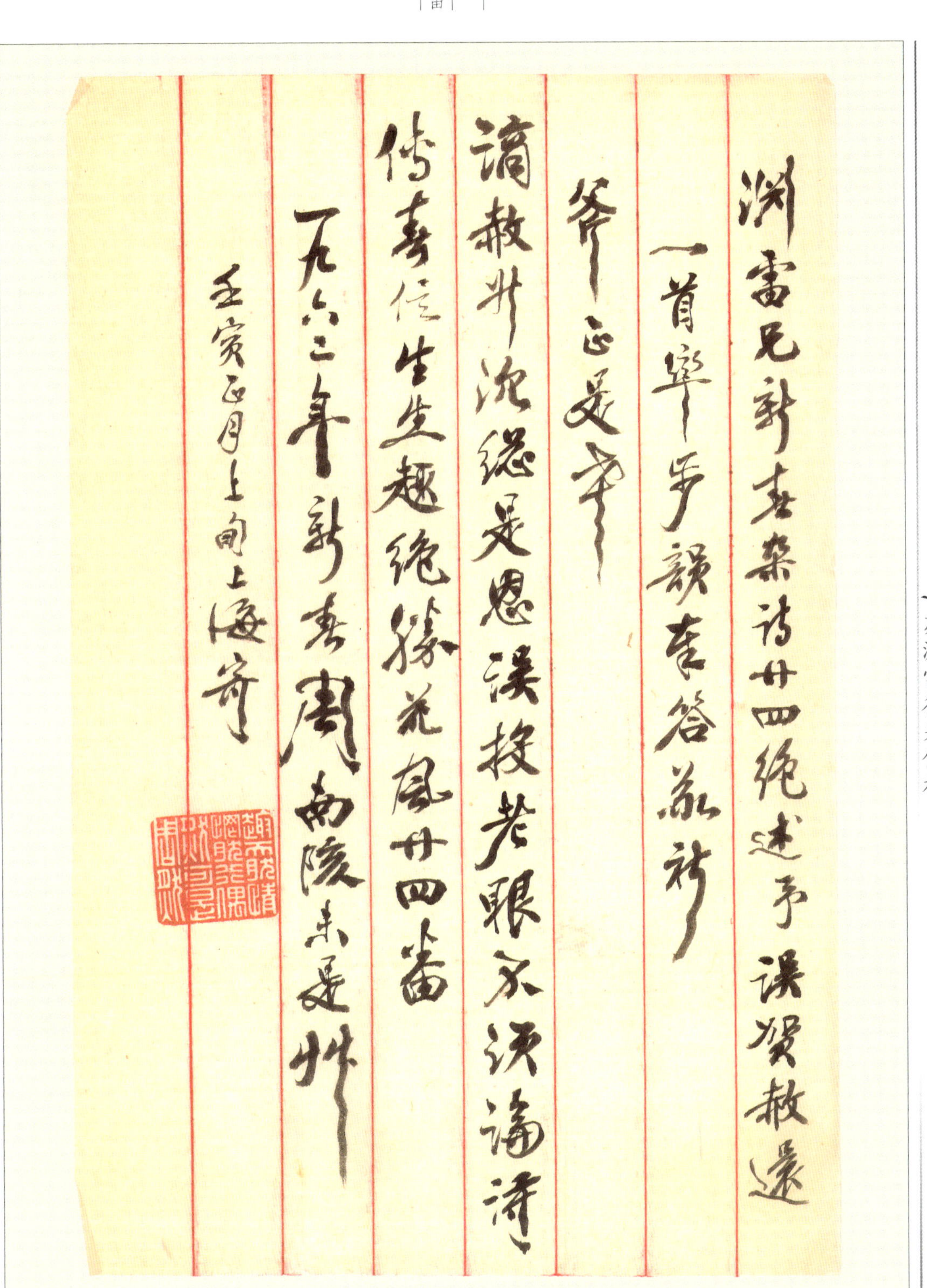
渊雷兄新春杂诗廿四绝述予误贺赦还一首，乐甚。步韵奉答，藉祈斧正是幸。

谪赦升沉总是恩，误投老眼不须论。诗传春信生生趣，绝胜花风廿四番。

九六二年新春周南陔未是草

壬寅正月上旬上海寄

譜水雷仲長道

西逝悲東市，南還急北庭。抄麈一卷痛，血淚幾曾經。著竟塵中劫，權當座右銘。末蘇欣有托，磨洗發新硎。

一九六二年四月海上病腕作之

周南陔未定稿 求是正

题渊雷兄藏东坡墨妙亭诗断碑砚

有序　砚为黄石斋表彰秋遗物兄得之
沪上携之哈尔滨在金华东坡生日（九百岁周年）
出以示饮客为苏集孙举先求墨妙诗及龙
尾砚歌韵追赋之兼抄寄索题腾以拓本识
一砚之生仰付翻印用申
平生雅慕之私於万一云

墨妙残馀砚家珍东坡之患
深着意千载徽相咏盛集今焰
昔铸乃华美且都别散光逸

苏渊雷往来信札

大作屡发，信手拈来，今日步和，特呈

教正。接出时畏寒卧床未起，百体矣。半

政府不责，例可得休养，满怀真感激也。

顺颂汝蔚然

渊雷兄大鉴 来诗友人即笔均佳

弟周南陔拜上 一月廿号 又启

收此函后，补拔可速，汝以能得含前寄绝会的

绝入选否，并乞示我。又及

苏渊雷兄摘帽来诗并述归意却寄

老坡忽赦直狂喜海角天涯重逢论却要真难除帽子「摘除帽子」凡以文云李青小谪属仙人冰清麈泽柳条边极对江乡别有在侬我辞同金罍醉待君先入玉门年

右诗除兄语内似语窃为一友语似杜工部「剑外忽传收蓟北」一首格律又有语[illegible][illegible]川之气入律而对仗工稳尤其不自知当时苏极又读

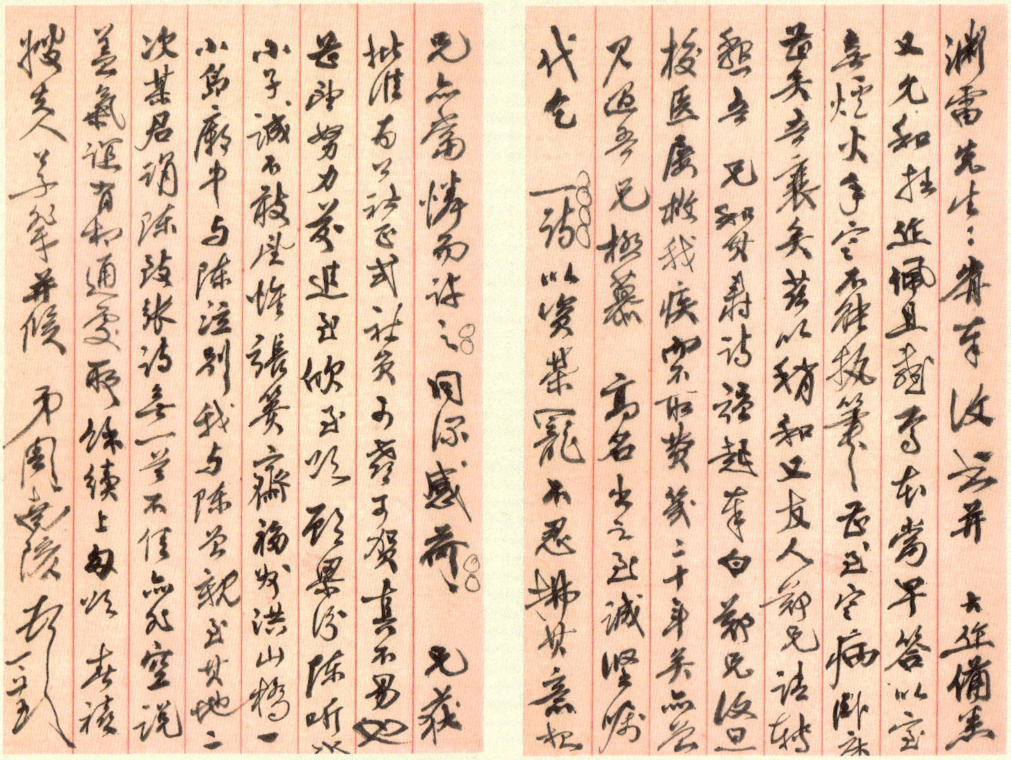

渊雷先生阁览前后接 示三通均荷
斗室藉以雅光感激既深加以佩感 良友厚爱殊过所期我兄
未下楼二月余矣所以诗友相顾数日怯碌情意殷殷实见古道以
大著借观一段兼佩亦正月雅趣元宵佳话也拜 赐多矣月以拟之空
言百拜悃忱云云 和谋契兄赦诗远胜原作此一好诗料也兼前砚诗皇皇
巨制和韵四首尤见 高才陈文喜兄已题二绝唐竹篆亦未交寄上否我
亦胡吟二律容印呈呈 济正惟 未知有拓片见寄 实则未寄 陈兄
向索喜以应诏 兄又累我矣 便时寄呈 补寄之时遂呈各题数种俾得寻
珍藏 雅诗初寄丹四绝我早和一首另纸呈 正继寄诸作中有 令堂遥
寄柳物一首感我实深又旅中近状读了怅怅益见多情较袭定庵杂诗别人
风格尤岁茅豆小花生我亦同嗜耕也 小芳除不能酒外兼喜儿女且喜母人
也朗吟再四不觉怀我月馀而 逸兴高怀一洗从喜去矣使人与之方信诗之感人也
近日天气转暖咳喘少念勿以为虑 兼叩
春祺 俪祉 周南陔谨上 二月廿日

渊雷先生惠鉴：三月中手示并悼石君诗，又清明后雨雪索酒不得诗，均诵悉，并感。俪祉潭祺诸吉。今年来疏懒，至歉。[illegible]此为幸

石君逝世之详情未悉，但文史馆陶馆长告我，其子[illegible]题见楼未火葬，骨灰还[illegible]，遗物及著作均由其子料理，第四、第三[illegible]之小剧。吾兄沉挚，一[illegible]负好须眉，此石君之心事，不负古人平生之志也。我悉词以挽，谨注下，[illegible]然而终止数引诗传千古矣。海上友[illegible]入夏后，[illegible]浙闽风水之灾，影响所致，惟依稀以我之苦矣。近置一纪念册，友人撞之，绘书留题，昔年康雪先生之花鸟与山水素所仰服，拟请其兼画二幅（花鸟、山水），[illegible]与[illegible]钱，而交情不足，我以可否[illegible]一幅，切介，函由我转致康先生。与以深交，请托，盛情如我所感，[illegible] 俞先[illegible]包寄我，不胜感激！！。[illegible]之年后并寄照影[illegible]

著安

周南陔 拜上 六月一日

夫人同此 致候

渊雷先生：得六月七日如复，动以病以懒，没以市人代大会列席，将十日也。荷赐读「去余」旧作、「浮湘哀郢、四望图门」，写我怀抱，尤在「绵邈的」之字，亦消溜，古谁贤缘乎。郢楚之怀王多矣，方其未入秦时，固自有忘满，而哀楚王孔圣人，而百姓竟为刍狗，老氏不仁之责，独太老实也，空言狂论，聊博一笑。用述感谈之忱，顺颂政问学四子、

均古哲精理名言，从经历中进一步证验
得来。昔日统治者人，惟求秀透此秘，或为时
代所局限能，抑左右人才之高明能，患以为怅。
弛之道，折用无穷，持之苟得其法，人我进步，
必一日千里。以大国若言之不鲜，实有子女无以致患
袁精密也。虽其功于一旦，或一棍子打死，却属偏
差。去年整风反右，谈役我受了飞帮，承组织
帮助，并掌握，并组人指说我太和平宽
大，我行我素，不屑从庸俗论，幸荷提拔，张
皇失刺者，不觉自失。我固怃惭，且惊意外，此状此刑
不小，羡不足道，因 高论精密，然窃近，随意
及之耳。 努力策我为学，北地景物新异，
先生要自得其乐，珍摄，自修无止境，况
亲历劳动，进益更多，读书躬耕，苦劳志
目，聆论将来，於小爱其所能愉也。书后，敬颂
夏安，夫人公子女均候。 弟周南陔谨上 六月十七午

二十六年新秋重至京師遊後湖感作

小別三年玄武湖，青山依舊峙平蕪。當時殘臘催風雪，此日清秋麗柳蒲。漫把新情思往事，頗慚故我比今吾。眉兒斜月窺人意，一笑垂來入畫圖。

此海上預作，入京之期屢愆，情非能已，詠此解嘲而已。八月十一日

南陔

悚无地乃蒙我襄残贫苦特沛宏仁益深
感幸而往我菱息不劳倚以及令亲 安子仍未通知
尤觉说念周君润逸不殊文史馆也许於

谓我不忮不求 兄亦知我素不交际故政
府中无熟人只赏之吹鉴不遗也爰告
知己用纾 渊怀沪上天气早寒无病
者无法 荀庵偕嫂夫人暨公子孙辈承
齿及是以逯途成诗一律 另纸 录呈
鉴正不计工拙直以布臆计 ○○○ 陶制为我
谨及敬颂
旅安惟珍摄不宣 周南陔拜启 国之又日 灯下

渊雷先生惠鉴：月前奉　手示，并
大作新诗两章，藉悉　近状，若啟下怀。
南人北住，颇能身体健强，且风景殊异，
耳目一新，凡兹于学术修养均有
益，况以一举反三之慧眼，因难计不必言
蹤驾之限器也。来示寄宁乃许石君多
日未复，函催始答字迹揆常，此君京畿陈文
兹和五律一首，联我尚需削磨之，而
迄今催促再三，未得抄下，候续寄上，缘是
久稽裁复，谅之谅之。南陵于九月忽蒙任
命市政府参事，在此鼙风特减之际乃荷

也追憶平生时見聞所以援筆後之題曰壺廬詩話其義竊取諸彥周吾邑孫達菴理齋篋以之凡二卷末吳江沈楙悳跋此則下連接此以上字從山數字

民卅六年六月廿二日丁亥端午前一日至夏至節颱風暴雨门次積水盈尺客從冒涉至者四五輩退後翻檢殘籍摘抄之以應

石桐先生垂詢在滬一時矣

南陔敘之於海上綠楊邨寓樓

現存詩話僅一殘册不分卷達另跋語「中有一二磨滅」然「首尾完全」及「因多補綴仍不脫落」似未遂損得也或當文網鎮密而使君所定不足遂或故意遺多可考所載不足達得未可知也此以名斯盛四明人

孟存南陔再識

寒廳詩話一則

周屺公過余秀野艸堂有人以扇求書平生最得意之作屺公援筆題其遇留亦不忘者蓋一生心事抱奇懷難同園綺吟桂銷秦康氣歌變猿猴音事了從遷去身過神仙疑至今蓋淡山集中答子房山詩也

寒廳詩話長洲顧嗣立俠君著京照甲申九月自序首許彥周有詩話亦雜句法論古今能葉聽論異同正訛誤

異代睦親曾有坊，今朝誰不識荷堂。威權久著能降衆，酒力難勝易性揚。余頗羨飲，年益少。水繪家聲名父子，抗戰時曾一見冒鶴亭先生，今不得識於魯翁昆玉。永嘉學派舊薰香。水翁。蠲盋主人好客南熏美，正字新詩亦潤腸。

六月五日壺因詞社招飲寓齋，同席十二人，合八百二十歲。九思翁有詩壽之，次答，余亦繼聲，分呈諸公博粲。俚句即呈

盋水老師 匡謬

四明退密拜草 癸亥仲夏

才華名異老成尊禪學旁參
不二門祭罷長恩檢舊帙一編鴻
著屬寰翻
傳[illegible]李撰
鉢水詩人前輩即博
[illegible]粲
四明周退密未定稿
冒
丁卯之

追隨杖履入新年，老態龍
鍾粗自憐。看命原非虵所厄，
騰其且看馬行天。詩耽東野
寒吟苦，人抱冬心曉夢圓。行拨
桃符依蓬牖，迎春採風室相便。
詩似老師郢正

一九八九年歲暮七言呈親友一首錄塵

退密近艸

尊撰風流人物詩話早日付印
吾黨一樁佳事為之毋任快慰

盋水先生尊鑒
睽别倏復一月近維
起居佳勝至祝上月在天一閣見
一軸高懸書樓東廂真所謂寫作俱佳者
將與書樓同千古又復何疑上月五日壺公招
飲九思翁有詩見貺以喜湊成一律錄呈
斧削切切蘇師母定想安善晤乞代請安
草草奉達即請
吟安 後學周退密再拜 七月五日 附拙稿一紙

鉢水先生賜鑒：數月不見，常在念中。近維
起居佳勝，師母健康，至禱至祝。退已於上月退休，自
66年十二月到哈爾濱外國語學院，迄今年十一月底（止），25年
光陰如駛，學不加長，徒負故人期望。適杭州徐曙岑
老先生來詞，振用其韻寫詞二首，又迂士老師也有新作，
又用其韻湊了一首七律，今均錄呈 教正，並乞 賜和。
詞一首此詞係壺老嘗和者，蒙眾故務請我 公撰寫
一律，藉留紀念。久不見 尊什，故信中時向公請 賜和七
律一首。日前晤哈師大讀國學四學生，蒙以東庚先生夫婦想
公亦無恙也。匆匆不備，即請（音乐系教授）
著安

退密再拜 十二月十七日

新民報

得渊雷先生詩恍如隔世浩劫山河
又歷一劫矣謹賦此章藉答雅意
千秋知己更誰人撫劍長留偃蹇身
目斷雲山勞掛夢心隨鴻雁久傷春
相忘風義情猶昨獨往才華意轉新
花放水流纔過跡還從象外覓天真
舟中懷渊雷先生 一九四八年十二月
卅年心事與誰論抱道猶存百劫身

新民報

我亦天涯同寄夢淒迷風雨正懷人
聞南京解放誌感
千年王氣此金陵斗轉星移憶舊游
歌管樓臺情漠漠湖山煙月思悠悠
還聞元紀何勞問業建人民儻可求
解放風流稱絕代鄉緣怨惹滿神洲

新民報

一 頁

渊雷先生左右：得 大詩，書慰過望。前以世運轉移，音訊久絶，解放後復以行迹難明，無由候問，今讀 清章，真不啻從天而降也。去歲七月報社由蔣記四川省主席王陵基所查封，章即被逮入獄，內子適舉一男，字曰明晦，聊紀念也。及移囚四川全省戒嚴司令部，禁閉凡百三十餘日，獄中讀易，契合良深。

新民報

二 頁

旁友傳書，亦多感發。重閱柏拉圖對話集，恍如親炙蘇格拉底之聲音笑貌，於邪正之分，生死之理，益覺其不可以絲毫假借。時日推移，屢經追詢，延至周年十二月，解放大軍壓境，始於險惡情勢中徼倖獲釋。復以危機嚴重，曾赴近郊潛匿二十餘日，望門投止，意態可知。直至成都和平解放，始得重度

新民報

字第 三 頁

自由生活日前已返報社復職並已
自本月十八日起先行恢復晚報知聞
錦注并此奉聞 尊稿即將抄示
謝兄暈見其近惑謝有詠百梅畫卷
內云百卅千花果落畫憶餘古樹抱
寒枝寄意遙深良可念也超構如仍
南滬盼能使中政意真如秋逸于默慰
劍諸公內已久疏音問景況如何并祈

年 月 日

新民報

字第 四 頁

見示臨楷不盡尚頌
著祺
并候
韻碧嫂夫人安好
綬章頓首 三月三十日
綽裕姊肇拜問
附錄拙作三首請政

年 月 日

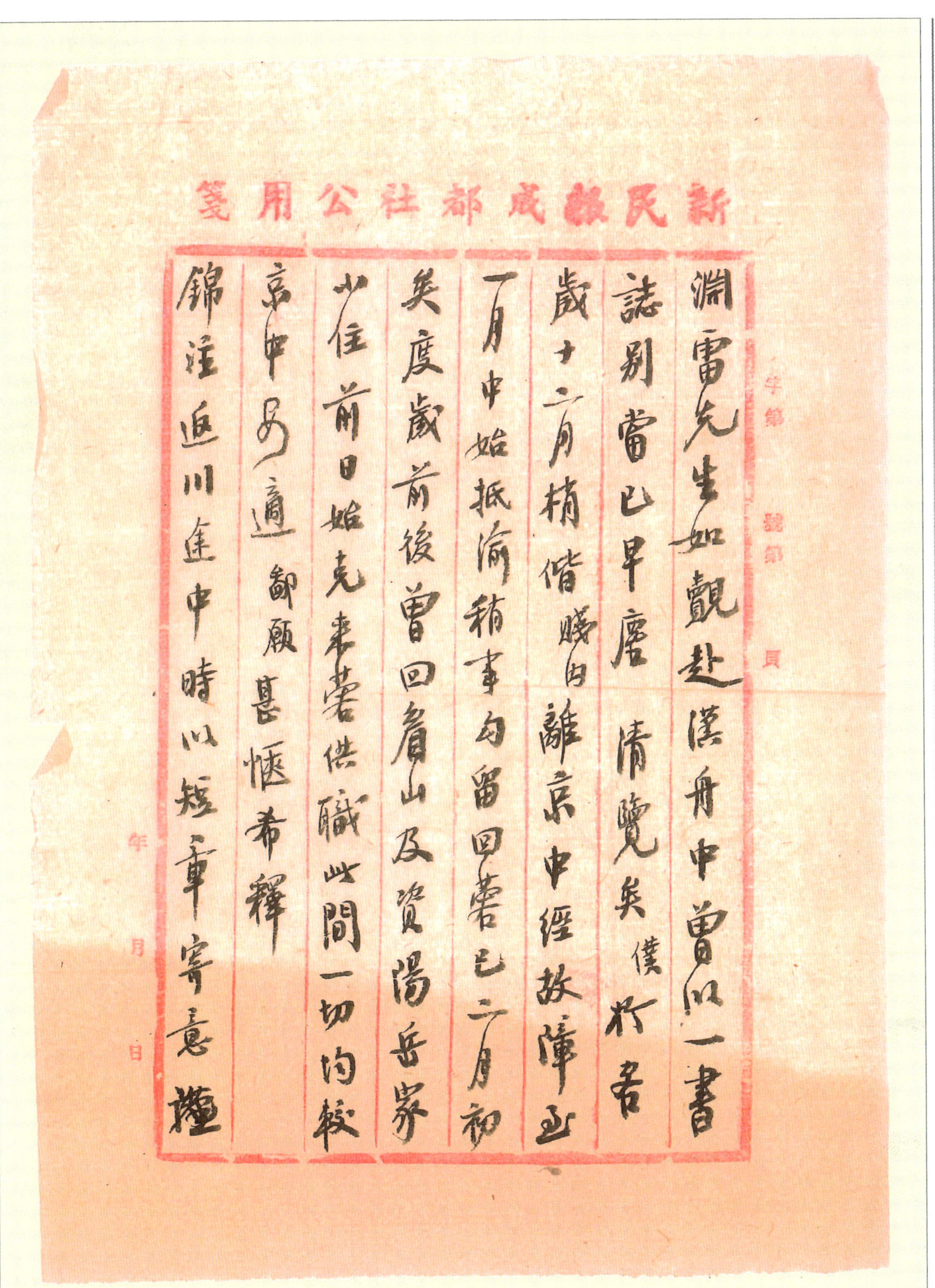
新民報成都社公用箋

淵雷先生如覿赴漢舟中曾以一書
誌別當已早塵清覽矣僕於昔
歲十二月偕賤內離京中經故鄉正
月中始抵渝稍事句留回里蓉已二月初
矣度歲前後曾回眉山及資陽岳家
小住前日始克來蓉供職此間一切均較
京中爲適鄙願甚愜希釋
錦注返川途中時以短章寄意謹

字第　號第　頁
年　月　日

新民報成都社公用箋

錄其二呈教

懷蘇淵雷先生

廿年心事與誰論 抱道猶存百劫身
我亦天涯同夢客 遠逢風雨正懷人

舟抵渝州

塵夢勞勞幾度秋 巴渝往事記從頭
遥看錯落樓台外 萬里烟波動客愁

大局轉張 舊游星散 掛夢關河 徒無

新民報成都社公用箋

惆悵 和議既熾 真如居士遂成新聞
人物 滬上相逢 煩代致候 稍暇即當裁
箋奉問也 風雲詭幻
賢伉儷時在念中 近況如何 務希
見示 能以大作賜寄更佳 拙荊緯裕
體質素弱 此次回川 尤極困頓 近謀教
職亦無結果 知注并聞 敬頌
儷安
拙荊附筆致意
周綬章 上 十二月十四日

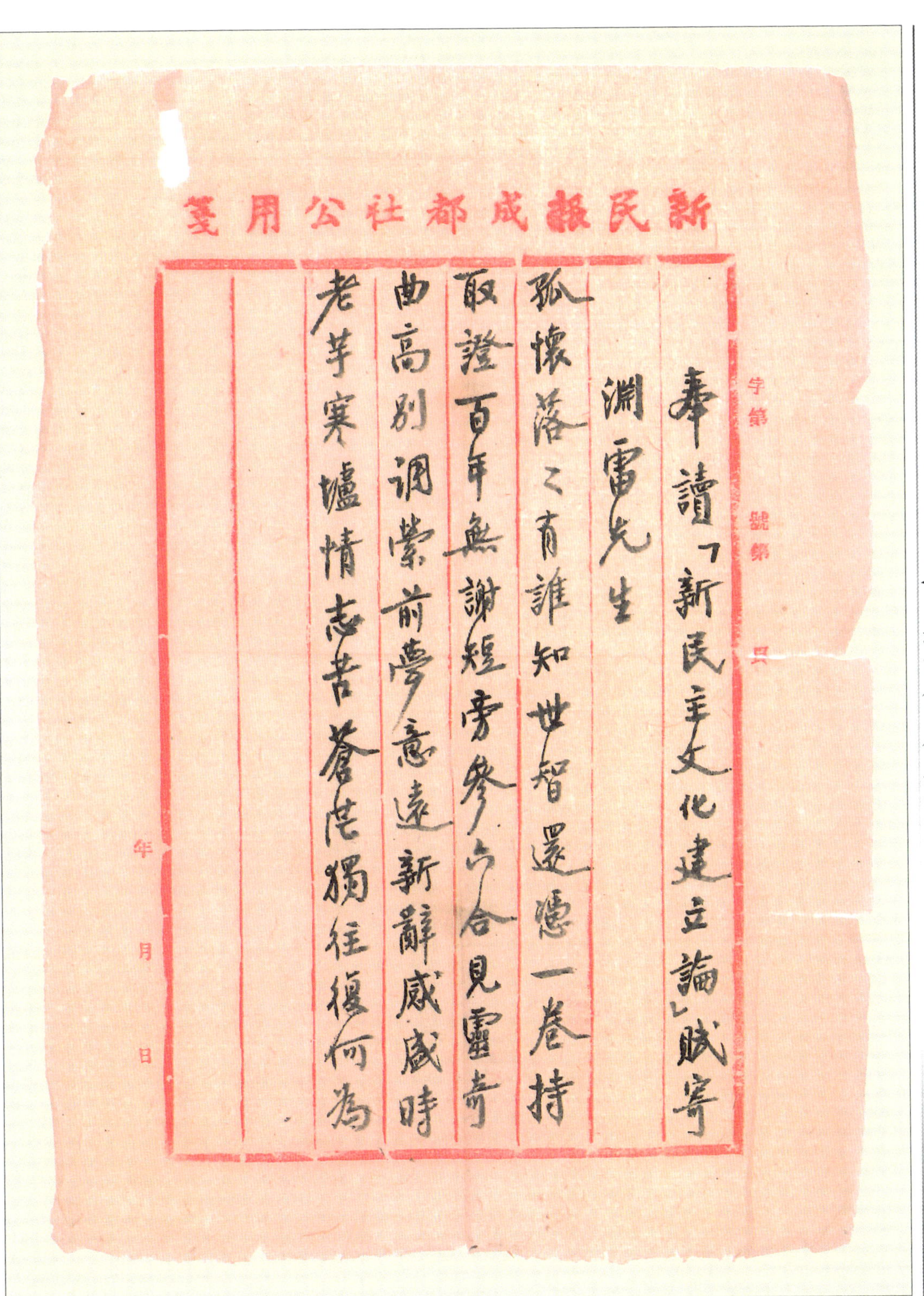

新民報成都社公用箋

字第　號第　頁

奉讀「新民主文化建立論」賦寄

渊雷先生

孤懷落落有誰知世智還憑一卷持

敢證百年無謝短旁參六合見靈奇

曲高別調縈前夢意遠新辭感戚時

老芋寒爐情志苦蒼茫獨往復何為

年　月　日

新民報成都社公用箋

渊雷先生侍右今午纔表一信即得
十月九日書欣快之情可知歲除一
詩最具高想意遠情隱非
先生不能道也成都雅秀最易興
買隱青山之思而屋價亭昂今猶
無一椽之庇海上夢回當有同慨匆匆
奉復敬頌
道祺
周綬章頓首 十月十五日

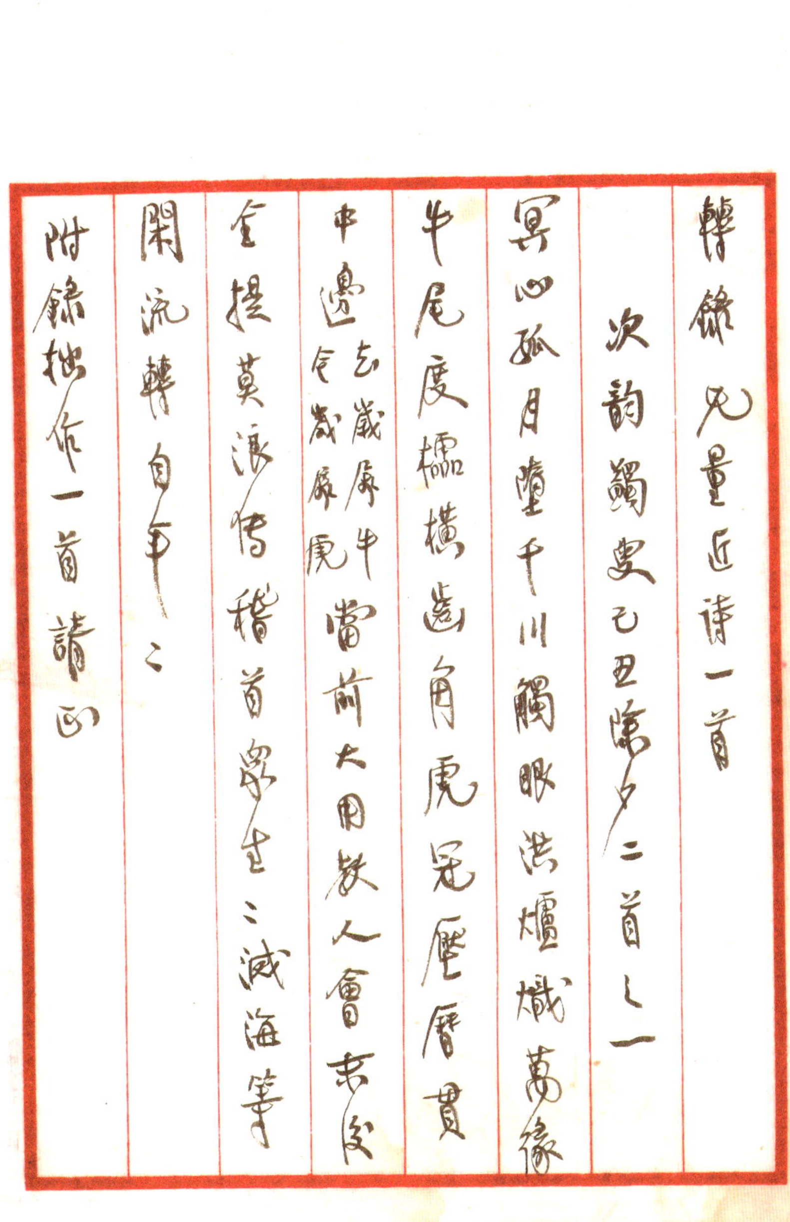
轉録允量近詩一首

次韻蜀叟乙丑除夕二首之一

冥心孤月瞰千川觸眼洪爐熾萬緣牛尾度檣攜角虎冠壓層貫中邊（去歲屬牛 今歲屬虎）當前大用缺人會末後全提莫浪傳稽首衆生生滅海等閑流轉自年年

附録拙作一首請正

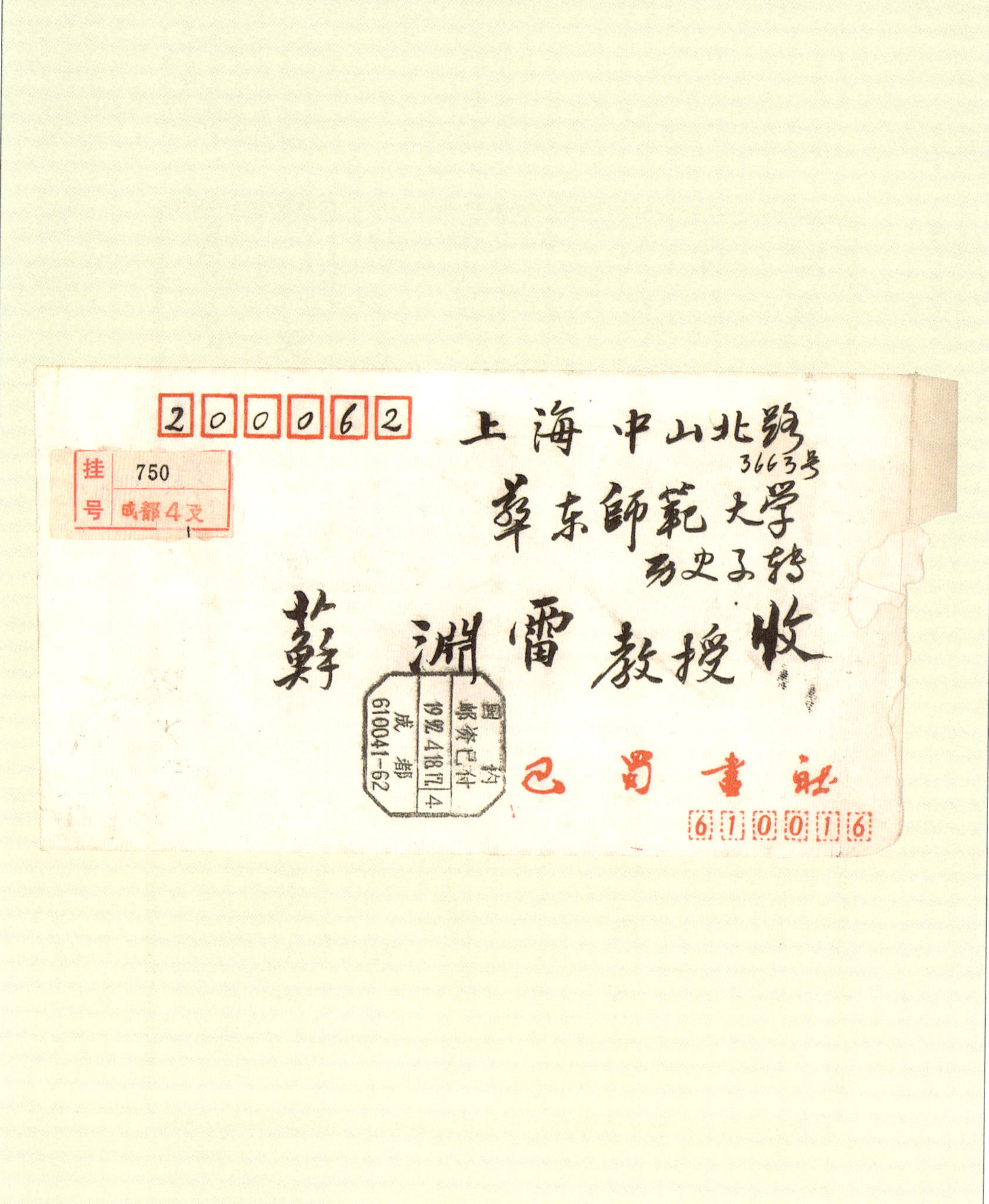

200062

上海中山北路3663号

華东師範大學

历史系转

蘇渊雷教授收

挂号 750

成都4支

邮资已付

成都

610041-62

巴蜀書社

610016

苏老：久疏音問，念念！

《小品妙选》审稿、准备工作早在九一年即已大体做完，本可如期出書，由于全社奉命赶急出版《中國古代文史名著选译丛書》（100种），社長決定：除該丛書外，所有其它出書，一律延後進行，致《妙选》暂予搁置。

今岁，丛書工作依然進行，但同意安排一些書的印制，經争取，《妙选》名列其中，并將参加今秋上海举办之全國書展。

本社同仁意見，請苏老將前信函中已谈内容简具為一正式文書寄我，以便完成付印前各种手续。（文書大意：《小品妙选》原系旧式圈点，此次交巴蜀書社出版，本人同意由周錫光、梁瑞玲等同志將旧式圈点改為新式标点，根据版权法，请付给他们点校费。）

耑此專達 顺叩

春安！

周錫光頓首

一九九二年四月十七日

第 页

装订线

25×10=250

巴蜀書社

ch001.36.84.9

第 页

锡光虽仅任职区区编辑，但境界自高，常以一书襟袍自许。从来泾渭分明，数十年一直以作人为第一大事，从来视名利为浮云，对来示所介绍出版界诸不良现状，深恶痛绝，视为不耻，然因此而得罪不少领导。

我对苏老的尊重，始自六十年代初穆济波先生介绍欧阳翼如等先生结识起，而非今日，由对苏老的崇敬进而希望能[illegible]

巴蜀书社 25×10=250

第 页

对先生著述的出版尽一点绵薄之力，从《三袁文选》请苏老题辞（题诗），到《小品妙选》设立选题，几经波折又终获保留选题，继而终获出版，我煞费苦辛，只要此意愿得以实现，于心足矣，可敢言它？我常以"望任安眼中竟欲无男子，意气居然我丈夫"之自励，愿苏老心知于锡光，而不要误解锡光，足矣！

特此专覆 即颂

撰安

後学 锡光顿首

五九二、五、十八

巴蜀书社 25×10=250

装订线

ch001.36.84.9

蘇老：

五、九来示收读，深感意外、吃惊！即覆，以正视听。

所提及"汇人民币贰拾园事"，我既未见过，更毫无所知，其他当事人也未见过，故深感意外吃惊。敢断言，此款20元与《小品妙选》出版事不相关（书出之后方计稿作者稿酬，时下方印制期中，何致先款？）冤哉，定是苏老搞错了！苏老因此而发之意见感慨，虽然我完全理解赞同，但若以此推断、衡量《小品妙选》之出版，则实在误会。我已同时询问总编室并哲史编室袁范等人，他们亦未见过此20元款，如此，更加疑惑不解也矣。

分析情况，此款是否系苏老为某书题签书名或曾另写有千字短文短序、小传而应得之稿酬？抑或把川中几家出版社其它弄错了？

祈苏老将我以前寄呈诸信覆覆，所谈《小品妙选》有关事，均有据可依，从不有逾雷池（不知是否由于我表达不当而引起不同认识角度而不同理解）。就我经手所编之书而言，对于我内心由衷尊敬之、有如苏老一类之德高望重之老学者之著述，我均尽力维护其出版权益，直至稿[?]酬计稿上，也总设法格[?]外从优（这是理所当然之事，也就因此多次与社领导争吵而自己遭受损失），今次《小品妙选》当然也不例外，这一点，请苏老一定放心。《小品妙选》原书从文言文篇目等，系旧式圈点，征得苏老同意，改为而今通行之新式标点，以使之更合乎现代科学性，此是按有关出版规定，出于好意，此书编选点校权益，当然属于苏老本人，我作为此书责编，当然首先维护之。请[?]苏老一定放心。

第　页

巴蜀书社

ch001.36.84.9

ch001.36.84.9

钵翁左右：

四月十二日惠书，曾由王壮弘先生携交，匆匆一面。闻将迁居，再约良晤。后联络中断，未及详谈为憾！

继之，续奉五月一日惠书及书画展说明书，我欣愧交集。高兴的是翁对我的关注，无微不至；惭愧的是我因手部风湿痛，执笔困难，有违重托，甚至及时写封祝贺信都不可得，只能眼巴巴干着急。近日稍愈，特此写此书请罪，并以致衷心的祝贺！

翁及春生世兄的书画展轰动申江，令人兴奋。春生兄特再度访日，祝展出成功！

我清明节期间，曾返乡扫墓，在福建各地逗留两星期。回新加坡后，立即投入《上海民族音乐家演奏会》工作，费时20多天。演出影响深远，闻中国报刊已有刊布。

余容后叙，敬颂

著安

晚周颖南拜上

一九八七年五月廿一日

钵翁左右：

中国回来后，殊为繁忙。日来才较轻松。

昨到"友谊"，取回对联七对，缺一对。当要为侄孙择要赠送。

近来，又忙于编辑"纪念册"，期能及早出版。

拙著《南国声华》已寄到上海，请庄辛兄代为分赠，请赐教！

专此敬颂

著安

周颖南 拜上

1991年11月16日晨

By Air Mail
Par Avion

177-B River Valley Road
#08-04 Liang Court Regency
Singapore 0617
Tel : 339 1394
Fax : (65) 339 0721

上海市华東师大
一村 442号
苏 渊 雷 教授啟
P. R. China

钵翁左右：

六月十七日惠书及大著《钵水斋外集》三册已由张坚君惠交，感激莫名。我珍藏外，将遵嘱代赠 潘老及其他师友。

我十一月间将赴沪出席中国烹饪世界大会活动，具体日期未定，届时欢聚。

代秀、庄辛撰写的《情系中华——周颖南传》已脱稿，我正在校阅中。我请 云乡兄先行代请 翁为之撰写序文，已蒙俯允，衷心感谢！

专此敬颂

著安

周颖南拜上

一九九二年七月三日

苏渊雷往来信札

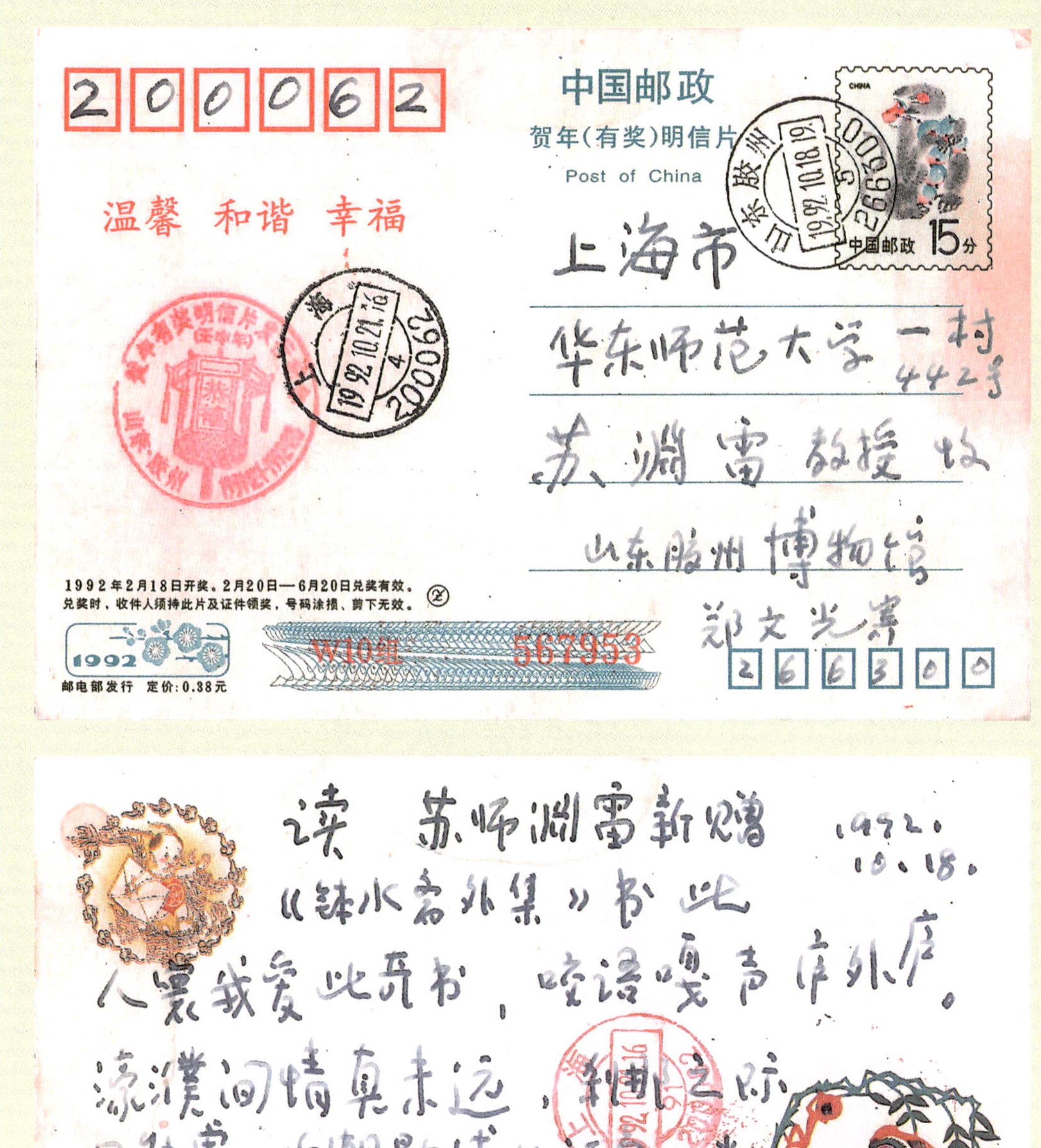

200062

中国邮政
贺年(有奖)明信片
Post of China

温馨 和谐 幸福

上海市
华东师范大学一村
442号
苏渊雷教授收

山东胶州博物馆
郑文光寄
266300

1992年2月18日开奖。2月20日—6月20日兑奖有效。
兑奖时，收件人须持此片及证件领奖，号码涂损、剪下无效。

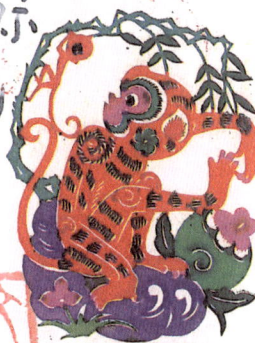

1992
邮电部发行 定价：0.38元

W10组 567953

读 苏师渊雷新赠 1992.10.18.
《钵水斋外集》书此

人寰我爱此奇书，咳语嘤声座外庐。濠濮间情真未远，斜[illegible]之际见能虚。听潮歇浦从江息，削迹蜀山看叶疏。世运如今进杯物，吟边不觉梦华胥。

胶州生 文光拜稿并祝寿考

中国民间艺术·剪纸

本市北戴河路
十一号
蘇春生同志轉
蘇淵雷老先生啟
長壽路160弄1号鄭
200060

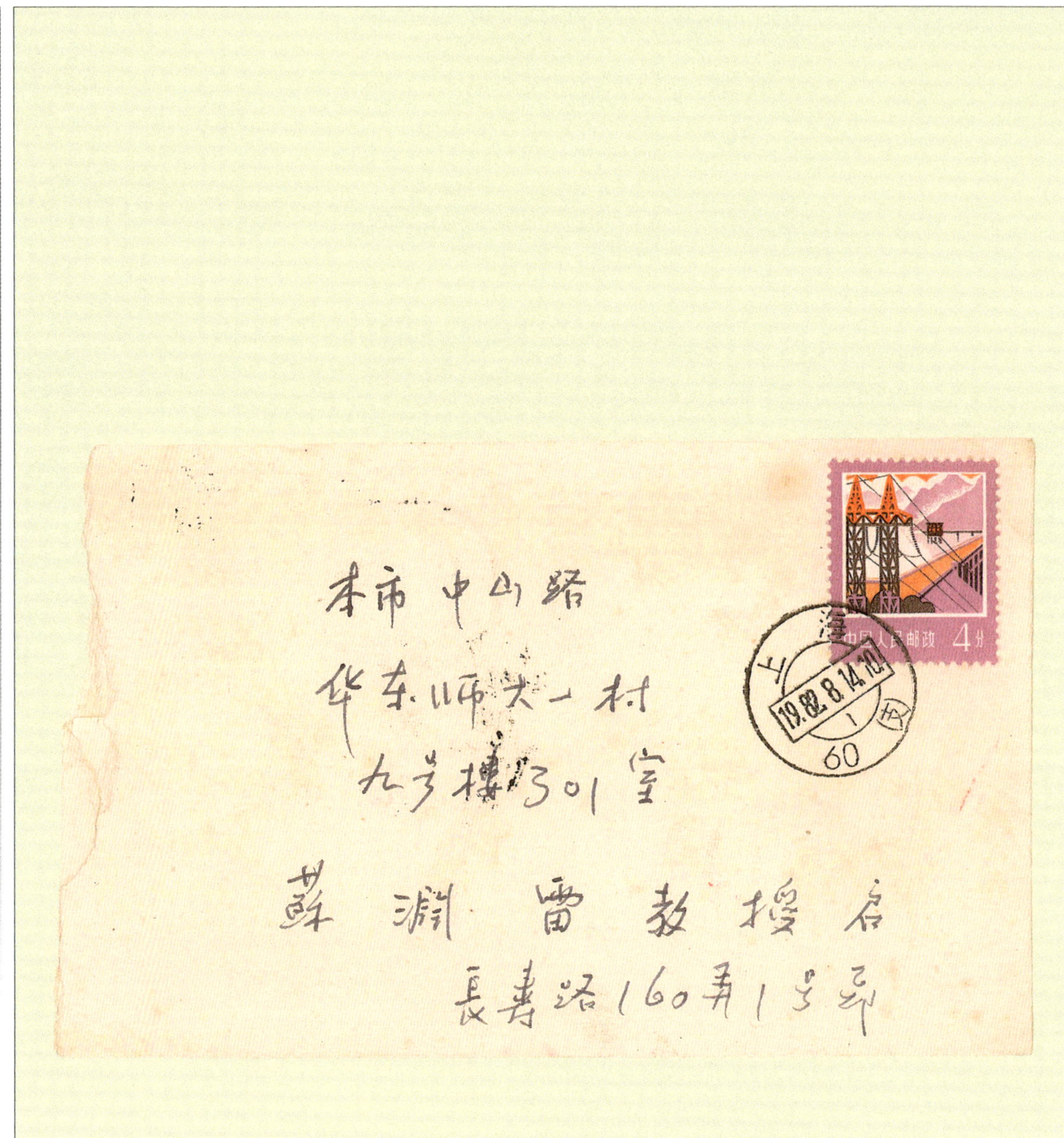

本市中山路
华东师大一村
九号楼301室
蘇淵雷教授启
長寿路160弄1号郑

19　　年　　月　　日　　　　　　第　　页共　　页

渊兄：

久不通问，甚念念。顷由国瀛转来大作《读史举要》一书，探赜索隐，一扫横议，倾诐淫邪，史林功德无量。拜读之余，莫名佩感。弟仍劳形笔墨，但郢莒小邦，殊不敢摩齐楚之垒也。幸体力尚健，堪慰廑注。专此道谢，敬颂

吟祺。

弟　通检拜上

十四日

装　订　线

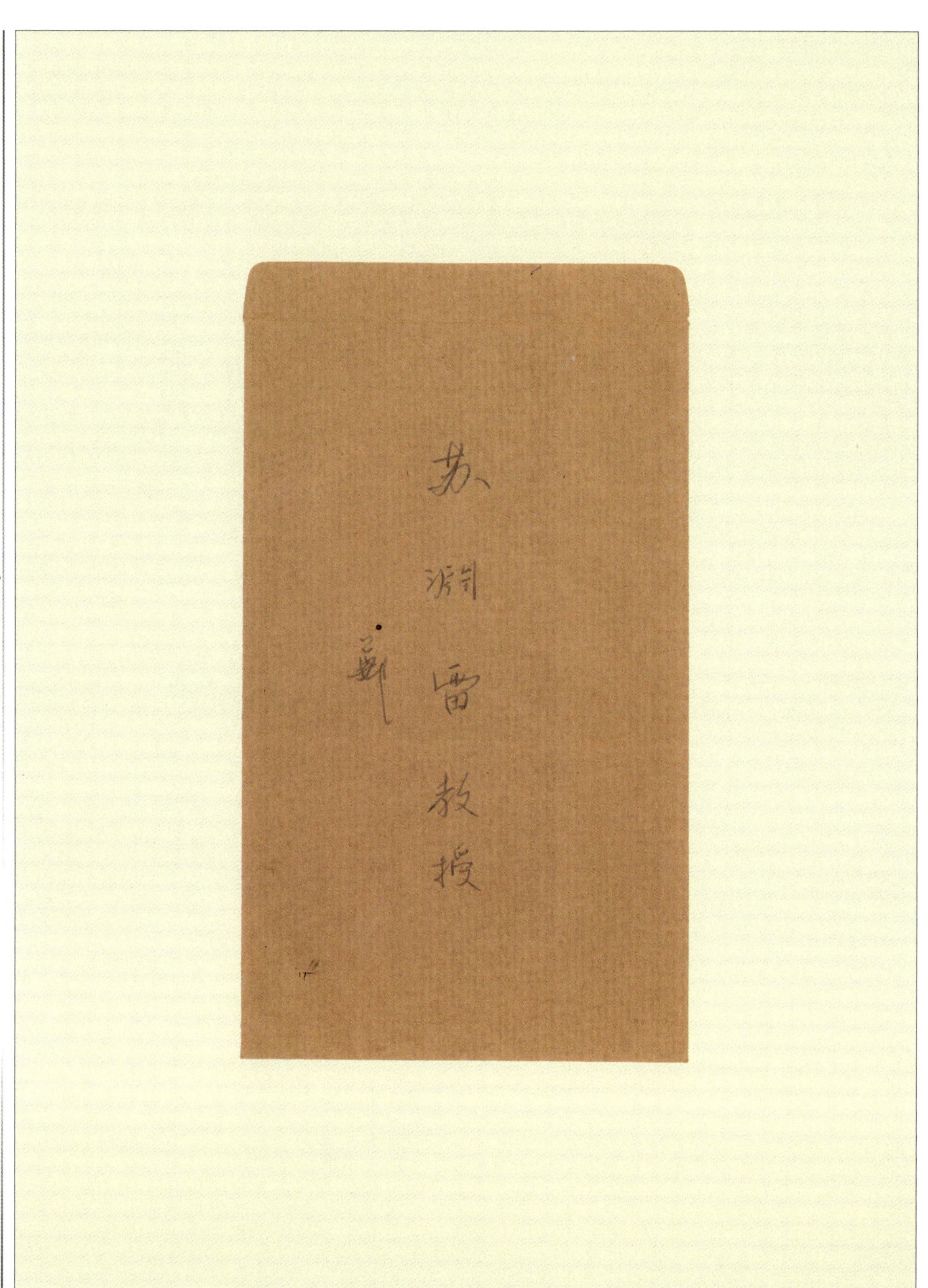
苏渊雷教授
郑

19 年 月 日 第 页共 页

渊兄

尊诗稿诵一过 骋秘抽妍无语不韵 兹已采撷成文纳诸拙作梅庵谈荟中 它日出版当即呈政也。匆上敬颂

俪福

弟逸梅上

再者 尊处如有谢无量之片楮 望缮出 赐其一 作为南社文献宝藏 倘不克 分惠则作罢

装订线

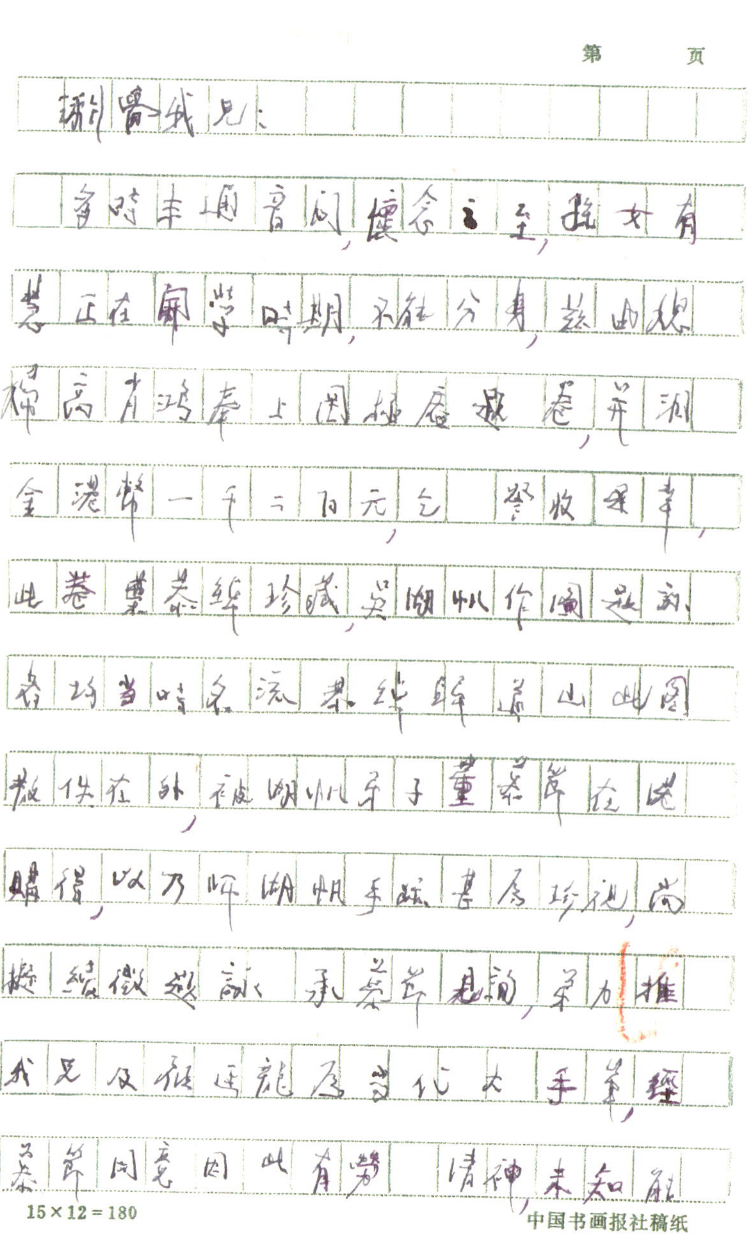

第　页

渊雷我兄：

多时未通音问，怀念之至。孙女有慧正在开学时期，不能分身，兹由槐棉高肯鸿奉上困极庵题卷，并润金港币一千二百元，乞　詧收为幸，此卷叶恭绰珍藏，吴湖帆作图题词，各均当时名流，恭绰归道山，此图散佚在外，被湖帆弟子董慕节在港购得，以乃师湖帆手迹，甚为珍视，尚拟续征题咏，承慕节君嘱，弟力推我兄及陈运彰为当代大手笔，经慕节同意，因此有劳　清神，未知能

15×12=180　　中国书画报社稿纸

第　　页

免事前未經通知而多此一舉，當用又惶恐，随之我　兄將文或詩均無不可，但須　注意者文長則請細字出之，留出餘白，俾拙筆附題（請請人代書），則篆節不棄葑菲，有所阿私也一笑　最後或托人送來，或通知由弟處遣人來取，請　酌之。此頌

撰祺　　弟鄭逸梅病腕

再者　湖帆遺冊收羅甚夥，亟已裝就，行將付印，我　兄有一序文，届時當呈　政

15×12=180　　中国书画报社稿纸

渊雷居士道席：昨奉
大函，承书佛语字幅并示近
作，沉钦墨妙，没拜
雅言，不胜佩感。
属题书签，谨附上，请
教。思想为不合用，再敬颂
撰安

赵朴初和南
十二月九日

钵水兄：不通信非不想念，庸碌碌度日，实乏善可陈。今腊鼓又鸣，鬓斑无成之叹，又掠脑海作怪，可见知识份子的思想改造之不易。吾兄近况如何？当在京、念中全面在跃进中，而我独享敬老院的风味，虽得不回忆往事。近和瑞生通了几封家信，又将交代的手续做了进一步的解释，倒觉得格外轻松愉快。我之心情并非消极，实有力无用处耳。祝春节合府快乐。

弟兰生拜 二、三、

如见近来关系文字不断出现，这
中了二一条规律，并历代纪录者
为实了。但因录说影响或且无此
川，意此点者增减之必要，何得为统
治者服务之可得为教育人民的
并时代之需要，何得一致来见
必同性质自兼来新案，见
学究之意
承赐的拙见 哀 辱 恳以为 ……
…… 胡 拜

錦水兄：今早收到瑞生轉來五月廿八日手書並令家翁照片一張，現已收到。此次仍借居李府，仍有四五天休息，已……瑞生弟本月之廿一日赴揚州一行，至多三五天又將返滬，重和諸親友盤桓盤桓，樂……張先生致函家兄何之深，面晤為……大陸尊函當于收到後速飛京復……

六合建築工程公司

地址九江路一一二號六〇二室 電話一一六五[illegible] 電報掛號[illegible]

钵水吾兄：久不通信，想必安善。我将于本月廿六日开始工休，经京抄沪，可惜你不在上海，不得亲叙衷肠。已与舍弟约好回家料理料理，交代交代古稀的我。座谈为什么三年来仍工休甚些，不事实为不能干，自觉健康不坏，不够住疗养院的条件，养为消遣，俯闲又非工休的本意，待此料理家务之先说明，且承关意，才成此行。母之走字和易，法顺夜祺。

弟兰生拜 24/5

钵水吾兄大鉴：经别多年，此次得以话旧，实为快事。适前节约之时，打破惯例，颇费心，实不宜。回来后种种工作，致迟函谢，惭愧。请寄言倩兄，敬致谢情，姑函作复云云之歉，望稍不已。一谈多之少之，含有个人主义危险之意。今日小暑，昨日开始大热，农历之准确又证明矣。弟近来天热多事，体力大有不支之势，乡继以漫步夜为难焉，知之。此颂

暑祺

诗好友明也

弟兰生拜 七八

苏翁半生经历坎坷後复化为
害不浅已於法後說明但悔
恨殺之生平方知之十九之比今後
常手翰改正以補寄草草寫此
何[illegible]
新年文化勝利
渊弟均此
弟兰生拜[illegible] 十二、廿六錦明兄：

弟于七月廿六日因患黄胆入医院行了胆囊摘除术，不意合并症接踵而至，几遭不测。〻〻年月〻〻节日出院，仍在休养中。见手札如觀姿颜。谨悉中在作大幅，书行一律印制，独书之不何时得的魄力義新，益兆老健，一切戒酒，殊不以大患〻〻戒，酒保己知〻〻，养〻酒兆佳物。前人先承而饱，心烦设〻乱，心宽设〻立，不安承〻

青燈欲補蹉跎感讀易能消悔吝不
拔幟欣聞盡改觀當年失計誤儒冠誠知鄙事多能好
但覺斯文一字難課士曾諳兔園冊臨池今愛鴨頭丸
詩成自鄙誰真賞且付傍人冷眼看
祖蔭家肥信報施讀書學道未妨遲眼前事已忘蛇影
肘後方難療虎癡一室團圞聊復爾百年強健亦何居
縈懷惟有顏慈稾欲就時賢與析疑

仲翔先生粲正　邦彦呈稾

七十自述

前塵歷歷逝如煙，駐景俄驚七十年。一卷尚饒書在手，數莖猶未雪盈顛。妻憐白戰輸才思，人笑黄虀得性天。隽語劍南元用拙，欲磨菱角中規圓。

弱冠辭家百劫身，征軺隱隱到天津。一麈未覺銅餘臭，萬卷方欣德有鄰。國步寖深憂左衽，師門恩重許傳薪。白頭莫更郎潛歎，自抱蔽殘作韋民。

流寓徒聞近太倉，巴渝避地笑郎當。稻粱謀拙聊中隱，書劍塵封入上庠。葯子自嘆輿說輻，長卿枉奏鳳求凰。劇憐歲冉嗟缾罄，親老何堪食[illegible]糠。

秋容再展腾霜气早掬曹溪一钵甘得
句雅思浮太白栖心静颂往精蓝南缠
啸咏师儒席东序优游国老骖自是
沧浪於世泽汪汪千顷此中涵

丁卯重阳再展为
仲翔先生寿揆八旬嵩庆 邦彦蒙召相邀适趋陪阻宴
缀俚语聊备一觞云 傅朗 邦彦

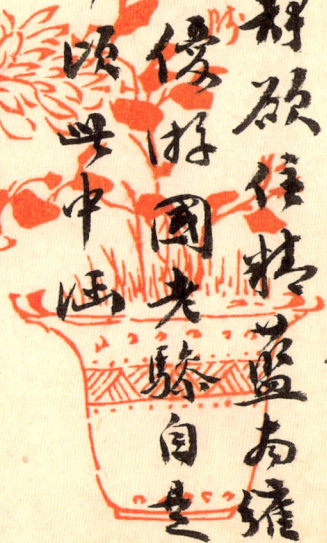

仲老侍史 前日承
教 尊著剑庐诗不用线亦不用
钉 今已托裱工精心付钞陈丁二
以遗 诗友一首奉
览 又仲陶诗中有及雁迅之语 陈
先生谓君称雁迅是
河里诗人与一郡豪 同隐者多年不
通音问未念
以知之否 清福林楼劳第周罗

故事未集如何？暂作姑漫缀之，幸为一聚耳。顺请

潭安

邦彦顿首上记

六月廿二日

仲老吟席：前曾委描照来，仍续误之杜诗图，老子宰髭李骚印乞海正。能于日后印本否？便中一询为幸。敬请颐安。

侍邦彦拜上 四月卅日

仲翔先生史席：邦彦以事赴武漢，頃始歸來，奉讀新詩，感佩何已。昔訂於本月廿七日星期三午刻就叢霽為女琉笄之會，務請臺降，尤緣大幸。禱請撰安。

胡邦彦謹狀　四月廿三日

候復

滬虹嘉興路二五六弄十五號　四十三路、四路、十五路車乍浦路下車甚近
又與楊廷福兄同來

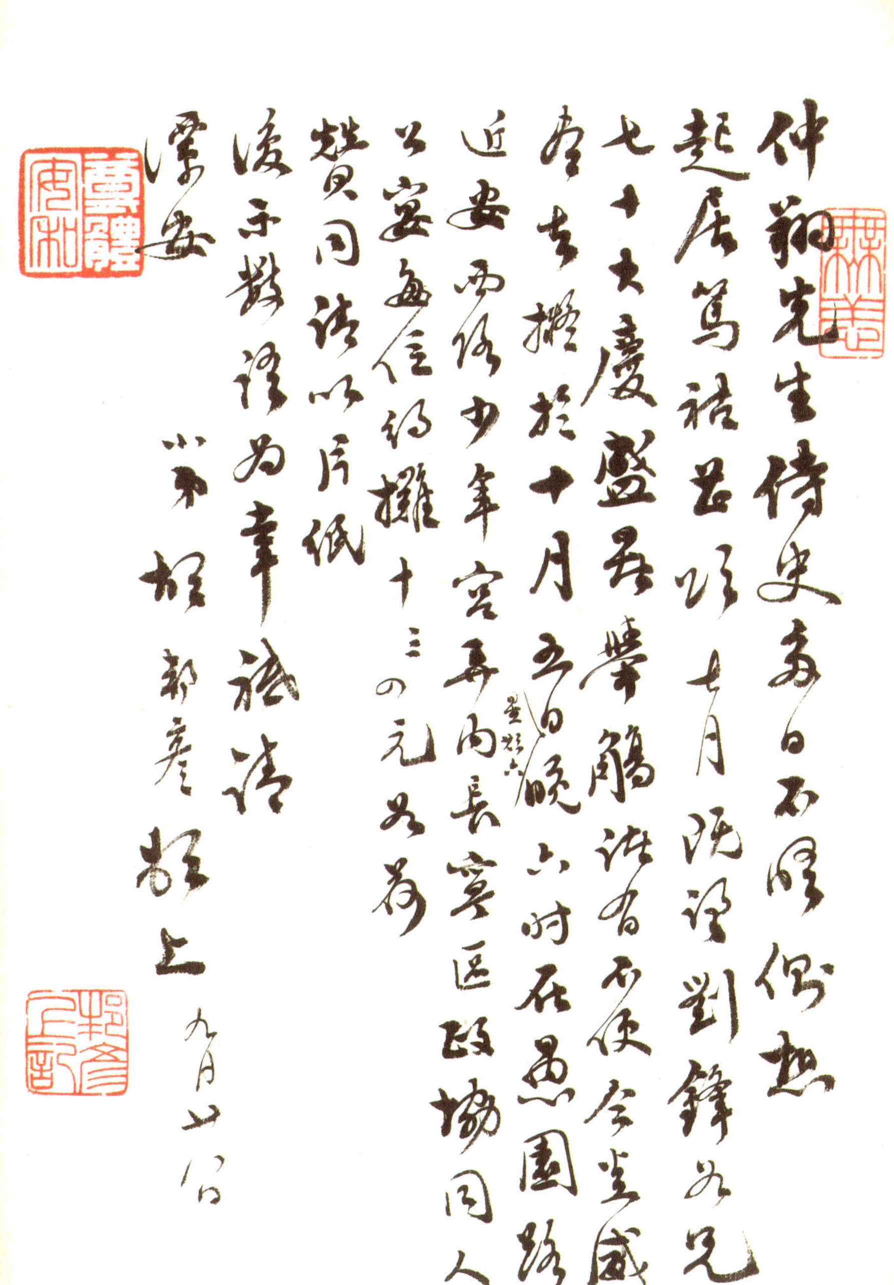

仲翔先生侍史：多日不晤，佇想
起居篤祜。下月既望劉鋒晉兄
七十大慶，盛舉[illegible]諸有不便，今茲盛
舉，去擬於十月五日（星期六）晚六時在愚園路
近安西路少年宮再向長寧區政協同人
以宴會，每人約攤十三〇元為荷。
贊同，請以片紙
復示數語為幸。祇請
儷安
小弟 胡邦彥 拜上 九月廿八日

岳麓书社

苏老：

手书奉悉，关于大著的处理意见，特别接受拟改，您的谦抑，益显前辈汪洋大度，允为后学者楷模。

原拟遵嘱将稿件寄还，后因考虑到我们的财力尚不能全部出版，决将部分付梓，故抄录时再下详读一遍，就出版部门的角度提出一点意见，供前辈修改时参考，未悉当否：

洋洋数万言的书，您的学人的卓识，诗人的气质，潇洒的风度，奔放的情感，给我留下了非常深刻的印象。我生也晚，未获与前辈晤面亲承手教，但私以师事之，尚望您能不吝赐教。

我社出版传统蒙学丛书，已初步拟定，第一本《幼学琼林》即将成书。为着加强对蒙书的宣传与研究，我不揣冒昧写了一篇《浅谈古代启蒙用书——〈幼学〉》拟附于书后，特寄上打印稿一份，请审阅指正。

岳麓书社

您去年发时为我所书两幅中堂，友朋见到莫不赞叹。我曾写过两首词，一首有关宣传部索要副部长传达声明，一首写宣传部副部长发表出版后之长本永付陈，他们索取墨宝者求赐。我以词不甚工，而欲借您书之翰墨而增光辉，为其从中挥毫，不胜感激。

书此即致

文安

胡遐之 1.15

词两首倚请指正

[illegible]

岳麓书社

《历代诗话选》下篇去年齐稿，待成书后再寄。

捧读《八十书怀》，概见平生所历经艰险，而况何未碍寸心，在风度潇洒、宜乎山川回首尽多情。稍假时日当依韵奉和，以尽仰慕之忱。并拟将大作于《湖南诗词》创刊号上发表，未悉首肯否？

余不一，敬颂

吟安

遐之手上 元·廿二日

岳麓书社

英老：

手书奉悉，甚慰。《佛教与中国传统文化》正在装订中，春节可以上市，印发三千件，在目前出版界不景气之中，学术专著能有此行数，与英老名气先声夺人不无关系也。所需样书，均照办，请放心。《李东阳全集》共三卷，世已出齐，以邮寄上，二、三两卷则全矣。

岳麓书社

意见，我应负责任。现在我已通知校对科，由我最后比对，以便把所有错误之处认真校正一遍，尚可补救。此版式已定，再加文字就要整个挪版，就比较麻烦了。尚祈鉴谅。

原稿中尚有未解决的地方，如附原稿"贤首宗旨法顺和尚创"，今改"杜顺"。查宗教词典，"法顺"因"俗姓杜又称杜顺和尚"。法顺、杜顺是否一人，是否一字之误否。[illegible]

苏老乔迁之新居及门牌号码及电话号码告示以便今后联系。

即颂

大安

胡遐之手上 三月十日

苏老：

此次大著《佛教与中国传统文化》在我省教育社出版，我原说担任责任编辑，以后因隔了一个社（不便直接插手），同时去年身子忙，所以我只读了一遍，校对了一下原稿，便交教育社了。月前出了第一次清样，为着对您老负责，我便要求看清样并亲一行行清样给作者，发现错误很多，非常抱歉。其所以如此，一是我们对佛学都是门外汉，且编辑、校对素质都差，二是本社之误，三是工作有些麻痹，回是原稿也有[illegible]（疏漏）的地方，如"黄檗"多处写成"黄蘖"，"北方文学"（偏重）原稿印是"北方偏重文学"，"遍觉大师"原稿印是"编觉大师"等。且是校对有些自作主张，因澄与澂通，名澂便均改成名澄（"澂"字原是澂字，故以澄代也可能）。总之，此次清样是不能令人满

上海人民出版社

蘇公賜覽，

周末喜读佳著，十分惬心！大块为习史者设，然实际上是一部非常生动精粹的祖国优秀文化的综合简介，见解新颖，资料丰实，且熔认识论与方法论于一炉，诚学者之津梁也。通才達識，启我实多，一编在握，视为枕中鸿宝。谨拜嘉惠，用申谢忱。

恭候

著福

弟道静拜上

1982-3-7

上海人民出版社

苏公雅鉴

承惠《论诗绝句》新作，读已顶礼，合十赞谢。昔在光明文学遗产读王季翁跋，即念念待睹全书，今得如愿以偿。中国诗是中国文化之升华，不能深解中国文化之精髓，亦即不能评价中国诗人、诗派之神韵。家珍如数，况又出之以生花之截句。中州社之编印设计，亦令人钦佩，匠心独到之处，盖此间出版社未敢越限者。尝言省市出版社奋飞翱翔，上海社不但老二做不成，就老三宝座也危险了。味

上海人民出版社

帙当常在手边，谨永讽诵，当诗史文当文化史学习不辍也。

再致谢忱，顺候

吟福和

俪安

小弟 胡道静 肃

1983年11月3日下午2时45分

上海人民出版社

钵水翁吟览

恭奉鼓浪屿留影，胜逾玕琅。古树朱颜相映以成辉，前修今贤并值而齐德。猗欤盛哉，耀我书斋，谨此谢忱。

敬颂

文福

弟道静上

1985.1.3.

上海人民出版社
SHANGHAI PEOPLE'S PUBLISHING HOUSE
54 SHAOXING ROAD SHANGHAI CHINA
社址 中国 上海绍兴路54号
电话 378250 转接各部
电报 2220

苏翁吾兄垂览：

遵 沈仲威兄夫人于清容大嫂嘱托，以仲威新作《龙的研究》一稿呈乞 赐正。仲威赴日开画展，与日友谈起他对龙为何物之见解，日友亟欣赏之，请他写成文章，将为译刊于日本刊物。仲威求 兄对稿提出修改意见（请直接寄于大嫂收，地址：山阴路二弄十九号）俾遵以后送译。我代他伉俪致谢。

仲威现在美国佛罗里达州，并将转纽约举行画展，盖在东瀛一举成名，又被邀去新大陆也。

恭候

文福

小弟 胡道静叩启 1987-10-12

古典文學出版社擬稿紙

仲翔吾兄：

管挹清芬，仰望高懷。頃辱見惠尊著之白李杜詩選，別裁精當，解析簡明。弟方以疏于文学，欲求誦習名賢佳作，以當砥礪，兩編之惠，所以助吾勉進也。百朋之錫，何以為謝，容俟面謁，再罄鄙誠。舊撰夢溪筆談校證，今適重板，汲深綆短，輒自惶慚，欲求　方家正教，以減吾過，用敢奉呈一部，乞諒其愚妄而繩墨之，幸莫甚焉。

此上敬請

著祺

弟 道静拜啓

第　頁

贴邮票处

地址：平阳城关第四居民区

（四青组）第十六小组

收信人姓名：蘇渊雷先生

寄信人地址姓名：温州市谷平巷24号胡楙

七六年七月七日

渊雷仁丈道鉴：接奉　手示，弥见亲声，缱绻诵

回环，钦佩无量。弟中怀惭愧，加之近来修葺

居室，安顿书丛，肢体稍觉疲惫，是以稽

裁未得承正，兹奉答诗，[illegible]拔不复。惠书

训教，感激之私，匪可言宣。吾乡自宋以还，人

才辈出，文风蔚起，自[illegible]先生[illegible]仲宁先

生昭一瓣宗师，世罕其匹，而吾乡学术冠绝[illegible]

闻之尤为著称于世，即当手加学派于加[illegible]矣

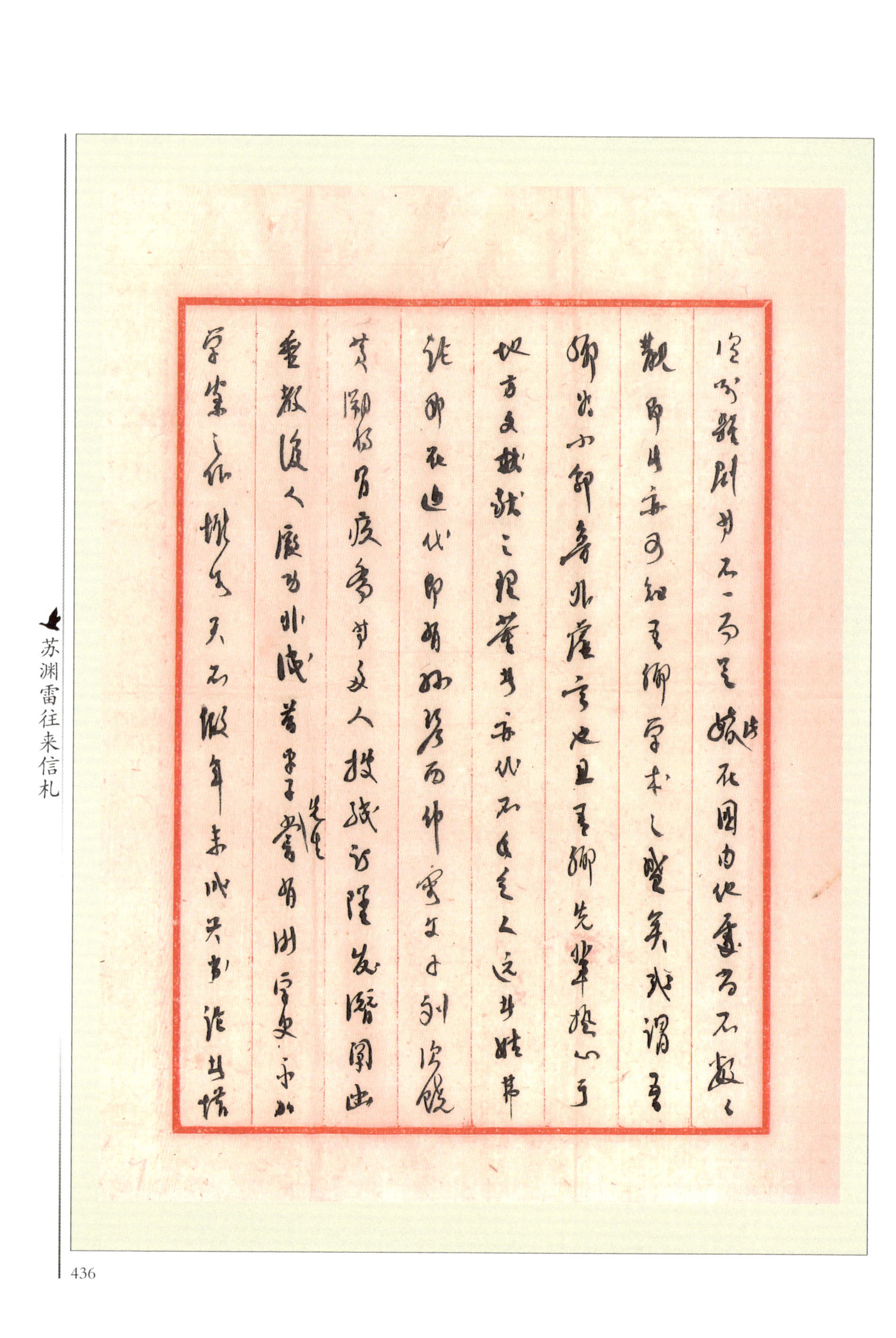

之小子不才，致献款识文识小，亟请长者如此英
尊教推实如日心，故吾谢肃南来甘为度
窗[illegible]撰寿吾师年整治乡邦文献续
此乎子先生为此之剖门，竟乎子先生未竟之业
即不免先志大才疏之请，然亦所不辞，倘蒙至
友再提而命教吾不远，则异日或有所获，实皆
出长者之赐也。月前尊著星评改之拙作已缮附
耳，宜自具页交邮，叔老曾允将惠贤之大

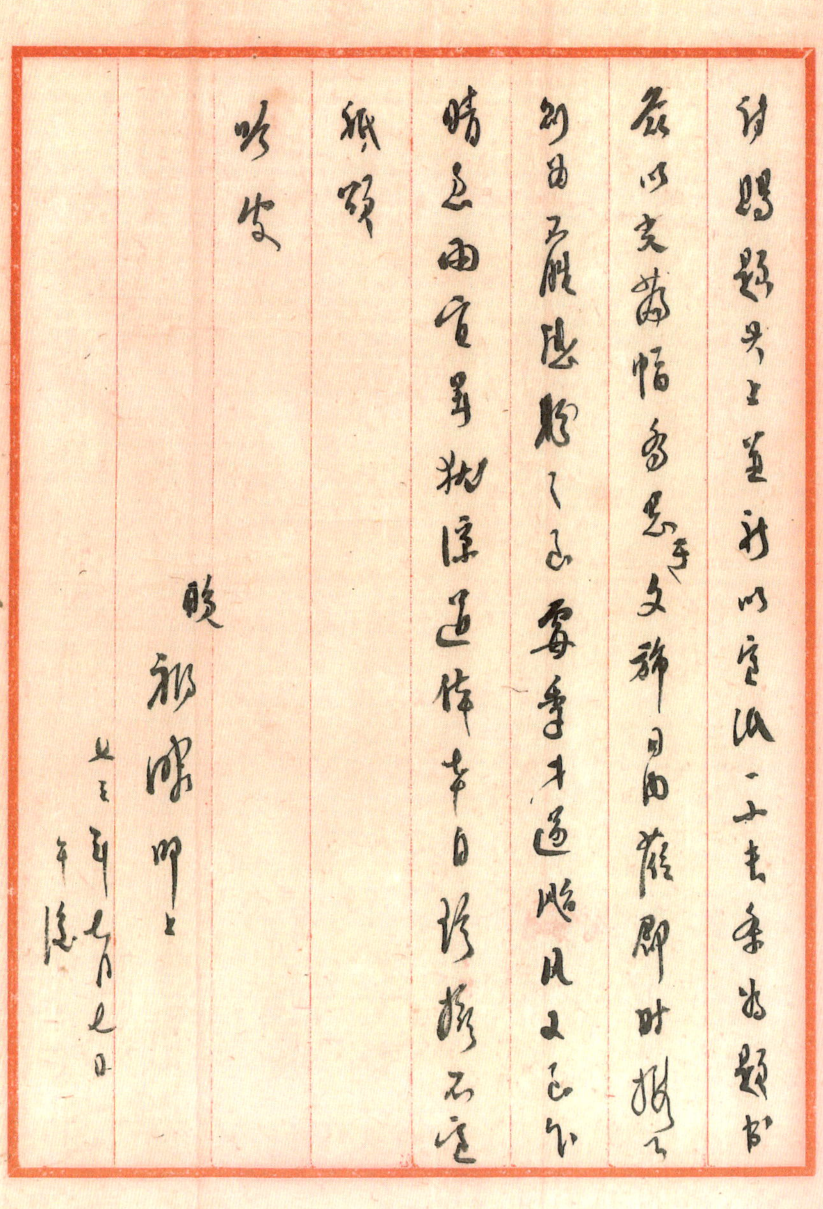

前赐题头至，兹以宣纸一小幅乞为题封

签，以完蔚帽多忘字文辞，日内藤郎时报之

则由王履隐聪之已寄奉，未遂贻凤又已代

晴已由官寄拟深遥待本日诵持不宣

祇頌

吟安

晓

秋澄叩上

廿三年七月七日

午後

苏渊雷往来信札

1、

仲丈赐鉴违别多时渴念良殷久疏函候
祇以种种原因未能如愿耳日前先后领来
书是又以一一归缩编稽延至今歉甚罪甚大
驾往游广东之前即诚恳承相顾适晚去杭相
左均先后未获快聆绪论畅叙离悰惆怅奚
似前年曾去汉由之汉语大词典编写中心但返二
月来因着手筹建汉语地区词典编写但还
晚争加该词典由王有江苏心集失敬福建吟谢

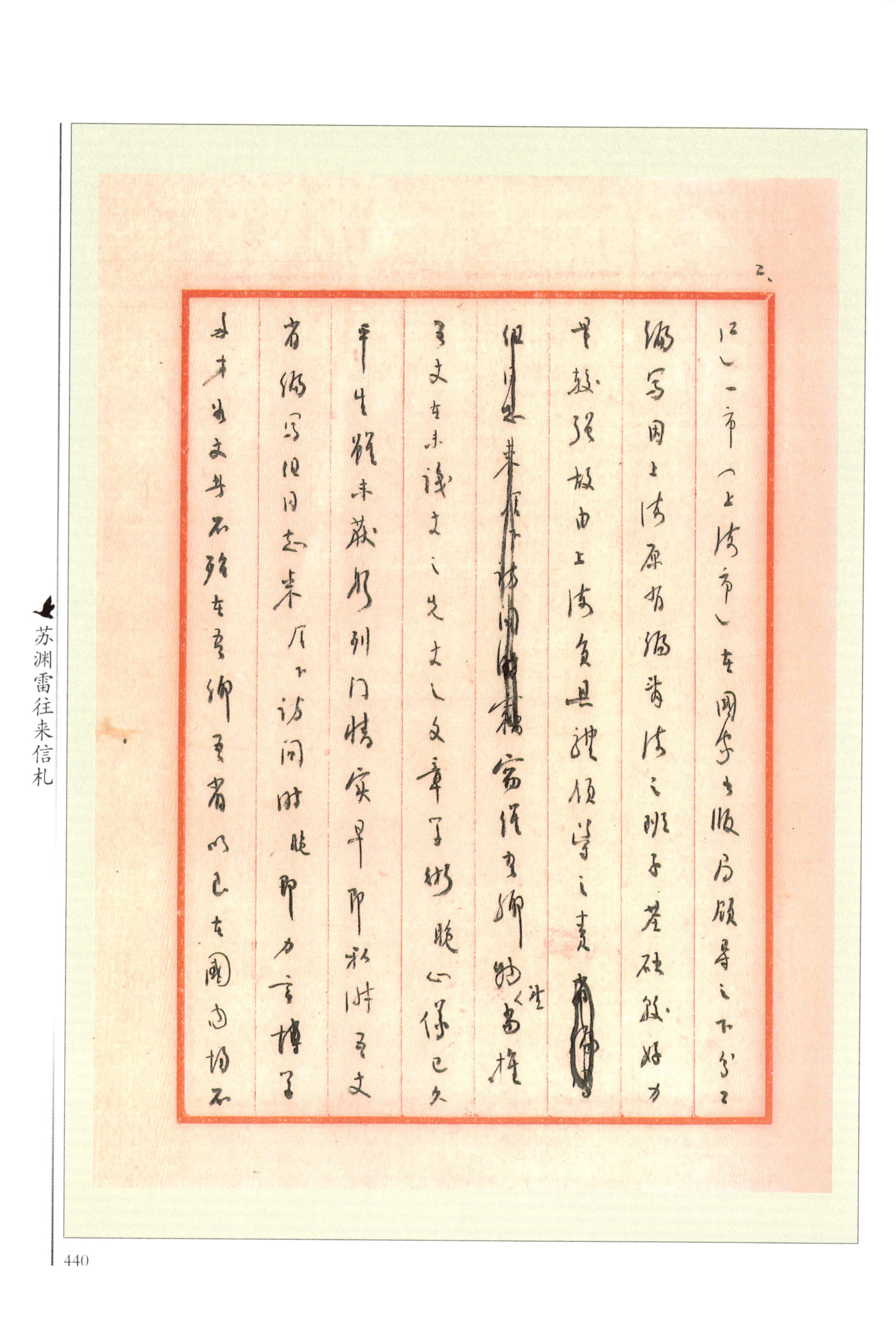

3.

數數觀倘能聘文史館顧問自必大有助于我地
區編寫但花之精展写僅与增嘉二兄外均被
抽調參加地區編寫組彼等每年之向地區建設徽文史
心地區領導猶未肯背但又以補足工資數字
較大尚未能即作決定　曉赴杭求多朱文鋒來信
云市文联彼之書內有徵書之〻者有約[涂]聞
顧問失詳其語鋒之際曉霞面告事昔李奈因
地區對此為來省明確表示佊[伸]紙又之也此何下筆

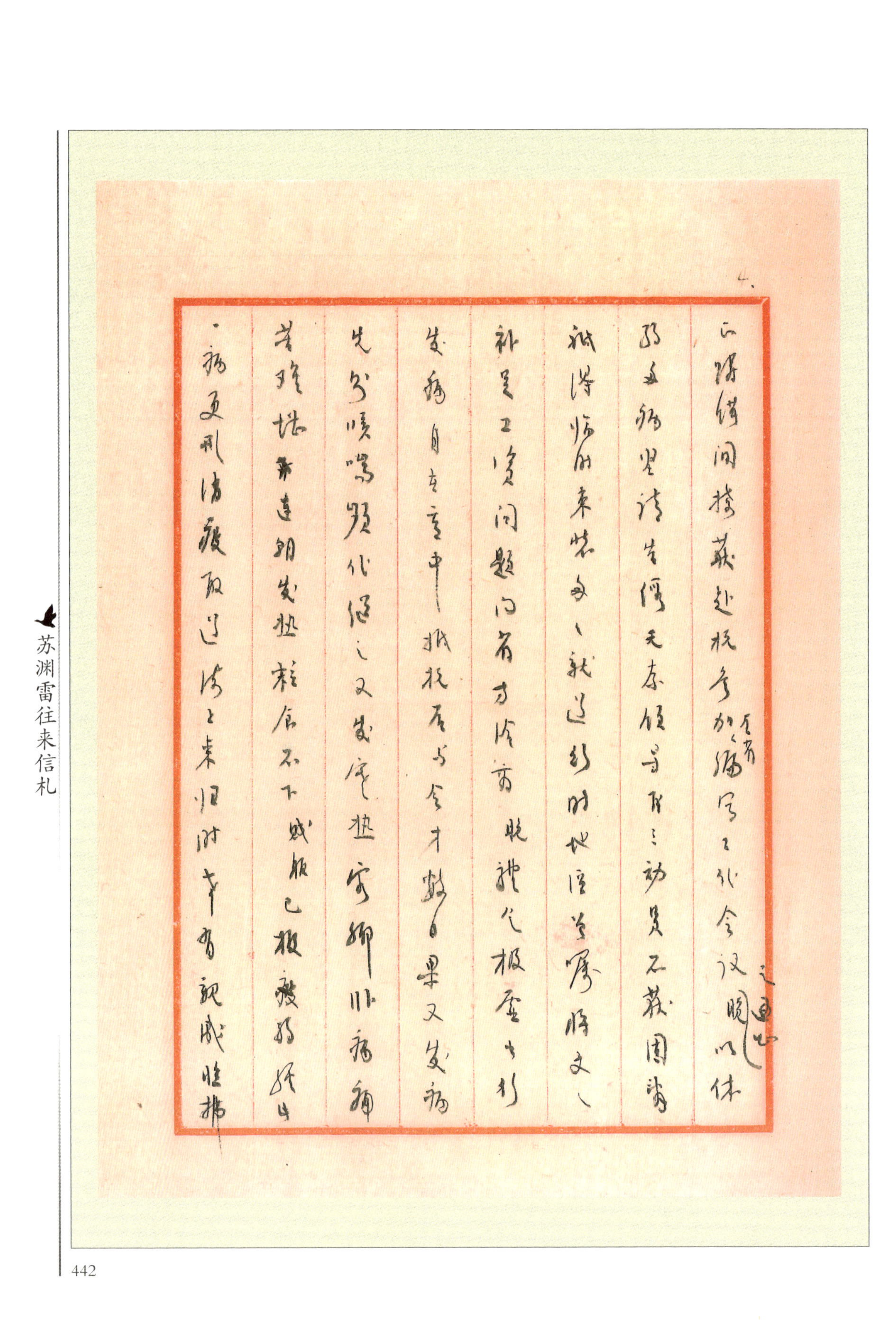

苏渊雷往来信札

5.

抆村始得生还故乡，抵家后热仍未退，咳喘不已。经月调理服中药，经多方治疗并每日静养，直至最近病况始有起色，始能起坐作书。现在校时将先生以晚辈遇及有编写组之负责同志以及组内诸同志并所需求协助解决史之补充之资料问题，得蒙先生多予加于大编写组，同时事务方面亦力消除得支持较问，不放对我信今地位即对个有多予支持并代

用者方因念閒，得分代言之分條疏段理為新文

此類問為大好事，但提及工筆新見問題，述文而前

踐包支至失詞，前編寫但、之需文章見悉需解曉

之者出版而後發揮之見悉而前，弟曉文之之詳讀

紙、不得需領、余~~書法書通者後~~ 曉于先生之解，不免比前績德

之言，并為前編寫但見之而請至文博搜尋書籍

述定富不現為清海書，年前出通才為不能

用國吾兄寄日本郎暇青同文請教 曉告此言對

省方之令枇杏度实隐含指责之意以上所言

读及傲因吾丈之深放披沥言之殊不

足为外人道也吾丈当月後将手书或撕

或焚切勿留存以免滋物议而招附会也日前

仲秀先生来舍再垂询此事 晚当一一奉告时

贱恙未瘥未遑握复请先生读吾丈时先为致

之并将晚述於前诗作奉贺吾丈七秩华诞

之能力请先生先为附函转呈 左右 晚 谨拜上

8.

嘗讀詩但知不化詩自更不足言工詩比年來亦
宋詩與文相往還得彼之讀迪遂自忘謗陋不
也先之精已臞臞故試為寫感詩至文壽臨古稀
詩人君壽之以詩晚號不工詩自知不足無詩故不自
藏拙寄秋便用供發之化聊表祝嘏之微意亦有
拙詩評平蘇賜閱還祈再加斧削擬俟十詩風文
改定即寄後另行別紙等錄寄呈郵寄藕萬芹
敬呈文題孤旦轉晴即居鄙誠著首暨謝

7.

文友自东万西窗协倾北海樽进南山颂寿东坡仙
陈状方蜀绶之候兄精鹤鸣和之韵识快予也不韵
事也届时还先生当翩然莅苏为先生千の人寿
横行十年学术界万马齐瘖今兹即一二可称贤
下士重视人才恩宠我伐区区之词典编写但欲先为
成还得借重大文现以晚仍当待寿我是来苏之
日矣鹤馆见来信拜祝，已与彼商定时候鹤生山阴
题字当缓十周之，久有消息，自即既书奉先

10

来教嘱写示诗鸡鸣之导读史举要十讲

敬悉。不遑命现文邨门印行，写上法书手笔题

常于述其树头中，至新发版为文重理首叶大

华居先生坚以田壤估价毅者问世，请惠赐一册乎

及斋馀力复作书，书不尽怀，专此祇颂

履安

晚 祖谦叩上

七七年四月廿日

已校付印

前札并就，后之适呈校兄来请先生嘱毕

问候

渊翁夫子
师母大人 垂前：大札今日方转南京。它已去北京旅行一圈，以怡晚读了。上年交印为春生先生付之梓捐款事，收信人是市委宣传部长余绍明；文华大饭店经理书画负责人杨汉涛及蒋仁二位审，请求为春生先生张本，提供方便，依地方出版社读书出版世界。为解决问题，当有小助。去了说情，人微言轻，亦是常了事。

自去年十一月来京，至二月返宁，一直在写长篇小说《司马迁》。此题无人敢碰，实为不自量力。修养差，记忆差，学识不足，加上性格急躁，恐怕损害史迁手泽之美，一时难以改正，也许要带着残疾去旅行于读者之间。感到多，何限文能为晚生哉？本稿经删定，约卅万言。痴人梦中说梦，镜里寻花。旅一适回：“

夜半龙门太史公，长安梦觉喟惺忪。缚鸡无力偏扛鼎，水月昙花笑镜空。”实录而非自嘲。先生乃是龙门二千年后知音，便中乘兴可为拙题一律代序，以光书楣，当东望再拜。前诗坛健翁，书苑英人，伏祈勿为太史公搁笔为念。

先生一代奇人、清人，天公垂佑，必激先生而后，佛学一途，文债若多，请择要量力而为，不必过劳，为民族文化而珍惜！

《神州学术》因资金链中断，雪上加霜，居然股东律师只见钱眼而不知文字优劣，出书更益难，请老师打破情面交代，速找机会，俾付印成，夜长梦多，不胜为老师忧！文革中有绝句聊呈雅正：

呜呼闹屋空沁河长，望何人海两茫茫，已无深爱填忧否，岂有余情致楚狂？

中国作家协会江苏分会（稿纸）　15×20=300

雨到滂沱天涯阔，诗成淡泊低迷浑。睥间忽忆千秋月，老将亲友骨已寒。

风因多梦偏寻梦，人到无家更思家。海上紫蝶识冷月，枝间白蚁以梅花。

写得笔底黄莺啭，行到陈郊新春急蹄。酒味独追新去客，书香若透旧情怀。

诗不佳，大抵心路历程，聊以弄斧，盍不吝讨，夫子明察。

大凡人皆敬重人，亦若狂人，是以敬之，敬之则成之矣。惭对前人，措施太谦，惊喜惶悚，不知所言。

恭问

双安

文辉 草即，3.28.
夜深之时

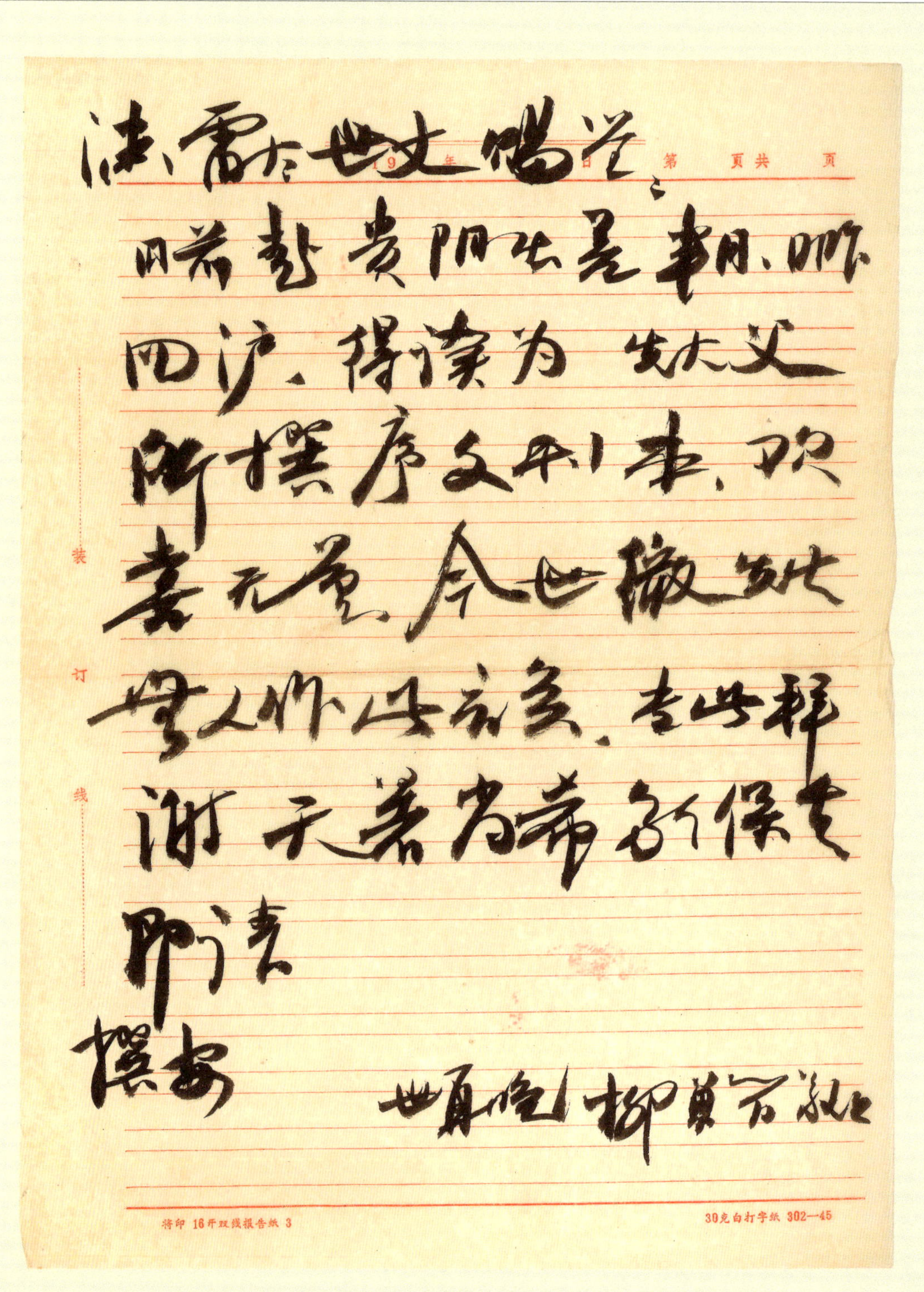

渊雷太世丈赐鉴：

日前趋贵阳出差半月，昨回沪，得读为先大父所撰序文刊本，欢喜无量。今世徵先贤人所共公论矣。专此拜谢，天寒岁暮，务祈保重。即请

撰安

世侄晚 柳曾符 敬上

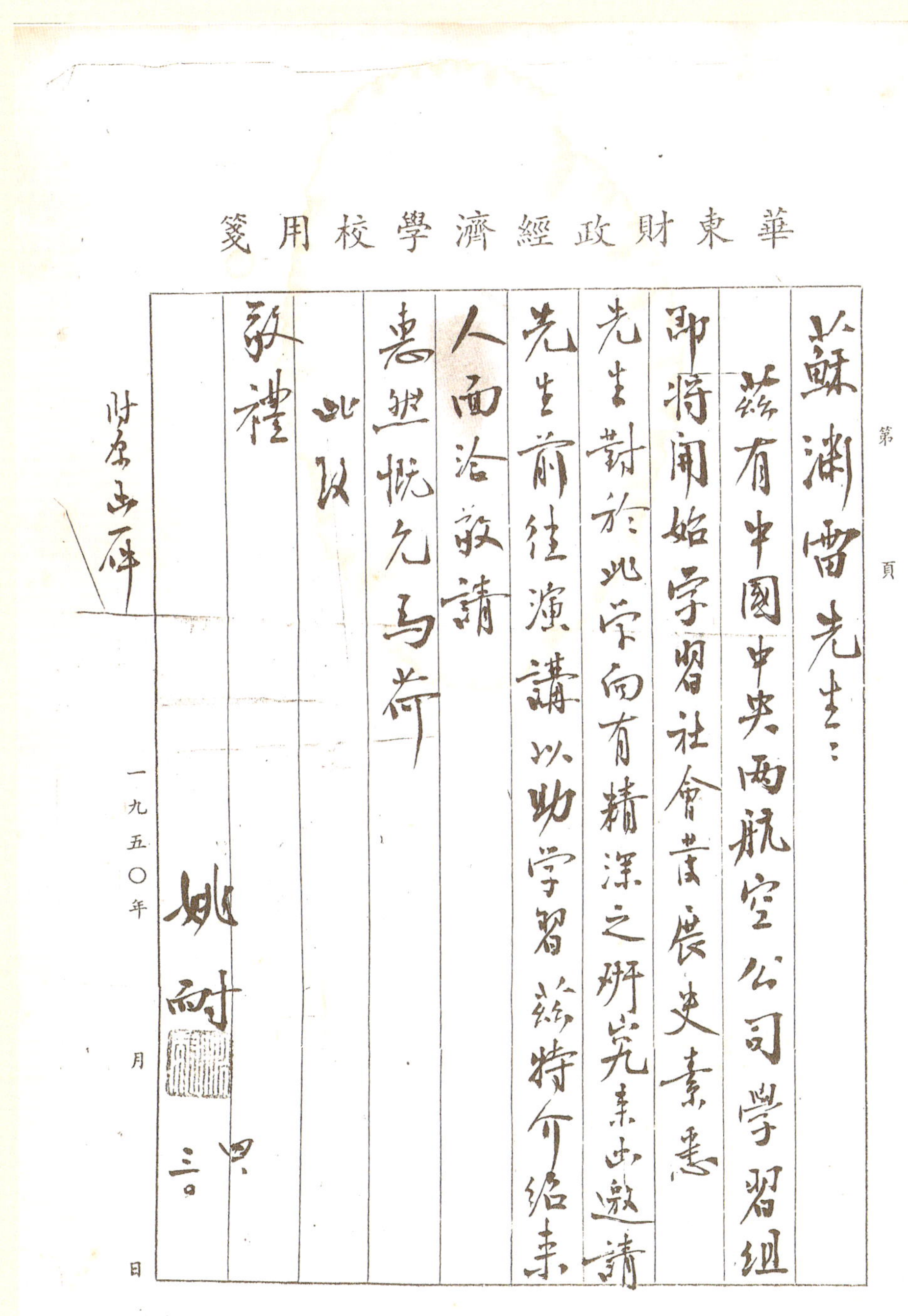

華東財政經濟學校用箋

第　頁

蘇渊雷先生：

兹有中國中央西航空公司学習組即將開始学習社會发展史，素悉先生對於此学向有精深之研究，未由邀請先生前往演講，以助学習。兹特介绍来人面洽，敬請惠然慨允為荷。此致

敬禮

姚耐

一九五〇年　月四　三日

附原函件

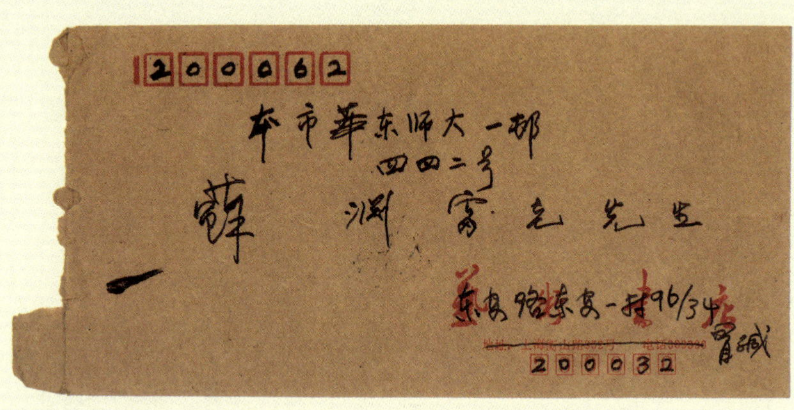

200062

本市华东师大一邨
四四二号

蘇渊雷老先生

东长治路东安一村96/34 冒缄

200032

中国人民保险公司乐山市分公司笺

仲翔丈：

寄上彩照三张，拍照不太好，聊留存！

所命镌刻，现已动手，预计四月刻毕，待拓印一二幅再呈览。年谱两本，尚须补充，如有佚文事迹先常来宁舍，不胜感激。并希赐宝贵意见为感！序文如尚未写就，慢慢来亦无妨。写样拟于三月中旬去如皋拜谒祖园，并邀丈及杜宣先生等人去。又写杜宣欲拉使尘丈去云云。小姪届时偕内子前往，俾多多聆教，尤感祷无量矣！

敬颂

著安！

小姪 冒怀蘇 二月廿五日

陈炯附笔请安。

ch050.70.91.8

读钵水集题后

小窗山人味[illegible]乐，[illegible]归
苏子有新[illegible][illegible][illegible]入夜哦
何补[illegible]白画烛[illegible][illegible]贯
题[illegible][illegible]鹤[illegible][illegible][illegible]渊渠
出[illegible]师可似[illegible][illegible][illegible][illegible]
壮[illegible][illegible][illegible][illegible]出（[illegible]天下[illegible]人字）
[illegible][illegible][illegible]圆镜[illegible][illegible]田[illegible]摘
斗辰出志十人[illegible][illegible][illegible][illegible]
[illegible]从题人[illegible][illegible][illegible][illegible]西方去
远请[illegible][illegible]文已信新[illegible][illegible]来
丘林[illegible][illegible][illegible]

[illegible]渊[illegible][illegible]丑年[illegible][illegible]
[illegible]效鲁[illegible]稿

安徽大學

钵水兄：

复示敬悉，影写宋辞二李

荷介长画，已持为承吾兄了刊否

念念。

《梦苕庵诗话》、《学人名字》、《传学

人物琐谈》均载卅年《古今》，皆由钱谭

复装一份，又陈通先生和王伯醉主编

之《艺文志》至印，至今尚未见寄来，前此所

寄地五，结诗二首也[illegible]因素福不[illegible]

不[illegible]付集作否？[illegible]刊物亦[illegible]

张[illegible]先生。《古今》及[illegible]期汪伪刊物，

[illegible]有[illegible]，[illegible]

[illegible]复[illegible]先生为[illegible]

安徽大學

弟秋后拟买车申与洪丕谟一聚,顺道
偕张并黄山之游矣。

兹上所寄之元收条一部。请代之
[illegible]为盼。

即颂
俪安。

[illegible]

遁叟

遁叟年七十盈颠霜
雪鬓丝白忆昔峥嵘岁月
稠才华丰茂脱颖出陈东
久抱救国志怀铅刊成挥
健笔燎原星火漫东瓯正
气人间慑鬼蜮国仇未报
作楚囚缧绁七年青青柏男
儿有志奋鹏抟南国物华
开塞雪杏坛挥麈乐英才
著书立论章句繁桑榆浮
霑雨露恩退食自公赋怀万
共来雅集庆此樽绿醑三

傾情激越伯高狂步履
雲烟太白高歌對明月還
詞聲傳高陽豪漢墨韵
成傲霜骨横陽山水鍾靈
秀邂逅深得之兼三絶憶余
少時同庠序別後天各一方
隔五十年間秋水思今朝仰
慰相逢日横陽卻嶼衣帶
水扱老年華情殊切南來
有約對黄花把酒唱酬旋
失意但覺高歌天地寬
還論歲月催人急好景
當蘇大法年杖履優遊

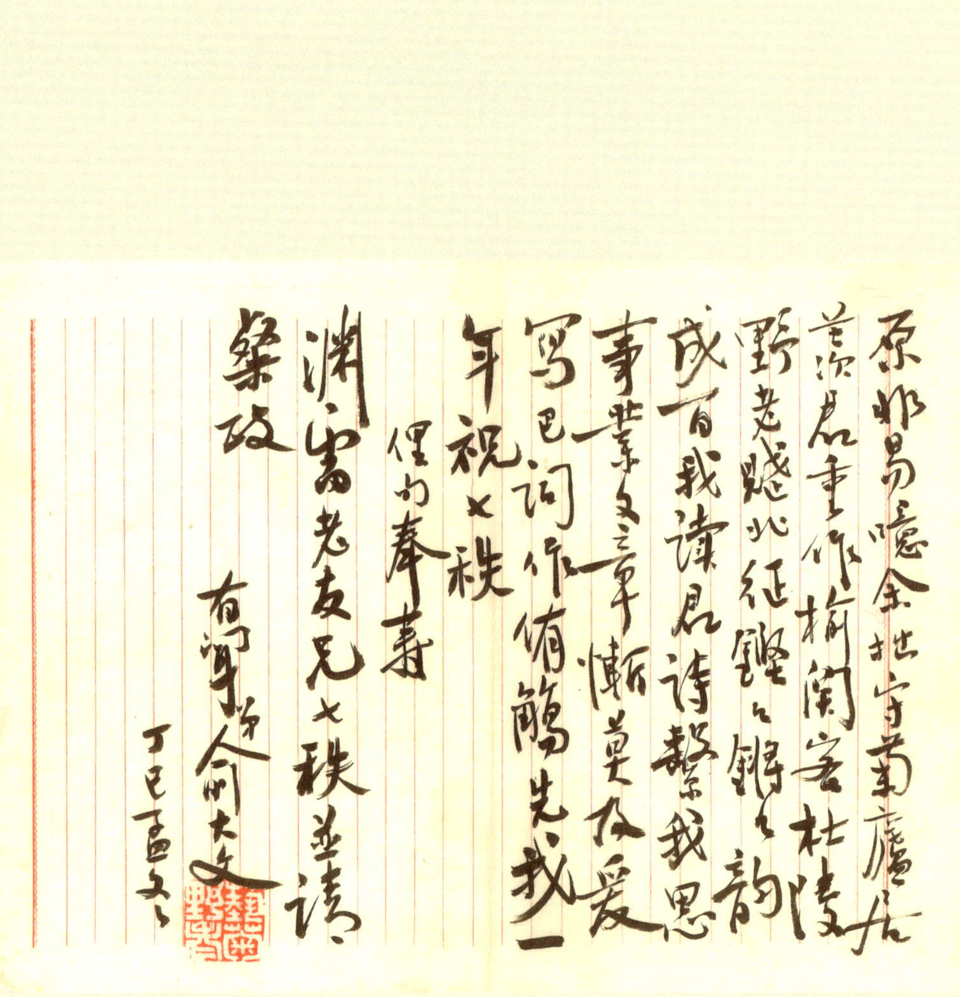
原那易憶余拙守菊廬居
並添君重作榆関客杜陵
野老賤北征鏗鏗鏘鏘韻
成一百我讀君詩歎我思
事業文章事手慚莫及爰
寫巳詞作侑觴先我一
年祝七秩
俚句奉壽
淵雷老友兄七秩並請
粲政
有河學弟人俞大文
丁巳[illegible]

一别多年相见少，無情岁月催人老。菊飲難忘秋意好，吟艸艸，文思上水君知道。寄岁傳来琼玉報，題詩輝我詩词稿。白首相知歡不了，梅訊早，溪堂漫寄漁家傲。偶句奉呈

渊雷老兄郢正

弟俞大文初稿 八九、一、十、

渊雷兄：近得胡粹士来函，知悉
兄一切情状为慰，去岁惠我
题咏，无以为报，兹率尔倚声
《渔家傲》一阕，聊表谢忱，并希
笑正！ 吴老天五于去岁十二月
作古，吾侪中又少一位，情如之
何！本月四日追悼之时，吊客
颇多，哀挽亦不少。十日《温
州日报》内载有一篇汪廷汉《孤
萦心事凭谁说——悼鹭山先
生》特稿，表示无限哀思。吴老
虽逝，而声誉永留人心，可谓难
得不朽矣。 老兄挽吴老之联，
佳于上乘，弟已拜读，语简而情
深意厚，至佩！ 专此顺颂
著安！ 弟俞大文拜
二·十二·

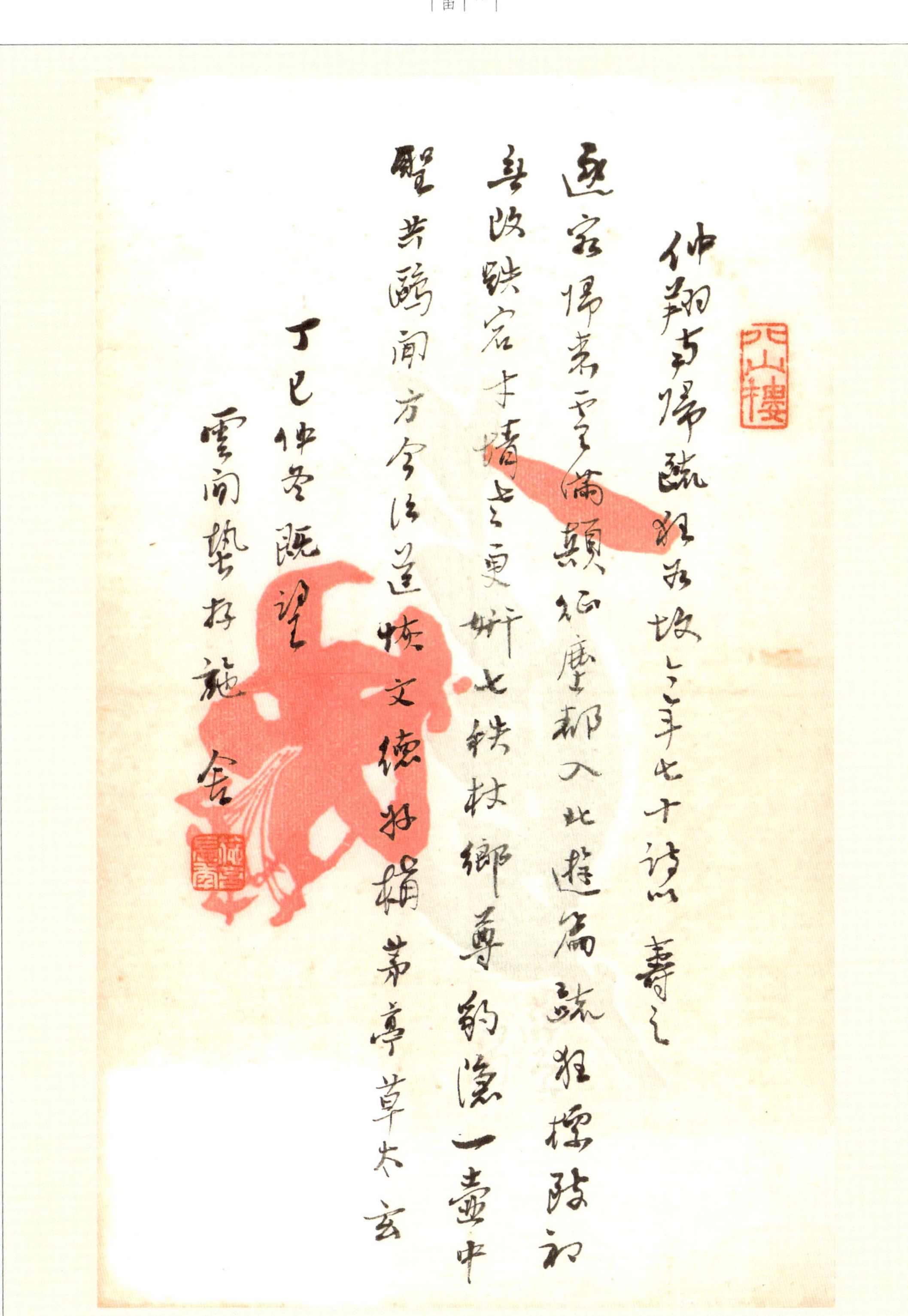

仲翔方归疏狂故，七七年七十，诗以寿之
遁窟归来雪满头，
烟尘抛入此游偏。
疏狂探路初无改，
铁石才情老更妍。
七秩杖乡尊钓隐，
一壶中圣共鸥闲。
方今治道恢文德，
好揖茅亭草太玄。

丁巳仲冬既望
云间蛰存施舍

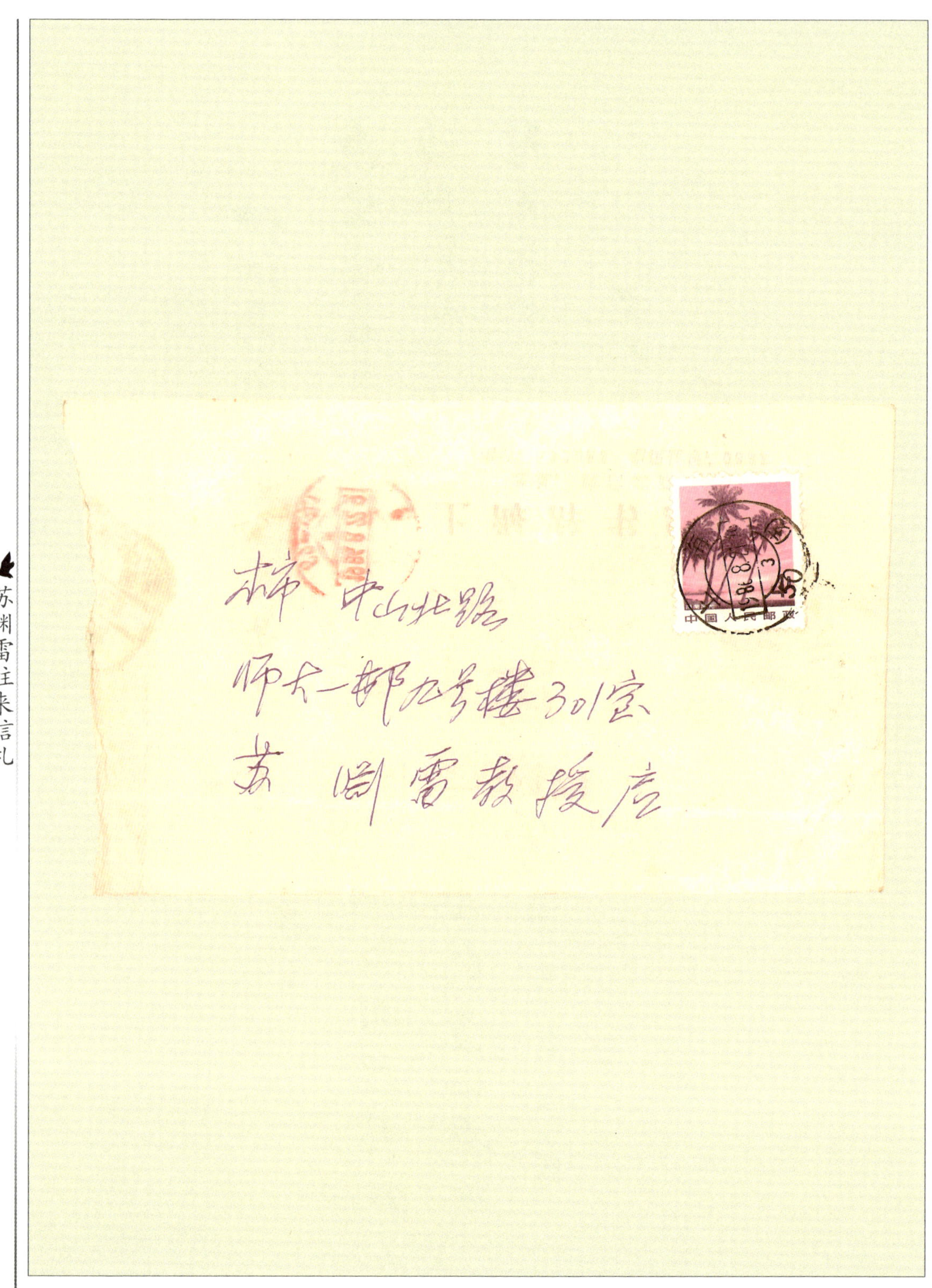

本市 中山北路

师大一邨九号楼301室

苏渊雷教授启

词学编辑部

仲翔仁兄：久不晤教，常用驰仰。尊寓电话是否546639？我打了两次，均打到富阳区去了，恐有误，乞示知。

兄近日去编《词学》第八集，拟为夏瞿翁编一个纪念特辑，邀请作人各写小文一篇，约二千字左右，不知吾兄能速成一篇否？不要诗，不要挽联，只要文章，谈谈与夏老之交谊，或回忆夏老言论行事，或综述其词学道史，月底以前惠稿。若时间不够，写点别的一篇，由此寄照片亦佳。

大安

夫人均候

施蛰存

8.21

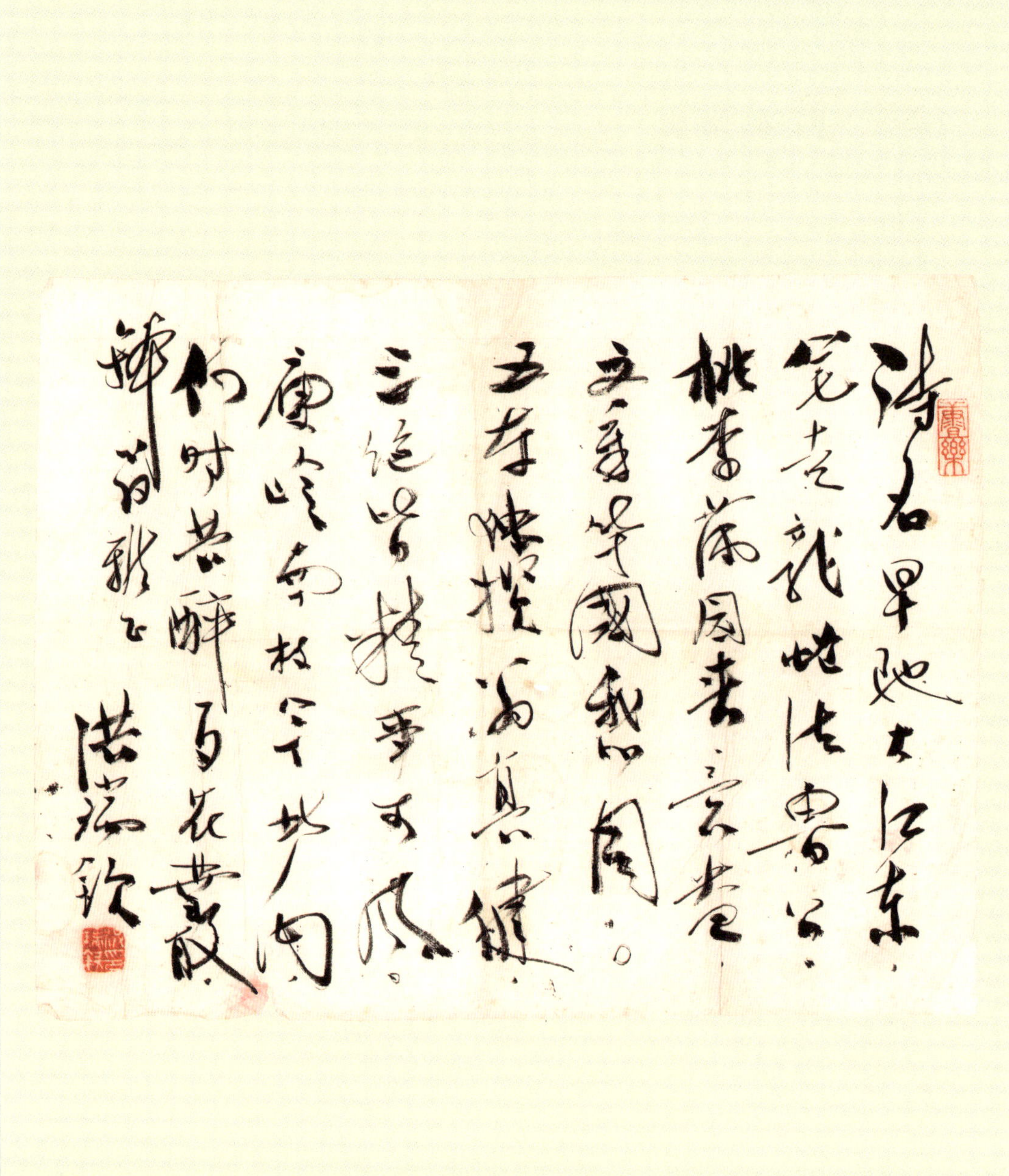

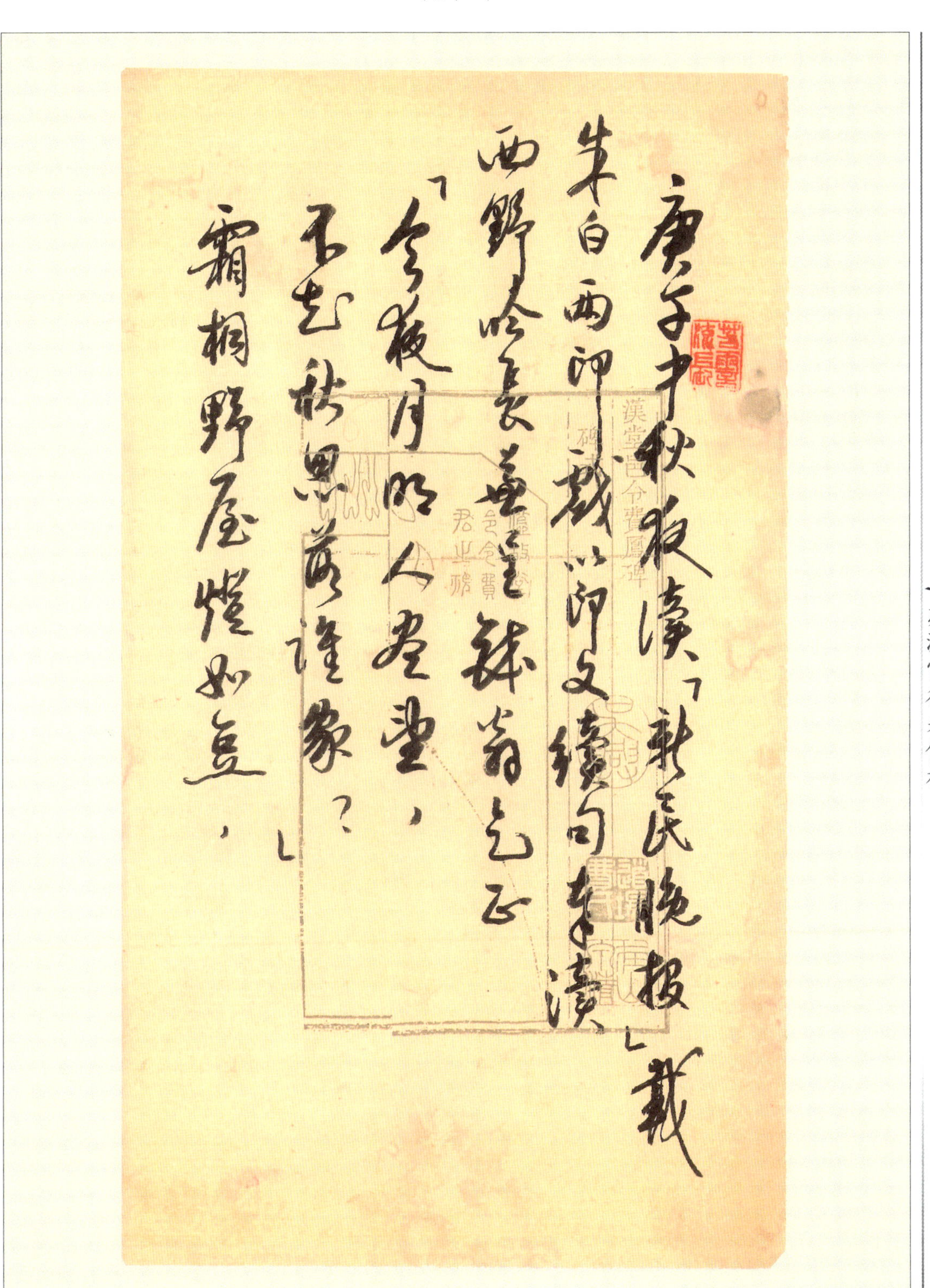

庚子中秋夜读「新民晚报」载
朱白两印，戏以印文续句奉读
西野吟长暨钵翁乞正
「今夜月明人尽望，
不知秋思落谁家？」
霜桐野屋灯如豆，

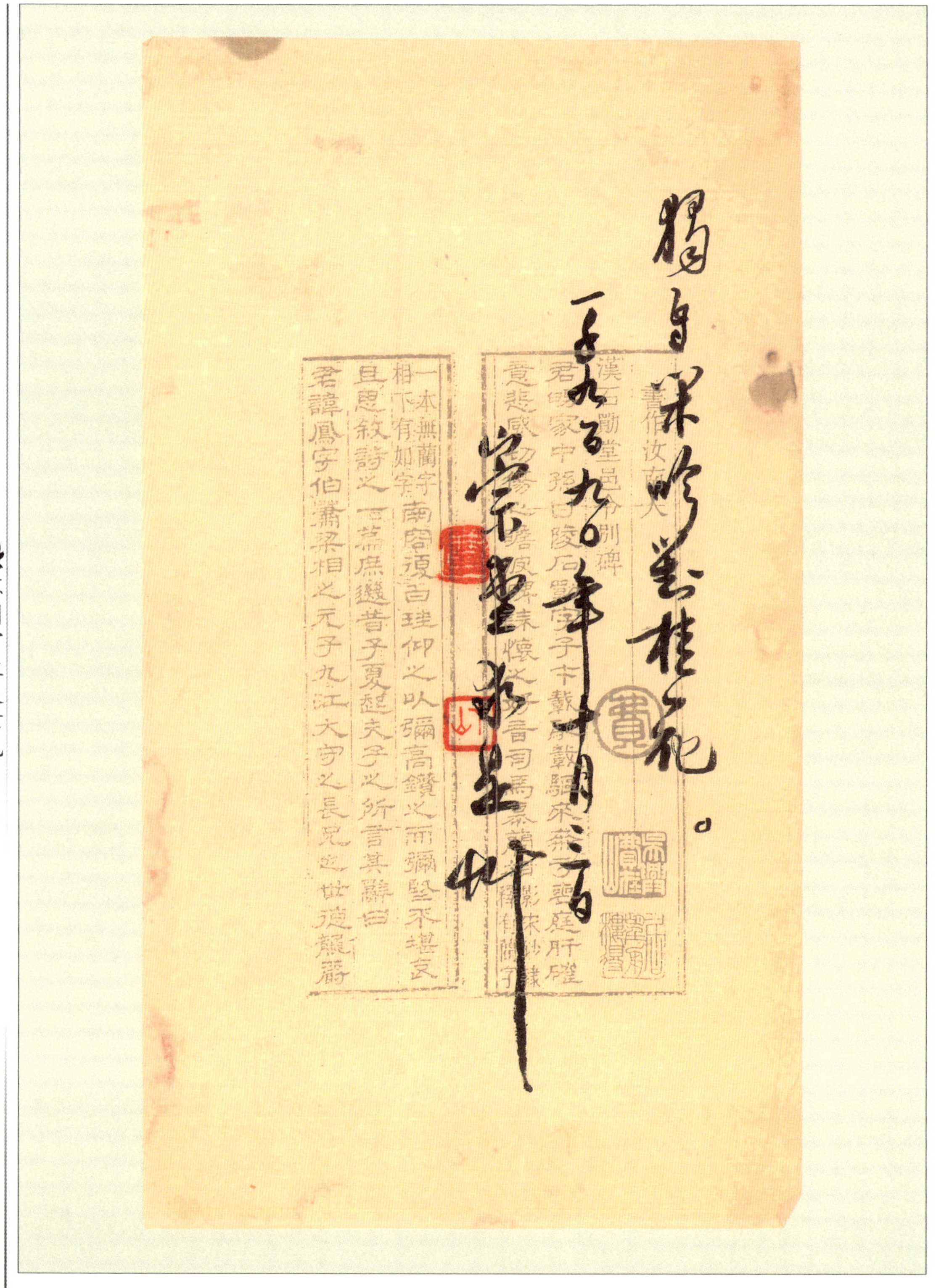

庚子中秋前三日与钵翁同寓苏州园外楼畅谈，钱公镜塘至，阑城之程半城吟之正。

今夜相逢园外楼，潇潇秋雨令人愁。妖魔夜访喻新逝，出卖灵魂竟未休。

苏仲翔教授有钵水斋近句论诗一百首，在新加坡出版。今见其人，嗜酒豪饮，醉后诗涌如泉。口占一绝。

诗翁原是酒中仙，豪饮三杯诗似泉。

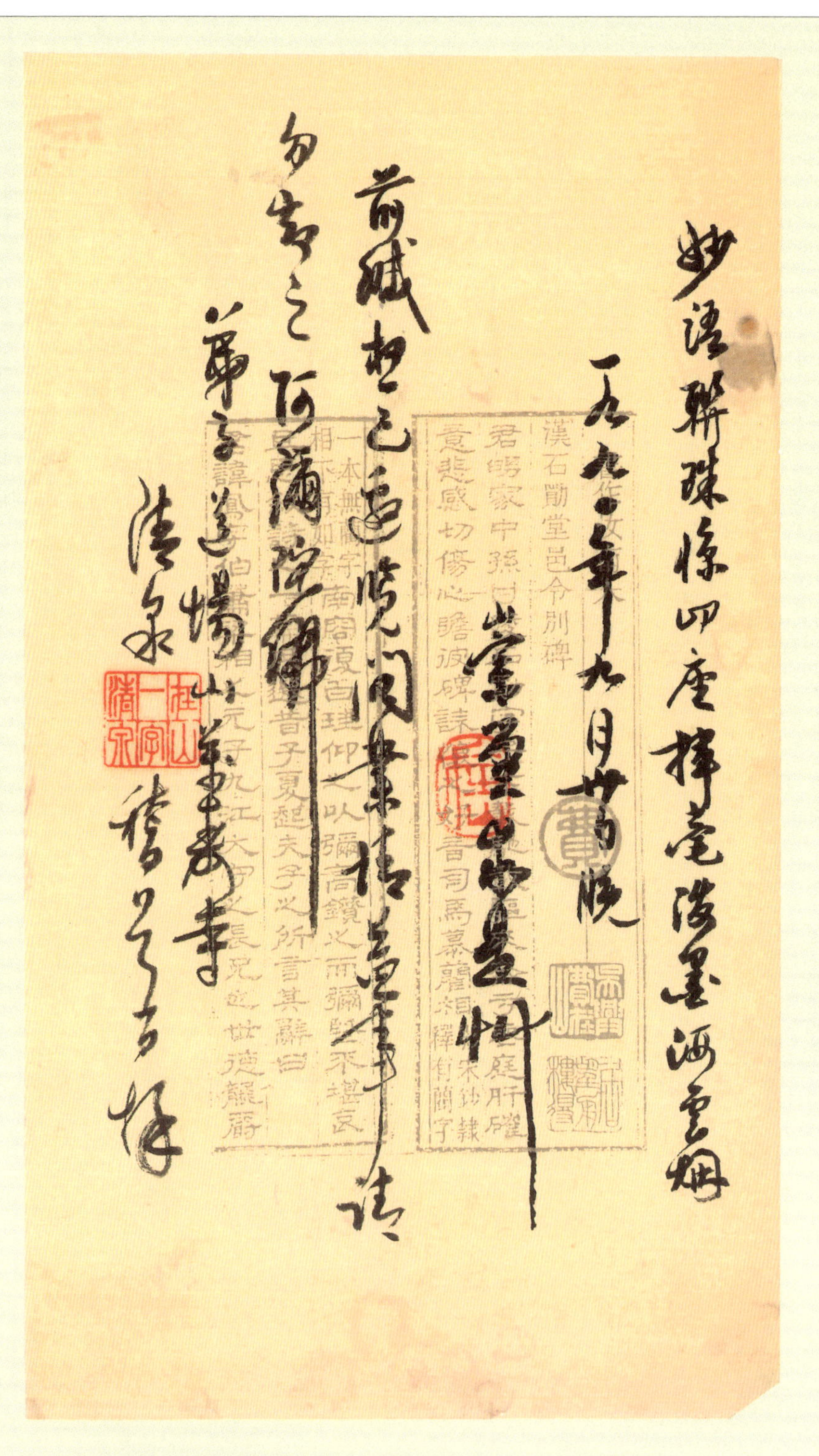

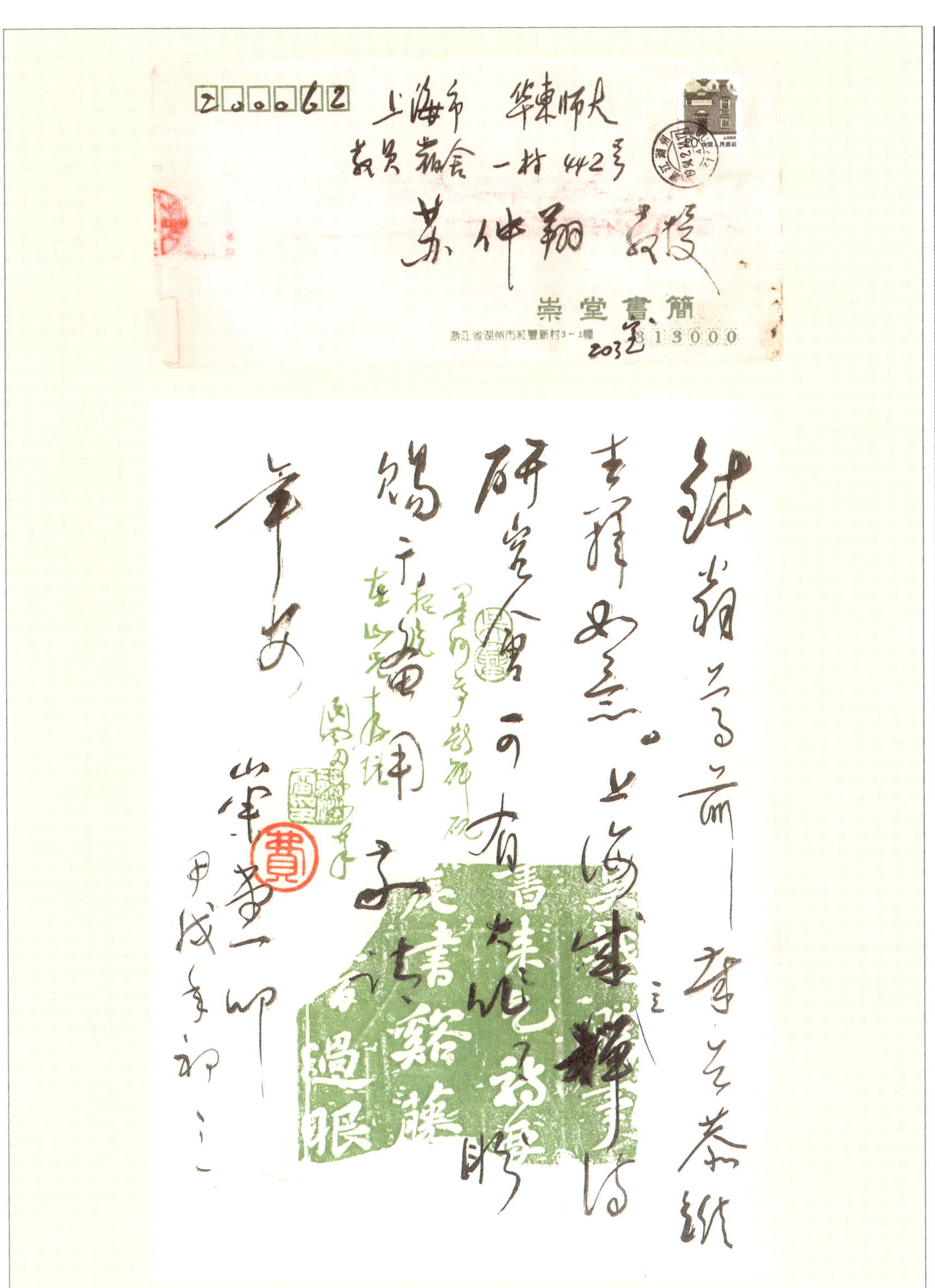
200062
上海市 华東师大
教员宿舍一村44号
苏仲翔 教授
崇堂書簡
浙江省湖州市紅豐新村3－1幢 203室 313000

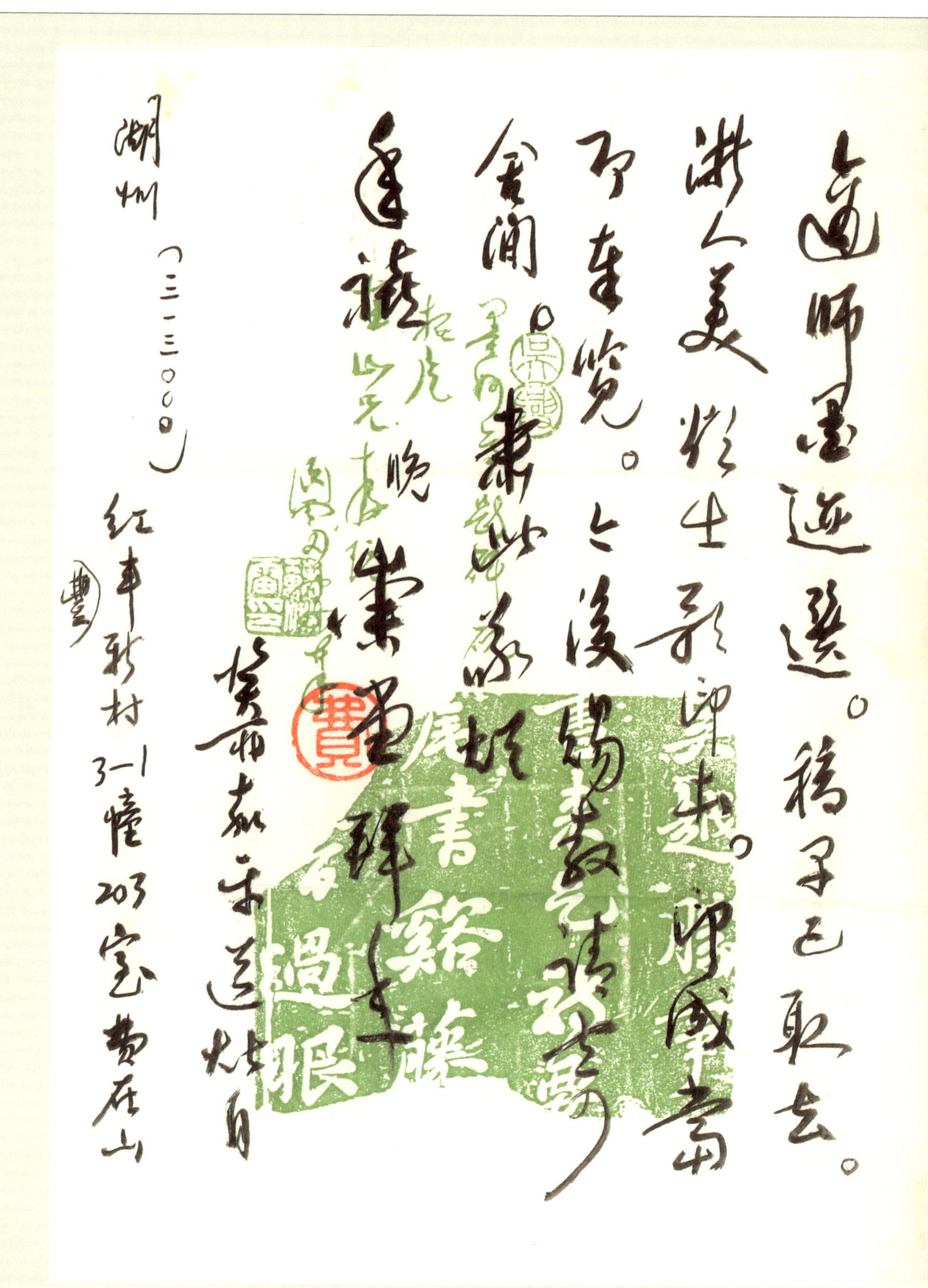
道师墨迹选。稿子已取去。浙人美将出版，[illegible]印成奉览。今后锡教[illegible]金润。肃此敬颂
道祺
晚 费在山 拜手
[illegible] 日

湖州（三一三〇〇〇）红丰新村3-1幢203室 费在山

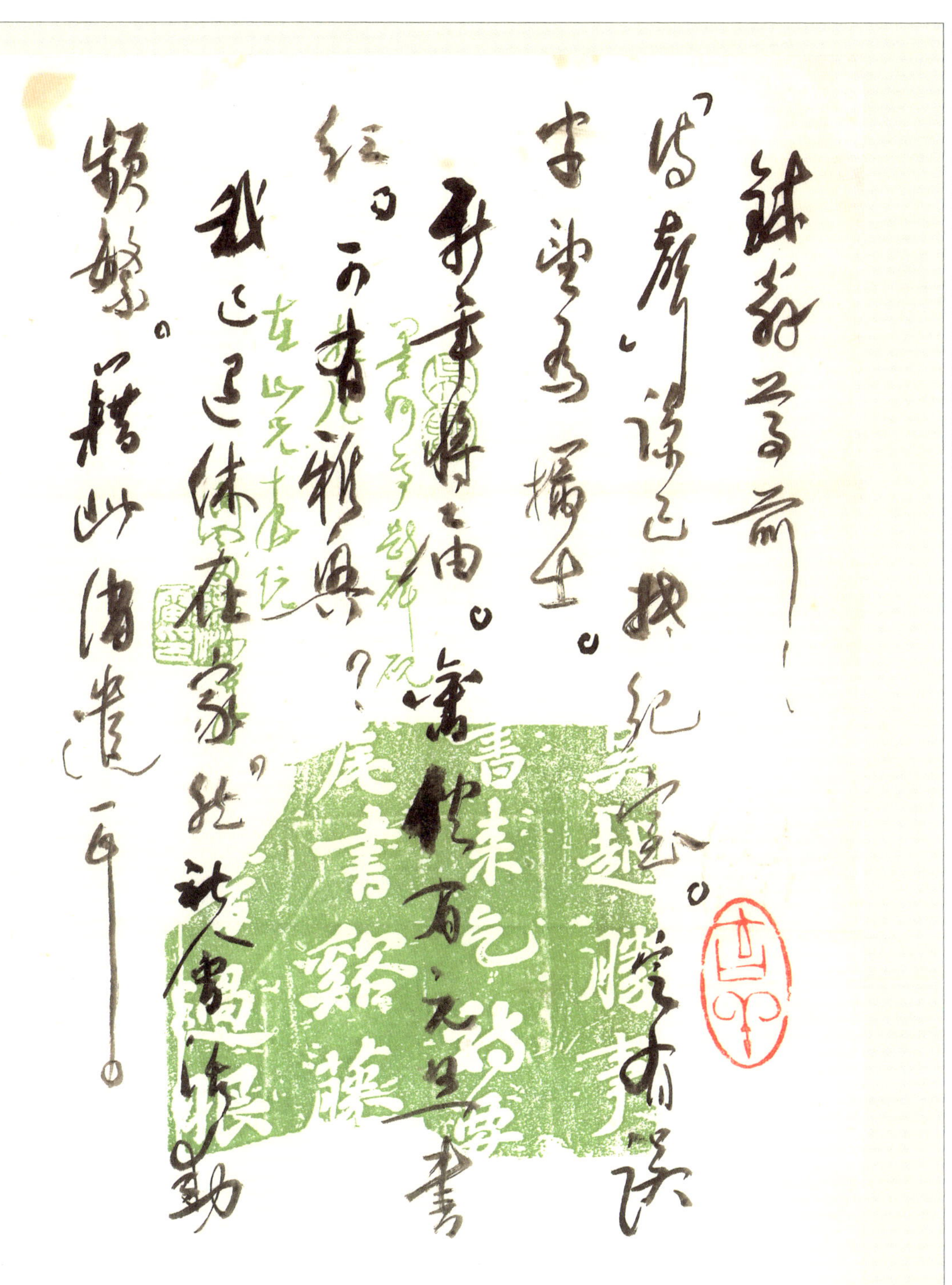

談經道者只談[illegible]書[illegible]者只談[illegible]全不[illegible]者只談[illegible]者
證，有篇前言，略述該書編著的概況。
該書在內容方面是否可再增添李靖、紅拂
女等風塵人物？力求更充實些。
道佺陳先生既是資本家，但他平時亦研究
佛學、道學的典籍，不但是理論者，又是實踐
者。坐禪、修止觀，偏於道家的功夫。他見到
公風塵人物無雙譜上的繪畫者具有古意，因此
想請作者是否能繪些道家人物如：呂純陽、邱
長春、張善風、陳希夷……等人。不知繪無雙

No.

蘇公教授道席：

　　這次來滬本想多做的事，多見些人，結果事與願違，害了一場大病，浪費不少時間，甚為可惜。在匆忙中，能來府上拜見您，尊重我此行最大的收穫。關於上次您交給我的欠風廬人物無雙譜已稿樣，返滬後，我同社長陳達彝先生商量後，他很樂意出版該書，並用上宋紙印刷，遵照您的意思，印章均用紅色套印，有古雅風味，在封面上亦講究美化設計。

原稿紙　20×20＝400

大道雜誌是世界宗教性的刊物，故在時
間上些偏色彩些，這次來港也是為了約稿，與
港澳宗教學者作，初步接觸。您老的大作今後
分別在香港佛教月刊和大道上發表。
關於您老舊作人宇宙之謎談歷史之一書，
在港找不到第二本，能否請再影印一份，或者
將原書寄來在港複印，而後再寄回。該書內容
是否有增删之處？帶些新意不是更好些？
以上各點，請你早回覆為盼。即頌
近安！

晚 [illegible] 上
一九八六年九月廿九日

尊夫人請致意問好！！

大道雜誌社有限公司原稿紙 ■ 香港中環雲咸街六十五號二樓 ■ 電話：五‧二一〇一九五 ■ 圖文傳真：五‧八四五三六八一

No.……

原稿紙

邊人物像的作者，是否在滬濱居住？如對方同意繪畫造像人物，本地可以同對方合作；若是這位畫家不在上海，但不知是否可找到與彼水平相等的畫家？來信時盼示知為禱。

您說，若是我們同意出版的話，可將原稿或原版寄來給我們製作。您看寄來還是托人帶來？十月五日，香港何澤霖居士來滬參加真禪大和尚在靜安寺榮任方丈盛典。他在玉佛寺小住數日，不知時間上是否來得及？寄來或帶來

20×20=400

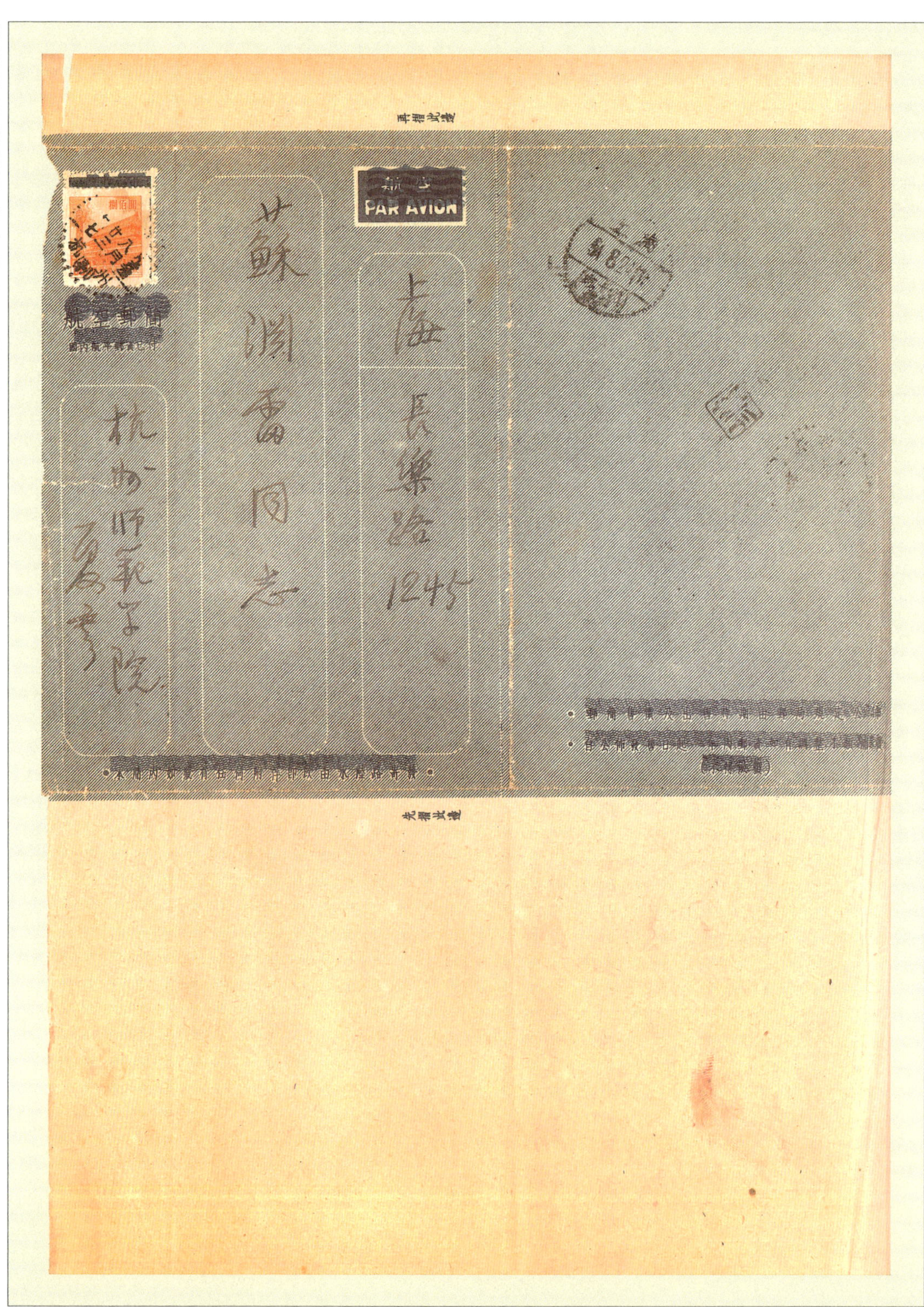

航空
PAR AVION

上海
長樂路1245
蘇淵雷同志

杭州师範学院
夏寄

渊雷同学如晤：两函收到。指教师大函呈阅。历史要籍详介及选读一课，此间新由张慕骞兄担任，昨示以前函课新撤一目，尚在往复商量中，未为定稿。张兄前年担任历史文选，与此课性质不尽同，故须另起炉灶。伊今居杭家城中分部（今年历史系迁城中），匆匆未与多谈。兄可径寄一书与彼（杭州体育场路浙江师院分部），属其寄撤目，和商彼此意见，免往复也。大集犹未遑细读，稍为无聊至每次

即致敬礼

夏承焘 八月廿三日

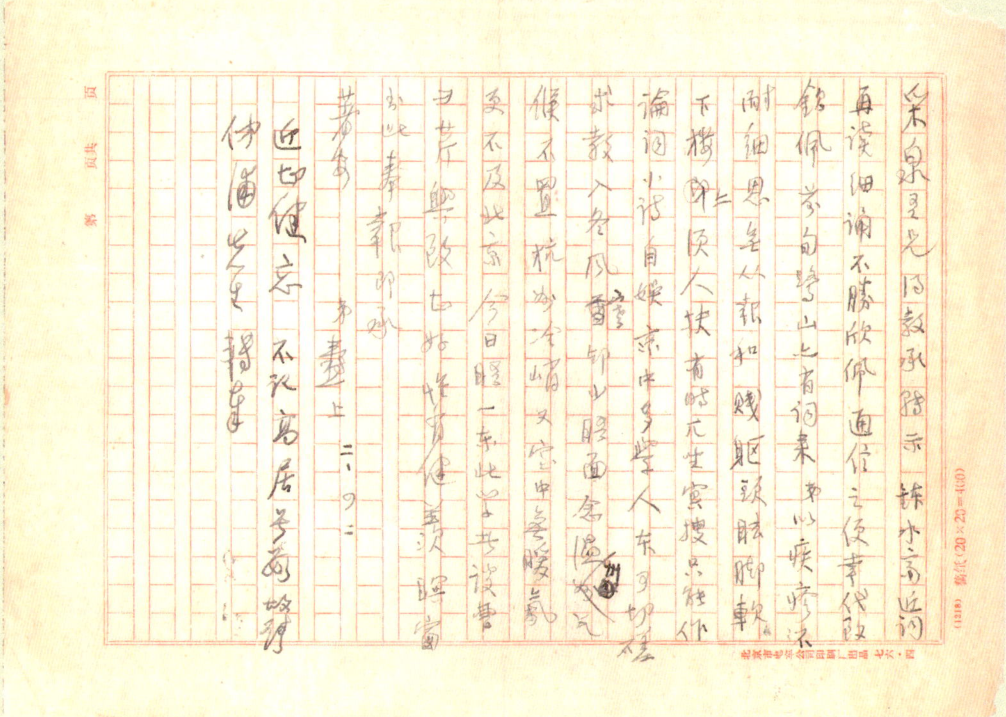

采泉兄：得教承赐示钵水斋近词，再读细诵，不胜欣佩。通信之便，幸代致钦佩。前自游山后有词来，弟以疾疹沈不耐细思，无从报和。残躯头眩脚软，下楼梯须人扶，有时亦出宾搜，只能作论词小诗自娱。京中多学人，东可切磋求教。入冬风雪，却少晤面，念温州之候，不置。杭州冷峭，又室中无暖气，更不及北京。今日腊一，来此早共设曹丑苦，乐跂也。好作有健，无以晤宣，书此，奉报即承

著安。

弟承焘上 二、四、二

近日健忘，不记高居号数，转仲翔先生转寄。

浙江師範學院

渊雷吾兄如晤：手书及大著多册先后奉到，开阖纵诵，罢胜钦佩。前日持示此间系主任薛先生，亦甚佩仰，谓吾兄于诸子及易学、佛学既有深造，若专在思想史方面努力述作，则成就不可限量。此语可谓深知者。不能向律津，甚盼竿头再进，不但朋辈之光。读诗卷，惊谂拔可先生及午昌君皆已去世，午昌方在壮年，何忽止于此。《鱼山诗论》何日出书，极盼快读。渊萧东师大工作已定，尚乞并在念中。尊稿稍迟奉还。先此覆承著安

夏承焘 六月十四夕

年 月 日第 页

杭州市監獄工廠製

No

相尋二十年。蘭亭奪秀。绝藝無人能抗手。歛盡奇芒。猶騰眉间氣未降。

兄言在京時見余一詩，尋訪二十年，始獲相見。

蘇渊雷

物心百判。悟了真同珠一串。月灑因窗。鉢水分明是道場。豪情北海。酒竭無妨從客買。叔度汪洋。卻笑兒曹付斗量。

兄博通哲理，自号鉢水居士，解放前以共産黨員入獄七年。

No

懷人詞　調寄減蘭

孫鐵人

潛龍舊穴。按劍當門稱小俠。巴雨摧春。垂老詩偏哭女真。官窮酒劣。誦我狂言常叫絕。白髮南溟。斷雁紅黏戰血腥。

清末孫中山先生設革命機關於上海，兄以小童子應門。抗日戰時，兄續娶夫人為滿族，有殊色，旋卒於渝州。

潘伯鷹

春明倚馬。玉殿冠纓榮一罵。芳草長天。何事

讀者稿紙(20×20)

No

兄有徐文長祝枝山之才，近作水滸傳攷證而不署名，盛行於時。

朱大可

高懷如許。天淡雲閒聞鶴語。夢影南湖。寫個携簫泛宅圖。 書堂弟我。直是今生同一課。肺腑鐘期。不盡耕行叠韻詩。

兄與余幼年同學，近有見懷詩，用耕行韻，數叠不盡。

康竹鳴

康生有舌。試問今年何所喫。小市風囂。擁鼻

上海讀者紙品工業社

讀者稿紙 20×20

NO

平襟亞

狂遊散記。艷異光陰如逝水。盛業唐捐。版绝珍藏百種编。瘦金字簇。老眼甘為箏扇役。許我交期。石固松貞永不移。

兄著有秋齋隨筆，编印國学珍本叢書数十種，皆已绝版。今為評弾工作團撰稿。

陸澹盦

萬言脱手。密字珠排無稍苟。得意神鞭。一掣能令厲鬼顛。名場鍛羽。落底閒情娱黑虎。餘力逃功。海内喧尋水滸通。

讀者稿紙(20×20)

No

況蕙風句。

渊雷尊兄正之

一九五四年十二月大漠

上海讀者紙品工業社

讀者稿紙（20×20）

No

還塡望海潮。命耶奚命。三字殺人貧老病。
雁斷情牽。說與朱翁各惘然。
兄善塡詞，今已失業三年，貧病不能自支。

聞在宥
唐戈宋戟。南社搴旗人罕敵。亂髮初乾。曳履
經壇萬目看。 煙新月舊。座上宮墩知在否。
淚奪詞魂。風雨天涯怨亦恩。
兄十四歲即任江南大學教授。抗日戰時，
在成都甚窮，忽以鉅金購一綉墩，愛護甚
至，告余曰：此花蕊夫人宮墩也。風雨為

讀者稿紙（20×20）

少，在草稿纸上有一些我已经用红笔划出，有一些没划，划出的有些是语词上的不同，有些则是意旨上的差异。但在我看来，求异从来不是我译坛经的意图，我只求能按我现在的认识水平来看《坛经》，我只求我的理解更契合祖师的原意。在这样的前提下，我的理解既可能与其他学者的见解一致，也可能与其他学者的见解不一致。一致与不一致都是不重要的，重要的只是能否契合祖师的原意。学术界则求异的多，求

华东师范大学

苏先生：

您好！《坛经》对照本要在三个月内赶印出来，我虽知先生工作繁忙，但也只好再向先生索序。我自己手上的校对工作也没有做好，这几天内要赶出来，所以只能拿我的草稿（白话文）给先生看看。

先生说要拿一些我个人的照——不同于

线

忙，序只要稍待写定时再寄，您看如何？

此致

安康！

学生张瑞芳

九四年五月二十一日

华师大宿舍

19　年　月　日

第　页共　页

华东师范大学

个人理解的多，但唯有契合原意的理解才是有意义的。

《坛经》的意境真是难以言语，唯有深刻体悟的人才能品尝到她的甘美。我这一次重读《坛经》的受益，也绝非文字所能描述。真好！

苏先生，我大概周二来取草稿，因为我还要通校一遍。如果先生的序已写好，近日内我将

詩為之箋注宜竹蓋平陽鄉里之名非祖程自號孫
籀廎温州經籍志霽山集附案屢稱祖程為章宜竹
並誤又祖程注白石樵唱雖在霽山歿後纔廿餘年
然編首兩序皆自稱後學序文中初無受學門下之
語籀廎謂其親及霽山之門亦非事實至鮑刻卷末
有嘉慶十五年平陽蘇璠仲璵跋當是吾友淵雷之
先代也

書霽山先生集後

鮑刻霽山先生集凡五卷前三卷詩曰白石樵唱後二卷文曰白石稾詩有元元統間章祖程注其自序末署崑陽後學章祖程和父題霽山有崑巖詩祖程注引平陽志崑山在州治西南巨巖冠其巔世稱崑陽指此霽山又有故國學內舍蘧君墓誌銘云蘧為崑陽希姓今族於南江者實自衢來是崑陽即平陽四庫全書提要謂祖程崑山人誤也又祖程同時鄉人鄭僖序白石樵唱注云今宜竹章君和父獨愛其

仲翔先生有道：

赐示新诗由苏州展转寄来已久 因工作冗张稽延作答良为歉然 弟自今夏五月临时调来上海参加中国历代文论选编选工作 忽忽已八阅月 现将届结束 于农历年终了以返苏 瞿禅先生则已于重阳后回杭矣

尊诗跌宕高雅 具见工力 良所心折 频年以来忙于教学此事久疏 读大作有足音跫然之感 率复 敬贺

年禧

弟仲联上 1962.元旦

第　　页

仲翔先生撰席：数年前奉到自黑龙江寄来之
大札后，久疏音讯，时以
兴居为念。顷奉
手示并新诗，如陪北游，如接
麈谈，甚为欣快，曷胜言宣。容当反复细读，当有更多获益。
承询蔡君动静。此君因是我院我系四人帮之首魁，运
动中交代欠佳，态度又不好，因此还在学习班批斗中。但
谅亦不至划归敌我矛盾。我系受他每帮欺压者之久，都已
解放矣。敝院是江苏四人帮插手的重点学校，因此运动
拖延的时间较长。弟因无节奏，已三四年不到校上班，在家
中搞上面分配之任务，无非为古书作注而已。诗不多作，
近已在改注元曲，译曲部。如能如愿，当以报
正。匆复敬候
道安

弟仲联上　一月二十三日

敝处邮政编码为　215006

苏町 1832

收信人地址：本市 华东师范大学
师大一村9号301室
收信人姓名：苏仲翔 教授 收啟
寄信人地址姓名：四川北路1999弄70号钱寄

19 年 月 日 第1页共 页

翔老席次：

彼此神交，非伊朝暮，夕阳影里，益复倾心。在未触及正文，首先具陈一事，以记流水浮云之因果：年前在报章读 公论禅诗片断，略谓："佛学的输入，不仅扩大了诗歌的题材，丰富了诗歌的语言，还开创了诗歌的境界和新格调，使诗歌能于玄言、山水、田园之外，引向理趣的新天地。"当时仆正研读君家东坡诗集，得 公数语启发，始深深领会东坡的思想感情，他的诗歌成就，实自来此一法门。虽然渊明、摩诘、少陵、苏州、柳州等均系禅悦心长，但具体通彻，立为主轴，则应首推东坡，古今无出其右者。公所谓扩大题材、丰富语言、开创境界，主要似为东坡而言，询为精辟论允，倾服之至。

兹承宠锡 大著《易学会通》，正是投仆所好。仆弱冠前即喜读易，涉世以后，亦曾断续研思，今垂日昃之离，益觉易义有切身体会，实宏观微观，有不可须臾离之概。去其神化，取其实理，对于修身处世，大有作用。嬴政、李斯不烧，因其仅作占筮，如果只起占筮之用，则今天诚可付之一炬。今读 公论著，钩玄汲深，言人所未言，深惬鄙意。故半月以来，精心研读，自非钦 公之广博难攀，而恰恰是服公之通达合理，遂有"书当快意读易尽"之感。现将读后心解，条列于

装 订 线

上海立信会计纸品厂出品 16开 双线报告纸（85.12-60）② 30克 打字 302-45（9896）

次，以免僕之倾倒于 公，蔑以复加。

（一）《自序》云："凡有胜义妙论足相发明者，罔不兼引，用以贯道，不囿畛域；意在博约，何滞古今，将以泯汉宋之争，祛理数之蔽，去彼神秘之外衣，以求合理之核心。"这是由于治易者辄喜搞神秘外衣，虞翻、郭璞、陈抟、邵雍，比比者是，即《十翼》之中以及汉儒，亦有不少神化诡言。只有《老子》哲学，与易相表里，但亦未尽易道。王弼据以解易，阐明理性，论天人之际，有"廓清摧陷之功"，是一个转折关键。欧阳修怀疑《河图》《洛书》非圣人之作，亦认定有神化色彩。因此，为说剥去易的神秘外衣，则合理之核心，自然可见。

（二）公言："今者世运丕变，诸学昌明，东西文化之汇流，此其时矣？今后之易学，当另辟蹊径，会同汉宋，会通中外，言义理而不陷于空虚，言象数而不牵于传说，则庶几矣。"提出学易的方式方法是："直于卦之体、爻之中求其本义，于卦之旁通、往来、正反中求其比义，然后证以天行人事，庶察往可以知来。"此一论点深为中肯，因卦爻之辞是经典，十翼是解说，十翼解说经典，有确当处，有附会处，经典取象以明义理，合之于人事而不悖，凡阴阳变化，上下相交，前后相比，均为人事之趋背、进退、行止而设，经典本义之真谛在此，可以察往而知来，一点不落空虚；但十翼及十翼以外的解者，便难免言义理而陷于空虚，

上海立信会计纸品厂出品 16开 双线报告纸（85.12-60）② 30克 打字 302-45（9806）

19 年 月 日 第3页共 页

言象数而牵于传说，穿凿附会，陷入渺茫恍惚之境，失易之本义，于易无所益，于事有所损，学易者首应明乎此，毋汩没于形而上学之漩涡。

(三)"八卦为吾民族原始之世界观，而无悖于今之科学，其准曰不宜因其不合而毁之，因其神秘而避之，亦惟终于蒙昧而已。若徒自夸大，守此不移，以为天下学术莫外乎此，则又笃时拘墟之论，非今世所宜有也。"卓识高论，闻未曾有。按伏羲画八卦，史无异词，八卦为易之始。乾(天)、坤(地)、震(雷)、巽(风)、坎(水)、离(火)、艮(山)、兑(泽)，八者都是存在的现象，实有的气质，日常可见，绝无神秘可言。要知天地空间是人之所处，雷风是气候变化，水火是人所必需，山泽是生活来源，近取诸身，远取诸物，全是现实的、唯物的，历史的进化，社会的发展，无止无尽，易理的确不悖于科学。但绝不能夸大易义跨越时间空间，无所不包，无所不知，认为古今中外学术全出于此，这种拘墟之见，则有欲扬反抑之弊。如近人演易，说："今日之飞机来源于小过之'飞鸟遗之音'，汽轮来源于既济未济之'曳其轮'，化学之分剂(原子量)一一合于易数，因而错综参伍，互为乘除，必求其答数尽合而后止。"此种立异为高，哗众取宠，其实大而无当，举此一例，可概其余。

(四)"……循环周匝，固易之一义，殊不知世上固无绝对之循环也。天行尚已，然今晨之朝阳，非昨日落照，今年之春秋，非去岁之春秋，

上海立信会计纸品厂出品 16开 双线报告纸 (85.12-60) ② 30克 打字 302-45 (9896)

装订线

19　年　月　日　　第4页共　页

时空异也。使矛盾无逸于周匝，使宇宙不外乎循环，则生生之义绝，而世界无由演进矣。”又：“事物之发展，随矛盾而进行，互相对立，互相克服，而趋向较高之统一。……此易之所以于水火既济后，受之以未济终也。”宇宙运行，永不停止，人事变迁，曾无稍息，矛盾此伏彼起，真理绝对而又相对。但不能執着于循环论，循环论起不了演进作用。我们的辩证论点是：每一循环必然趋向较高之统一，所以“终之以未济”。未济便是永不停止，不断发展，不断演进。如果说“受之以既济终”，则是停止的论点，“乾坤或几乎息矣”。郭象注《庄子》有云：“向息非今息，前火非后火”，此语具有丰富的真理，不是循环论，而是趋向每一循环的较高进化论。

（五）“哲学上原始唯物论发展为唯心论，今又回返于唯物论矣。……世界固日进不已，而有其不变者存，人群亦日进不已，而非演历史之故迹。今后之大同社会，必不仍昔日旧贯，则可断言。”按伏羲画卦，“近取诸身，远取诸物，作结绳而为网罟，以佃以渔”。神农“断木为耜，揉木为耒，以利天下”。原始时代榛榛狉狉，以觅取生活为急务，只能是唯物，那来得唯心。但人从原始唯物论发展为唯心论，这也是历史必经的过程。“生物无不循天演之公例。……然亦有方生未必死，借生未必存，此仅为进化过程之停滞（指上层建筑的停滞），人民创造力和生产力

上海立信会计纸品厂出品 16开 双线报告纸（85.12-60）② 30克 打字 302-45（9898）

没有什么)发展之变态,初非顺序也。"然而今毕竟败,优者毕竟胜,从唯心论重又回到唯物论,旋转升华,此乃定律,无可置疑。老庄想要回到原始时代"老死不相往来",卢骚在《论人类不平等的起源和基础》一文中,也把原始社会当作黄金时代加以描绘,歌颂人类自然状态。这些憧憬与怀古,只能是渺茫的理想,是桃花源,是乌托邦,永远也不能实现。他们的想象与易理的螺旋形上升,实不相符。

(六)易道贵中:"均衡有破坏之时,而中有恢复之势,随时位而不同,非确立不移者。……使物得于中而不上下左右之,或执其两端,务趋极轨,要皆未得其中之道也。"准是而论,则中非一成不变,全靠上下左右维持。譬如司机驾车,手持方盘,必须或左或右始能行进,如不左右转动,则必出事故。所以中是一时的,而左右是经常的。又如称物,称一斤重之物,置权于定位上,这是中。但称超过一斤重之物,必须将权移后(下)。再或称不足(重)一斤之物,则须将权移前(上),这才是中。如将权定住在一斤的位置上,而不随物之轻重为移动,则是机械唯物论,等同于刻舟求剑矣。故曰:"执中无权,犹执一也。"以之论易之卦位,则内卦之二为中,而初是将届之中,三乃已过之中。如外卦则五为中,而上是已过之中,[illegible]四是将届之中。卦

装　订　线

使不变，而爻有移动，此系环相为中之道，无一成不变之中。所以说绝对真理（亦即质变），是暂时的；相对真理（亦即量变），是永恒的。易道贵变，不变不足以名易。

（七）"易道湮没数千载，除占验卦不绝香火外，世人几不知易于卜筮外犹有其可存者也。今者世变日亟，百学待兴，吾人研易，亦须立其广博之途，庶不致买椟还珠，入宝山而空手返也。"又："亨贞悔吝之卜词，飞伏之卦爻，犹存其意，不着其迹可焉。"指出了读易的方式方法，名言至理，完全合乎辩证逻辑。伏羲之易，原始唯物，则是先天；用以占筮，神化迷信，属于后天。我们现在都能了解占筮之荒诞不经，是易之糟粕，但绝不能因为扬弃糟粕，连精华也一併丢掉，应有合理之区别。毕竟易的精华部分多，可存者广。至于对待吉凶休咎占验之词，可以根据现实事实，推原卦义爻义，作为行与止、作与息，可与否之参考，不必再用"大衍之数五十，其用四十有九"那样的神机妙示，则亦未尝不可，"不着其迹"可也。例如："亢龙有悔。"有悔二字作为戒词，戒人勿高亢。又如："鸣谦，贞吉。"贞吉二字作为勉词，勉励人谦让。这样便不必占卦，即可取得易学的经验教训，絜矩之道，存乎其人。

读完《易学会通》，得出上面七点引伸，入山取宝，并未空手而

19 年 月 日 第7页共 页

回，端赖 公之极深研几，探赜日臻玄奥，可谓"同心之言，其利断金"。更望登而教之，藉策进步，幸甚，幸甚。

附缀和诗，布鼓雷门，无当大雅，作为结语，兼致感佩。

天人顺逆不相侵，仰法空清俯陵沉。

山立地中知处世，(一)鼎从革後重推心。(二)

近身远物识坛信，(三)神游蓍虚未足寻。

汉宋会通凭析理，伫看来哲茂于林。

(一)地山谦。(二)大烹以享圣贤。(三)近取诸身，远取诸物。

《风流人物无双谱》一併领谢，永资雒诵，不尽跂跄。

祝您

文笔两健！

钱仲易顿首

1986年6月5日 时年七十又八

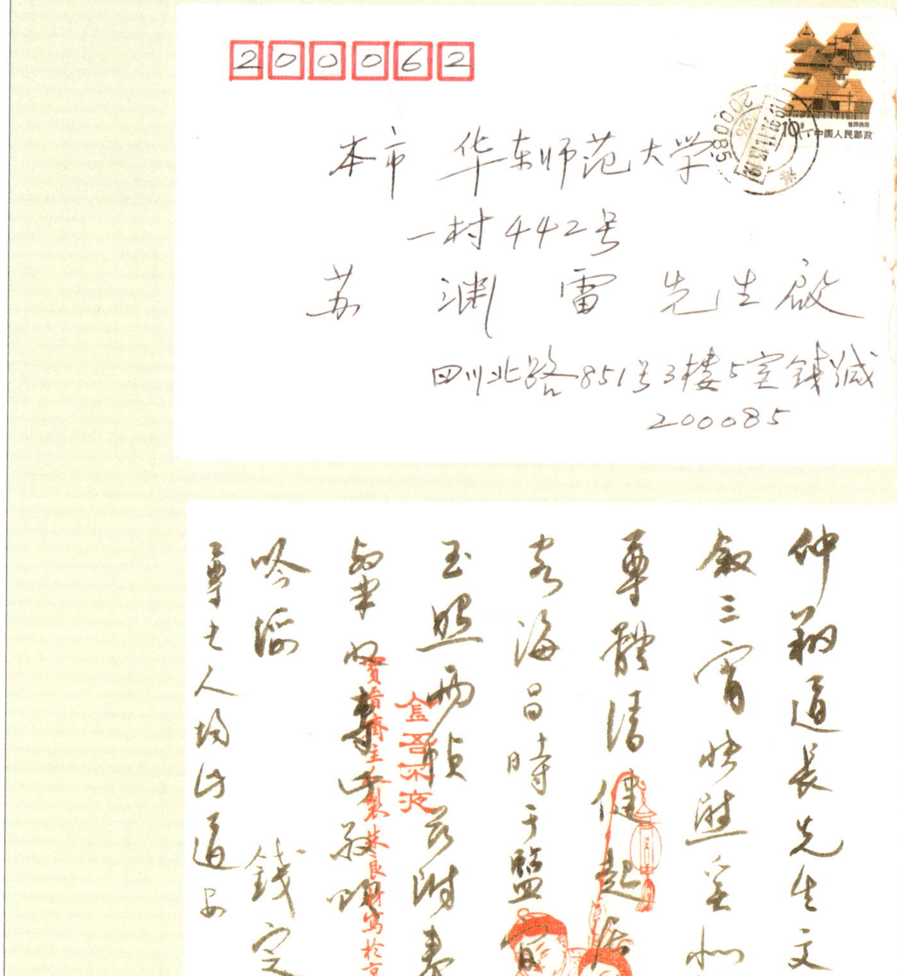

200062

本市 华东师范大学
一村442号
苏渊雷先生启

四川北路851弄3楼5室钱缄
200085

仲翔道長先生文席：富陽之旅，暢敘三宵，快慰至如。返滬後想必
尊體清健，起居吉慶。頃上次同在海昌時于鹽官留攝有
玉照兩幀，另附奉
留念。即頌
吟福
尊夫人均此道安
錢定一拜
十月十二

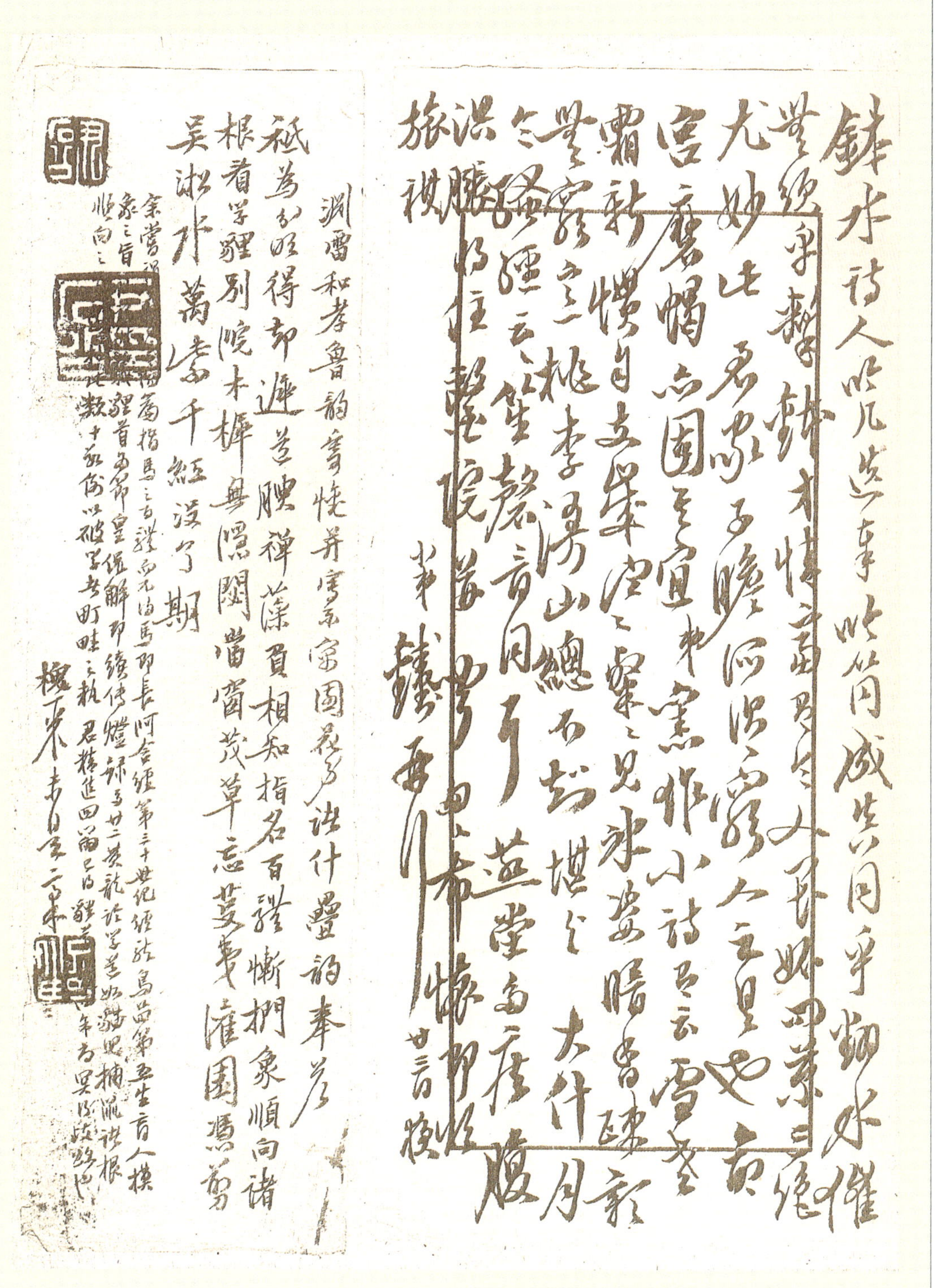

中国社会科学院

钵水诗翁我兄道席：音问疏阔，时自新民晚报中得读新什，藉知佳况。顷奉惠寄新刻[illegible]种，[illegible]神来，甚佳[illegible]诗人[illegible]怡悦之[illegible]

[illegible]

夏安

钱锺书敬上 五月[illegible]

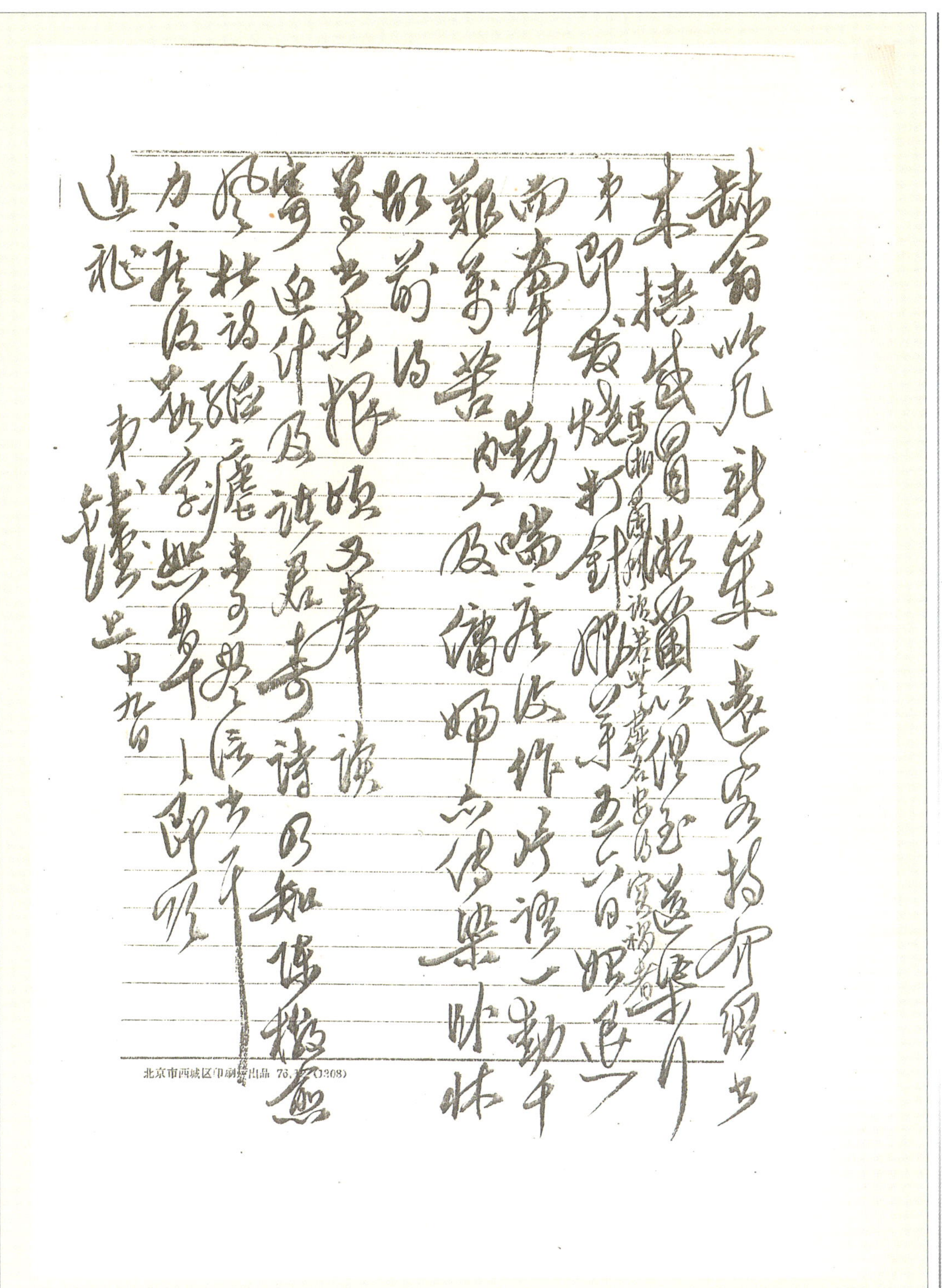

北京市西城区印刷厂出品 76.3（I308）

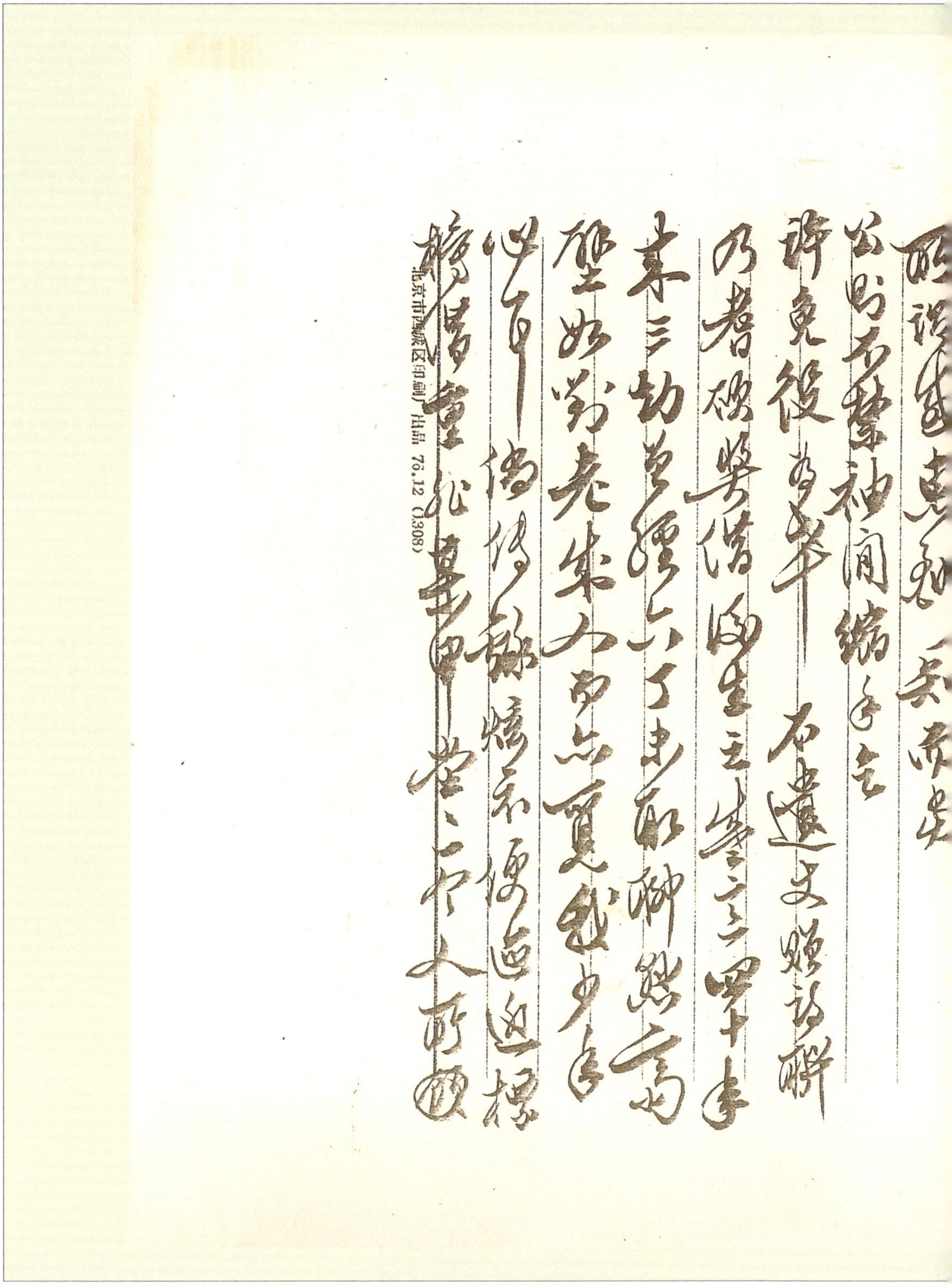
北京市西城区印刷厂出品 76.12（1308）

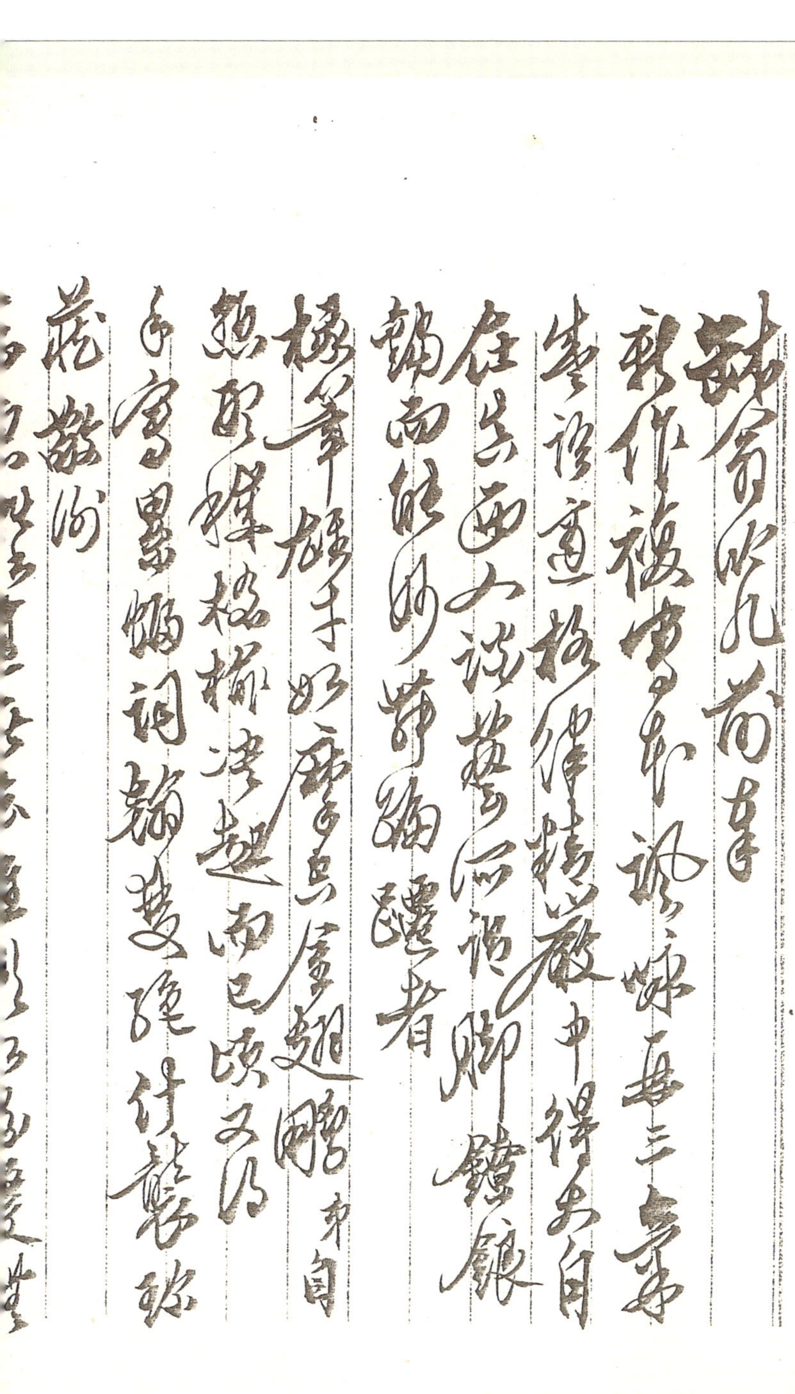

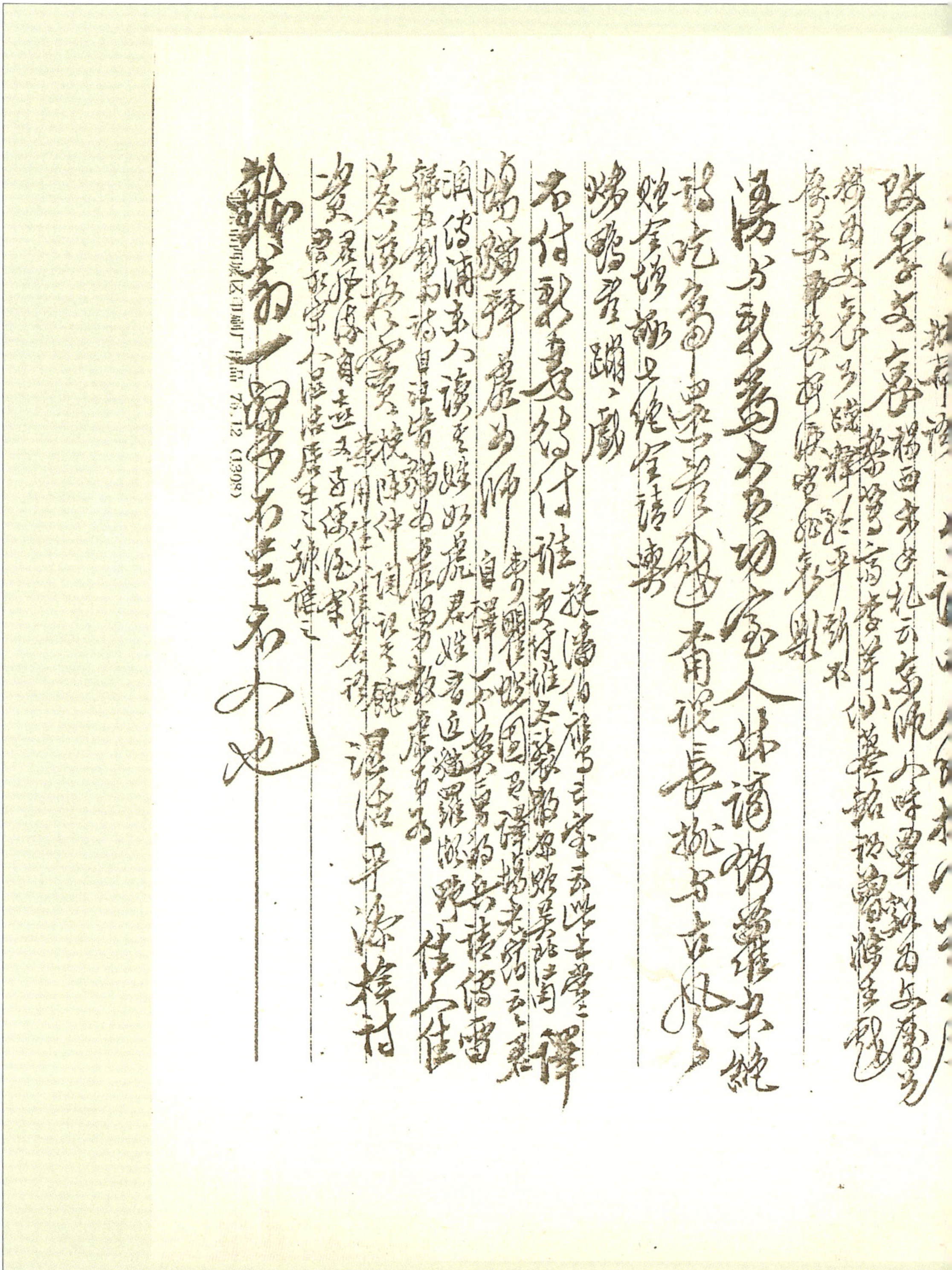

□□市西城区印刷厂出品 76.12 (1308)

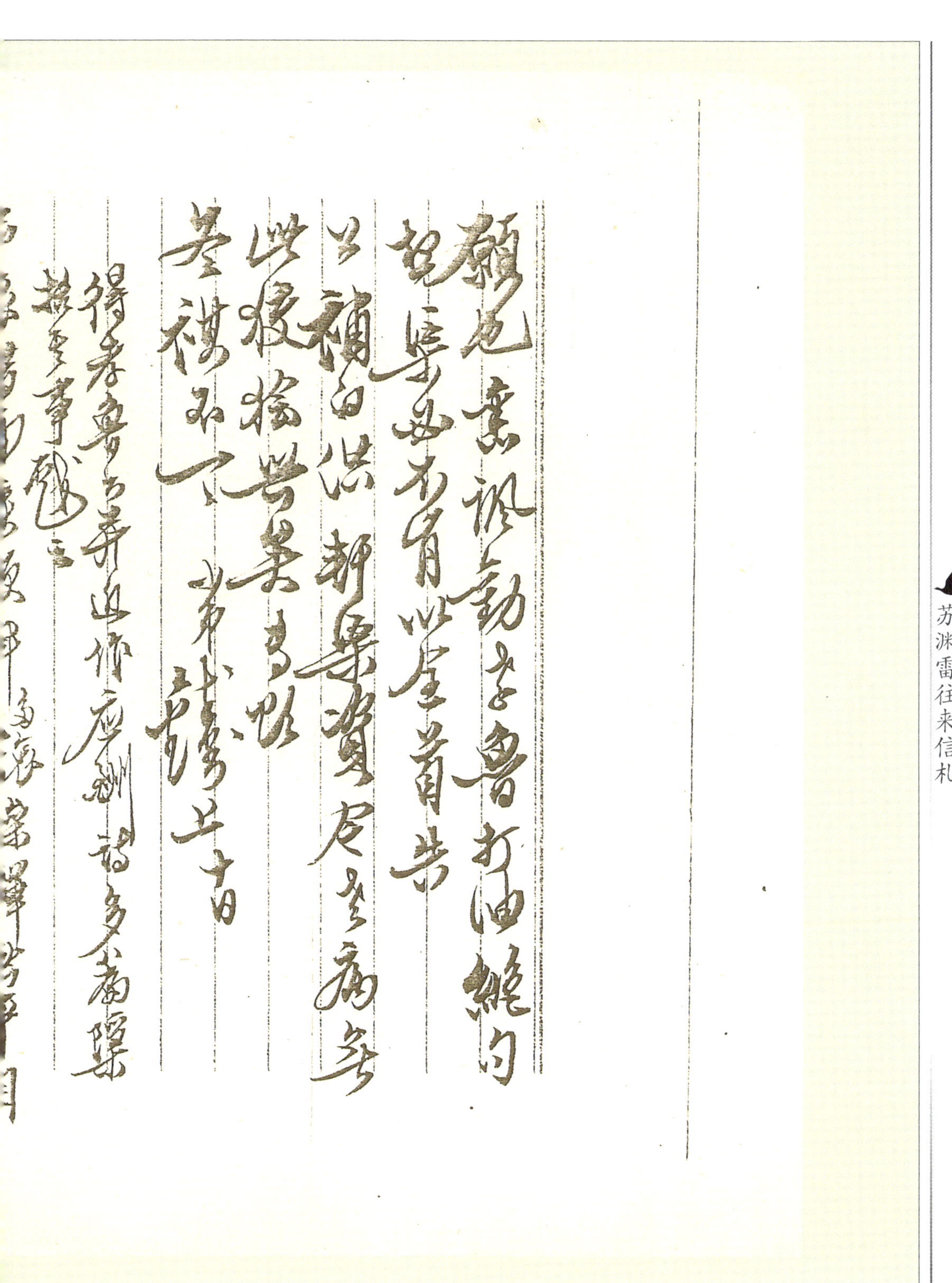

渊雷先生撰席：奉承　损书，阑多未报，内疚
无已。时自冒公子处得悉起居，文候遥从，无暇答
谢。[illegible]之钱顾文集，奉读[illegible]，时名附见
大著中，荣宠之至。[illegible]篇一[illegible]，属书兼索
以拙字，如拙作小说，卿借[illegible]破睡
如以挑战相致，扰麻烦[illegible]，[illegible]数混
沌矣。冒公子便谒，为言中[illegible][illegible]起
文字何谓，镜不谈那而物[illegible]通西小中
之见以[illegible]意[illegible]服中看见小说部[illegible]
教以未见[illegible]为[illegible]过早，知不如时人
眼各[illegible]胭脂画[illegible]月，平生不合时宜
者此[illegible]，专布谢悃
近安不一　弟锺书顿首　三月十六日

鉢水詩窗收几案中，獲讀新什，三復快絶。陳
檢齋愈老枯詩瘦硬出新意，說理入絶句，學宋者
之神骨，轉來情惜，其遺人聽句師晚唐之風致
者，落小樣，唯羽翼以成，誰重西江波瀾，生面
前年人境廬後至
三三宋之矣。傾倒之、叔子處
鉢水齋應如此學者之
和曾湘三題詩三郎
招湯園話陵為一集
尊著時得閱歷未
熟，不如暫置，毋揠苗助長也。弟昔曾單輟叢
給假小休，都羅章札，續佳篇，力能思做草
改，聊示詠歎不足之意。兩月前酬某子一律，殘尾
呈正，即頌
教安不備
弟錢鍾書再拜 二月十日

叔子病起之嫁情不減，招游黃山，每苦事羈
病餘意氣尚崢嶸，想見接閒著語能。老手詩中孫行者，馬惜心酒
渡海東來驚濁浪，殘同畢添情重，顯豫氣名免詩增，滋蹈天都尋
焦約新來筋力漸難攜

塞雪途歷積鬢斑，居然樂府唱刀鐶。心游秘水無涯境，夢越春風不度關。窮後能工詩轉健，狂知困醉酒林閒。五年逋欠江南睡，瓶鉢乃看得得還。

獲

鉢水書志喜却寄并求

吟教

槐聚

未是草

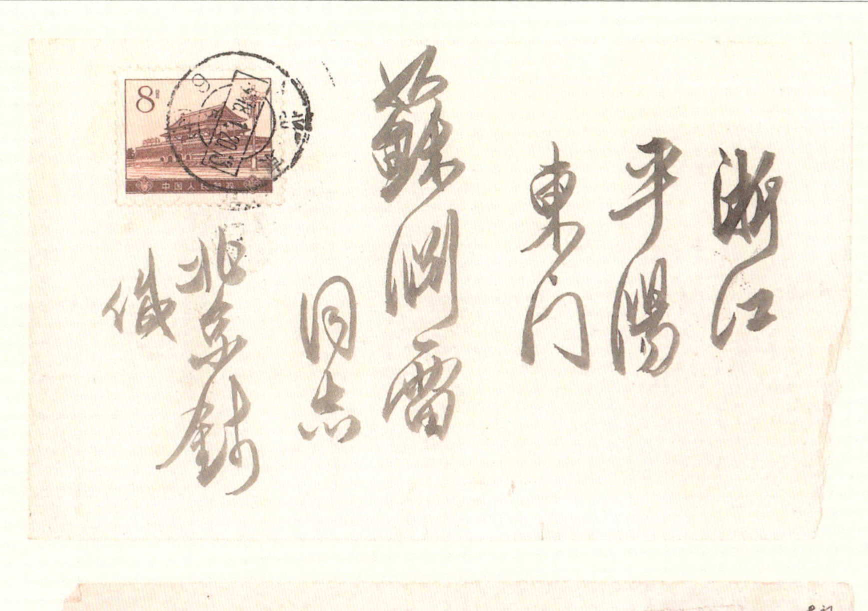
浙江平陽東門
蘇淵雷同志
北京錢緘

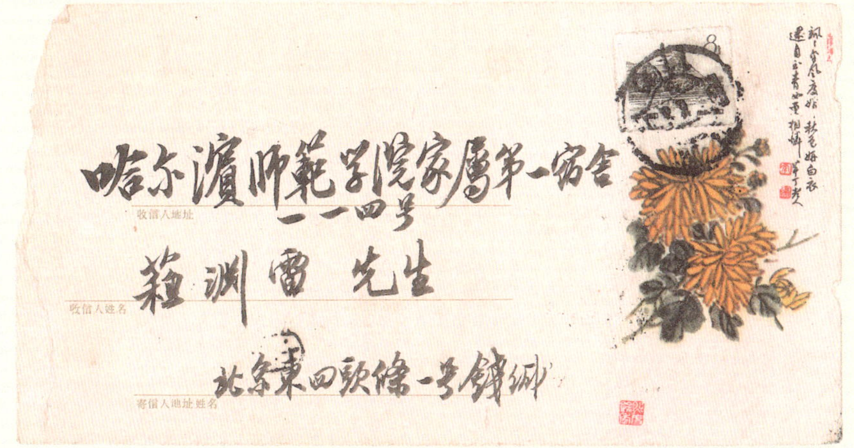
哈尔濱师範学院家屬第一宿舍
一一四号
收信人地址
蘇淵雷先生
收信人姓名
北京東四頭條一号錢緘
寄信人地址姓名

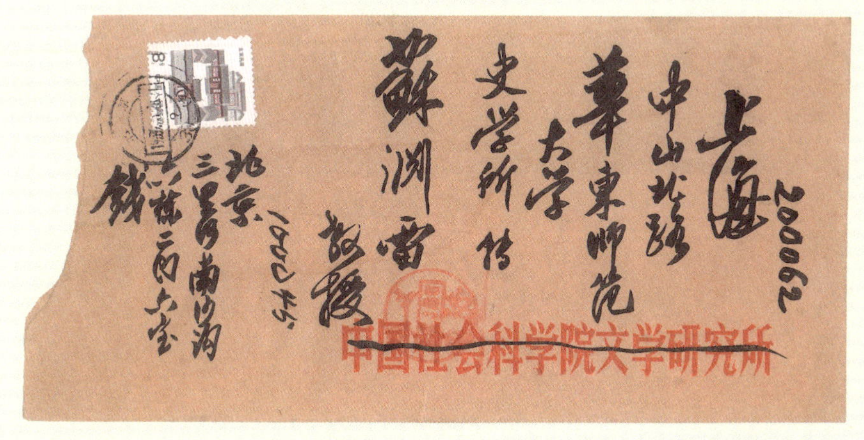
上海
200062
中山北路
華東师范大学
史学所转
蘇淵雷教授
北京三里河南沙沟
六楼二门六室
錢
中国社会科学院文学研究所

[illegible]

[illegible]以[illegible]尤[illegible]

至已蒐遗，皆致书与之。小诗补白，[illegible]

敬即叩

近安

弟 锺书 上 二十六日

[illegible]先生寄示新刻诗稿属题

先公尝许若门生，行谊文章异俗情。瞻安心期推粟里（君称渊明为千载敌手无偶），瓣香常欲守桐城（君以师事姚仲实先生为撰年谱）。风恬看雨知时霁，涛尽水浑澈底清。把玩新编忽惆怅，卅年梦影溯诗盟。

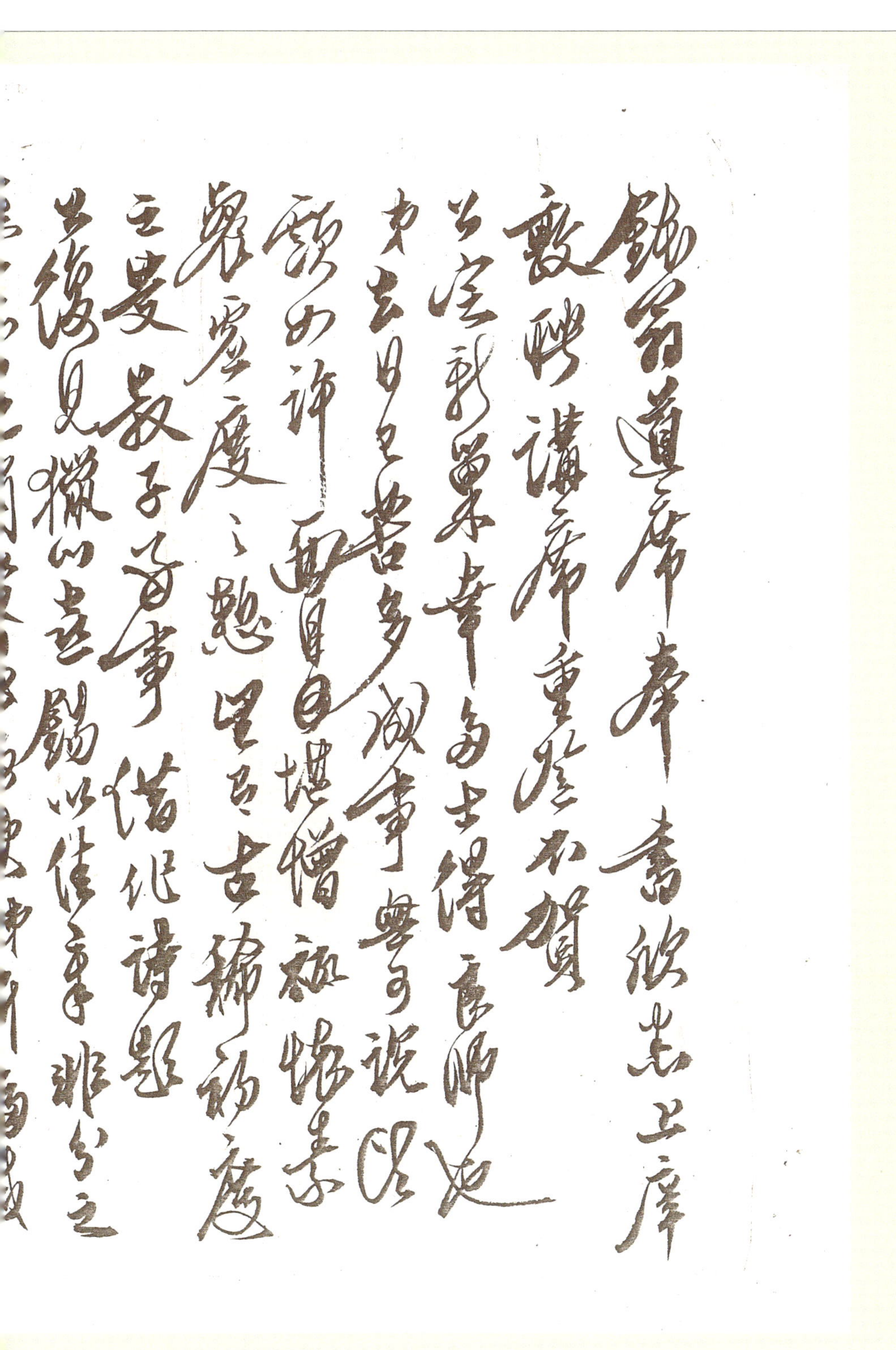

[illegible]

實覺羅悼[illegible]德[illegible]誦[illegible]

手子平安二句郵已收到　左右望諸維

珍重不一、　弟鍾書拜

掛壁無家助淒寒，一襟餘以攬來無，指顧江山牽別緒

海邊風月還然諾，談後夢頹推枕，悵遠情高要

倚欄陰紅微霜新點鬢，有封青如形鏡難

小詩秋以一年呈

錦(?)衍詩呈此教　[illegible]

渊雷先生：昨几去冬，惟文燕堂见示大作[illegible]

绝句，敬为[illegible]会。其杂诗副本，其陈以藏黄

山度，孙新乃社，学似乃承，[illegible]及之尤佳

刻。此顷奉惠帖并道什一卷，词精美，绝色

贤子乃[illegible]小史获[illegible]云示，以诗微情玄理斟

酌[illegible]

[illegible]三复不休，[illegible]燕堂寄[illegible]文

[illegible]

[illegible]

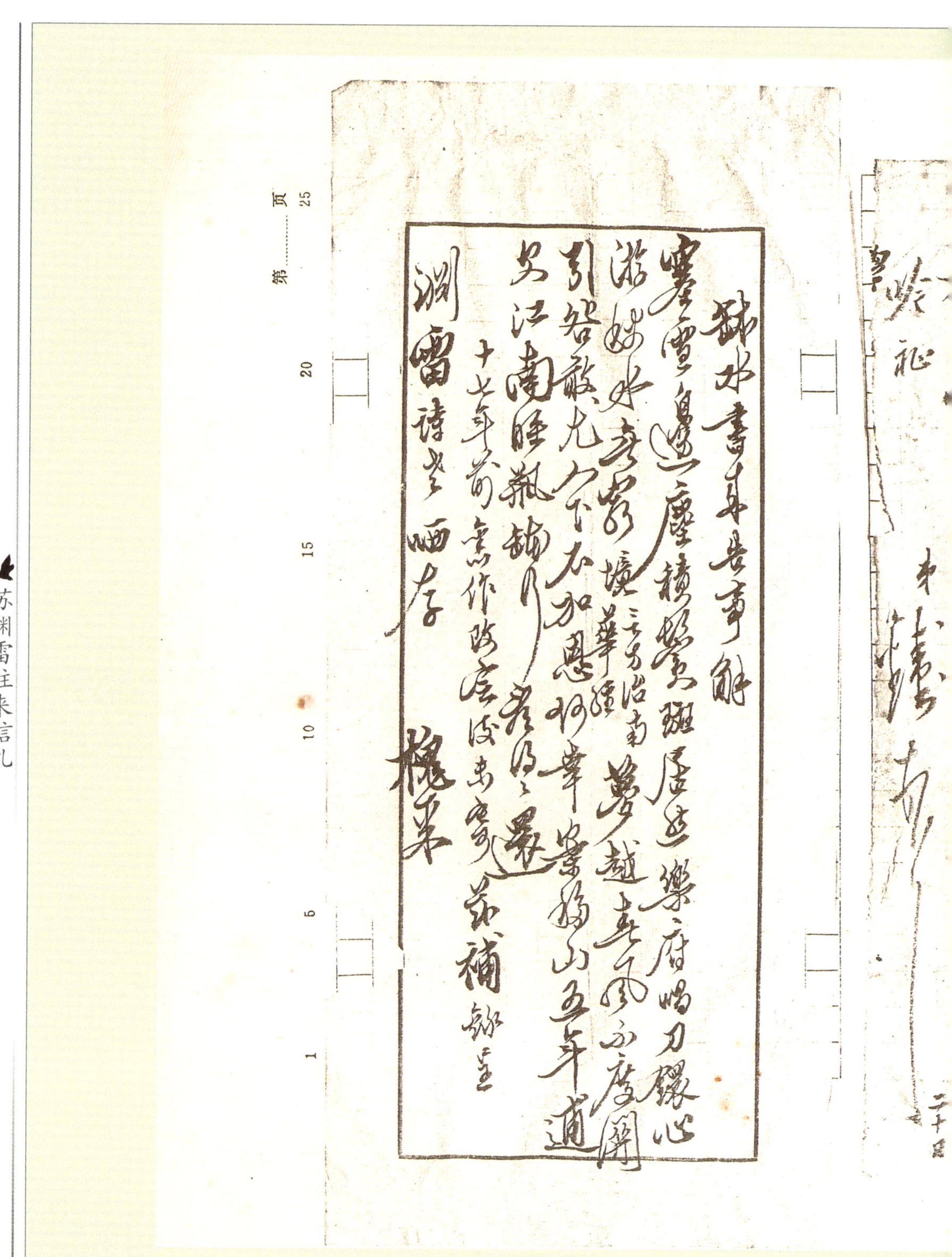

鉢水齋主[illegible]

[illegible]

[illegible]

[illegible]

[illegible]

十七年前[illegible]

淵雷詩老哂存　槐聚

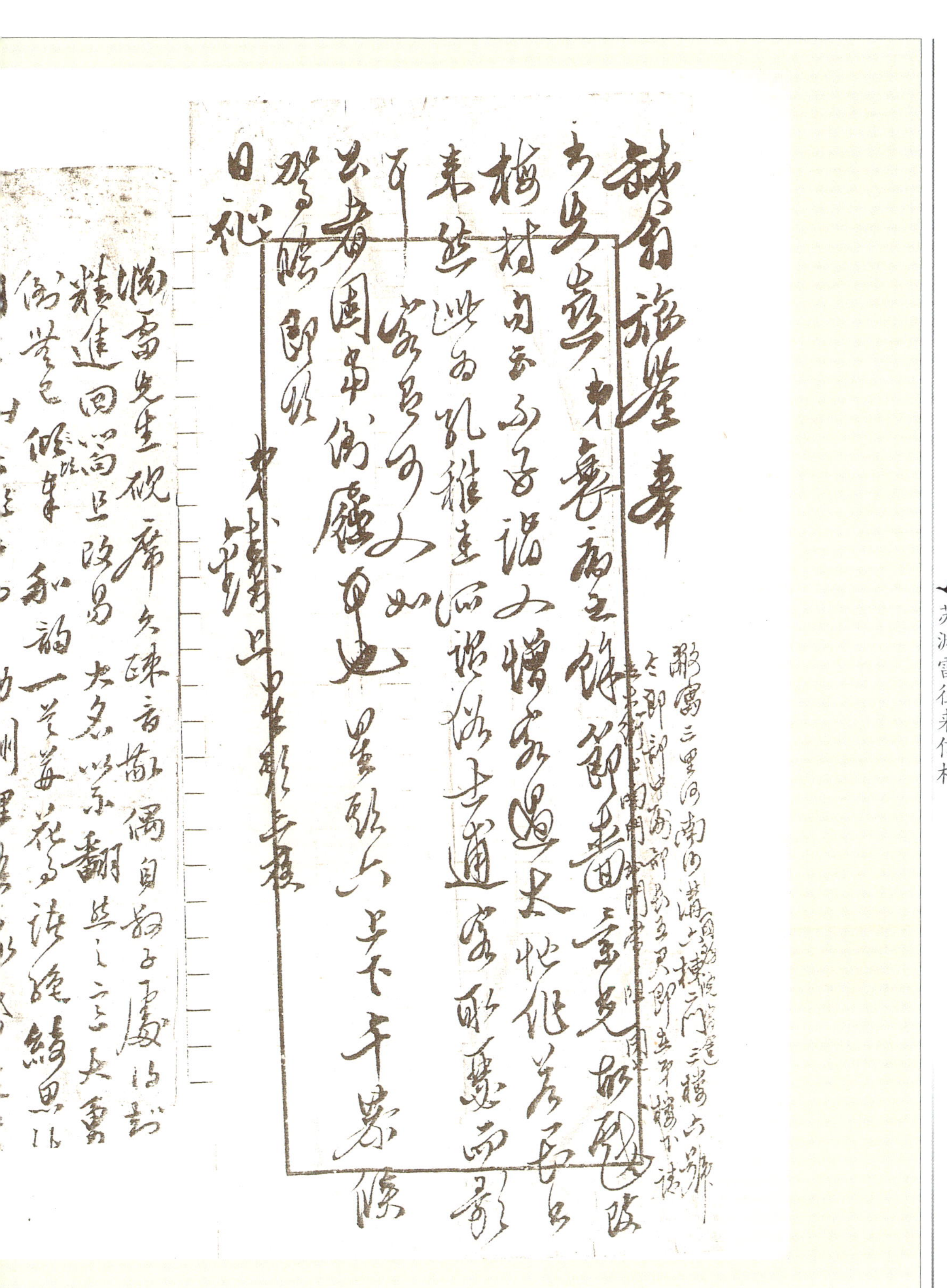

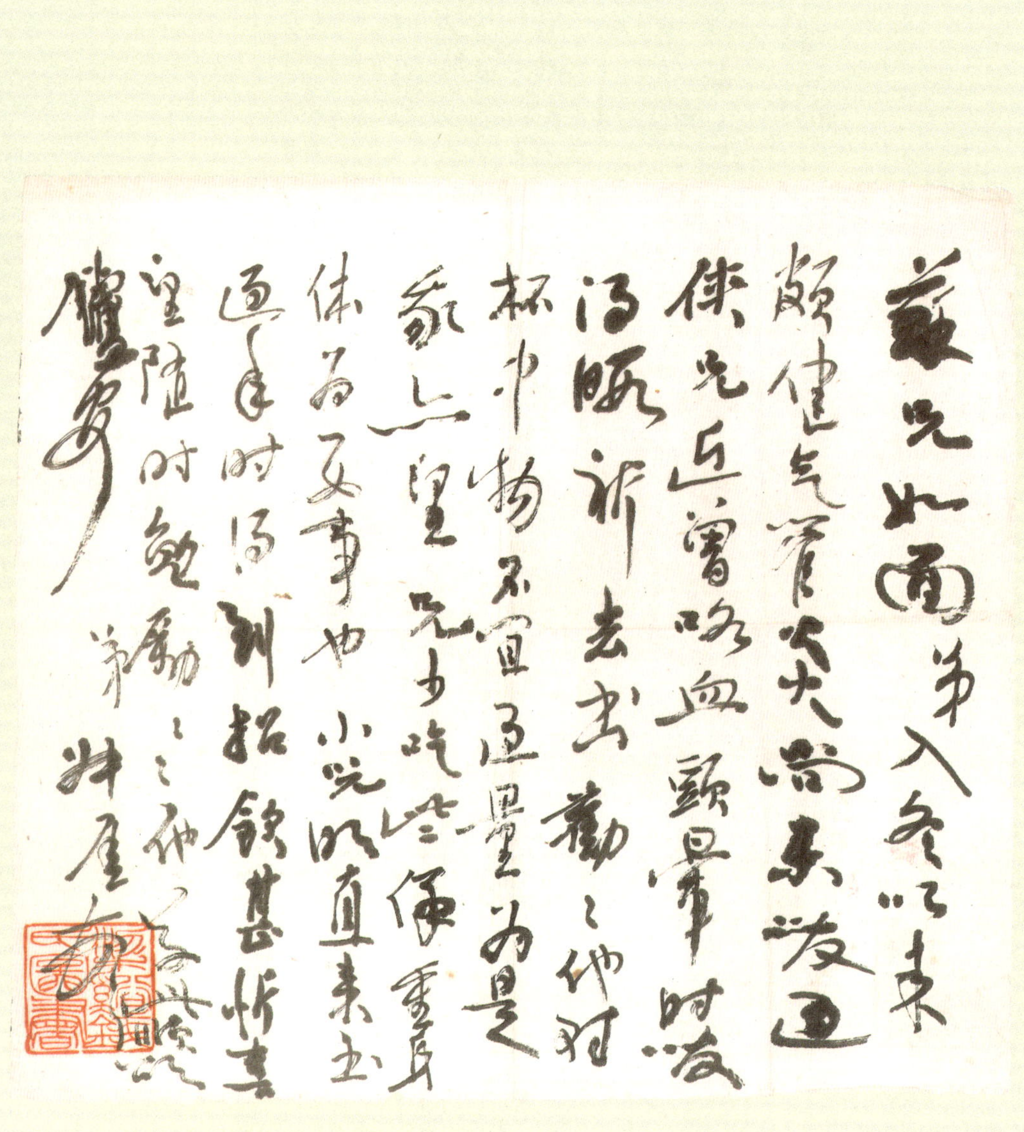
嶽兄如面：弟入冬以来颇健，气管炎尚未发。通侠先生曾吃血，显常时发酒瘾，诉去世，劝之仰对杯中物不宜过量为是。兄亦望兄多吃些佛雪丹，休为文事也。小儿明直来去通信时，得到招饮，甚快甚望，随时勉励之。仲健安
弟 瘦铁 顿首

不是長安不易居南陽隴底舊茅廬栽花種柳百年
計空食清明三月初老大鄉音猶復爾少時風物重
歸予西疇有事以親往相識泉林任嘯噓
夏屋倦勤慶得闲載將風月過磐山名留塞北冰霜
地身退江南隴畝间萬里萍蹤知屐健一梯雁遠道
天攀画材詩料盈歸笥題遍長城第幾関
閲门桃李遍成陰寰宇聲波播遠音即席立揮三兩
筆還鄉只帶一千金華箋錦札藏多少山黛花容認
淺深灑落襟懷誰可似青蓮摩詰共知心

謹次原韻彔乞

鉢水先生 運斤

一九七三年五月徐平今

吟安，并候
潭节春禧
徐平今
二月六日

大地春回十方芽萼枝头报福百梅花
似珠似玉今岁落如珠如璎古所谈入巷
之初披葛聚的流处衣力共聚众姑
苏堤畔听啼莺飞燕入南北第一家
踏春同舟（粉蝶飞来）信春和韵了试待栽唤语论
来篇却见小姑书画映楼笺 周寄
春宵曲

渊雷先生：

奉週来言先人日一揮和律又見之江才調大作甚佩甚佩前日放晴往候仲翁恙 文翁談昨已言後未遇怅怅 祁小河先生宅書張亦拏一律及壽宵曲小詞均佳莫道賀天雨難阻未能為顧政把晤惜會深引為歉

苏泉小宴夏幸恙康竹及新正偕頡

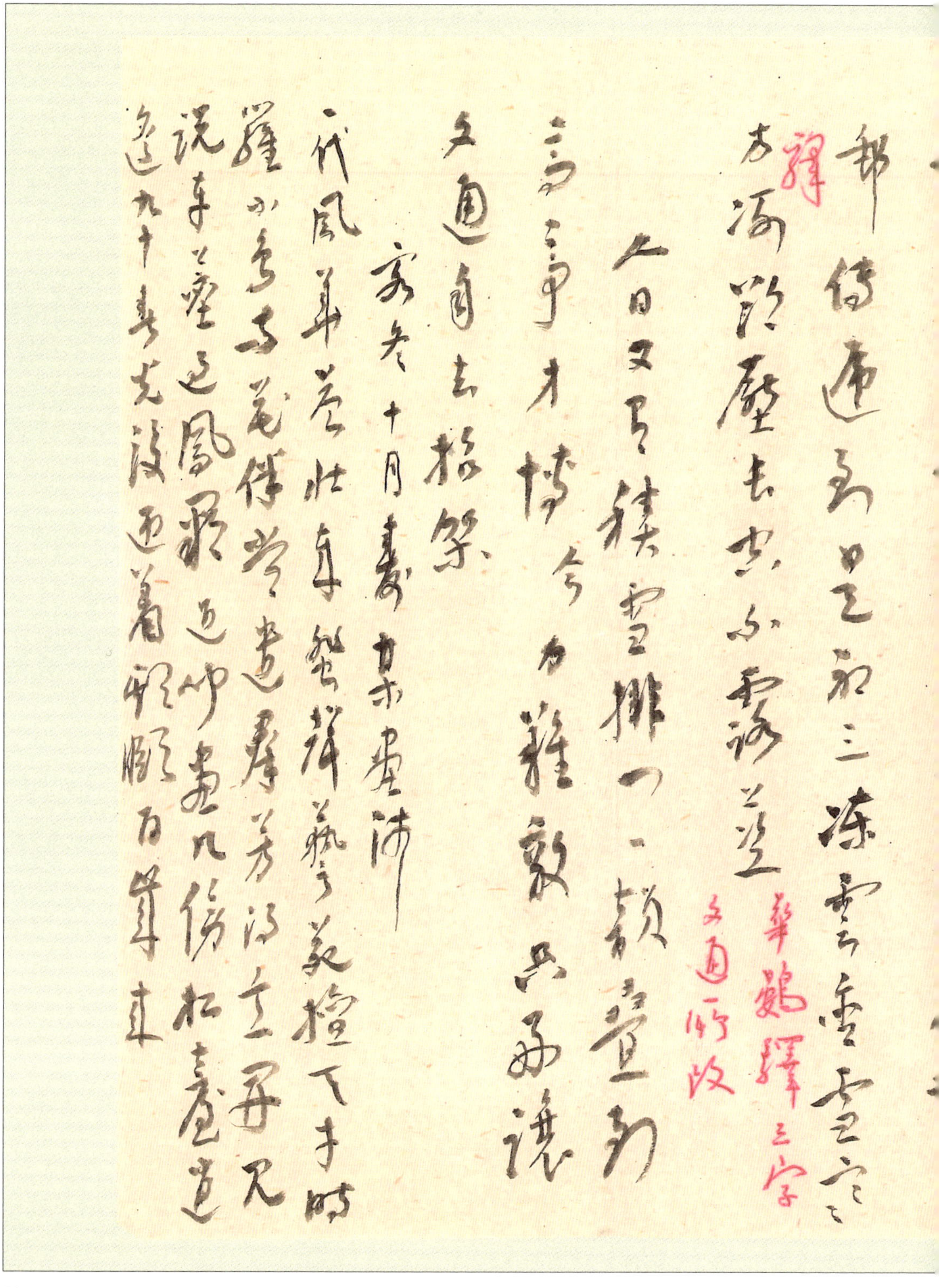

郵侍連奉月之初三除雲香書云云

方詳河從歷去出示雲露之之

人日又寄積雪排一韻賡到

之事才拙今力雜數共兩讖

又園有去拾祭

家父十月壽某基湖

式風華茂壯年鶴祥之錄萬敷檀下手時

羅小乃吾萬萬華佛學出遊壽萬方河舍子尺

說来之塵迈風羽逍遥仙壽凡仿松壽蓮

之遊九十來先謝迈葛孫鶴百算來

華鶴驛三字

又園所改

請秦代父通次韻亭

主人程舟見贈請推建風雪過江

南淮東名士劉詩傳海角雖生花筆

掠懷底俠霧空空如九潯橋路月影來

三家物外暖若渾然一樣江天共

共蔚蒼道

年初三又代疊一韻

江左祥華泉遠天清來風一搏霆

飛南明先小座修河常視發御雄

中华日本一同种，自古勤访往，魏晋百般海，如是通文化成友谊。至唐时商贾与僧伽，海上风帆频接踵，如山古尔随鉴真，经典以来书画携渡。以后历代往复来，不断交勤学艺，诸僧发新通扶桑岛国古籍、[illegible]碑帖、音乐、东渐等业，[illegible]延及宋代，传[illegible]重[illegible]遂盛一时。三百年前黄檗宗[illegible]东渡，日本目录和我数子数[illegible]，宜布局，至昆生及其[illegible]，算收获，负先和继传授家样子事。[illegible]而来争不止，家士今年[illegible]兵将仲之和，为是义后，乃我廿年胜月，[illegible]兴东运，礼贺育国，礼和谐，可以实第二友谊，先生[illegible]际来去五次，[illegible]打莫打[illegible]标选手，联竞技，把手一堂，宾朋一堂，远为国首，多开陈后，我诸君交流，数千里我舰以远，美好波涛，半日程中日握手，途和坐几月，巡友谊情。

专祝

钵翁 以[illegible]中日文化交流史，缀七绝[illegible]，因字数较多，奉寄

一九七四年二月 平今

眉山烟景本堪追古寺楼台辋川复
夜随孙郎蜀道语一去不来寒花献记从丹
菁前岁暮已是春嫁篆度圆了却
此馆婚嫁了然同诗酒乐将年

仲老尊丈詞宗道席：黄君葆樹携来

易學大著，拜嘉謝。昔人有言：善易者不論易。此益就以

易論易，以經解經言。尊著博采三教旁技，由哲近

儒之説相與發明，直欲融哲學科學於一爐，豈徒以經解

經，以老解易而已哉。晚髫年失學，老益眊荒，篤疾餘

生，未嘗窺於

丈丈之博涉貫通，茫闊幽渊，安能盡其洸洋浩瀚於萬一耶。

展對鴻篇，悵有心折，專肅申謝，祗候

箸祺不一

晚徐定戡叩首 二十四日

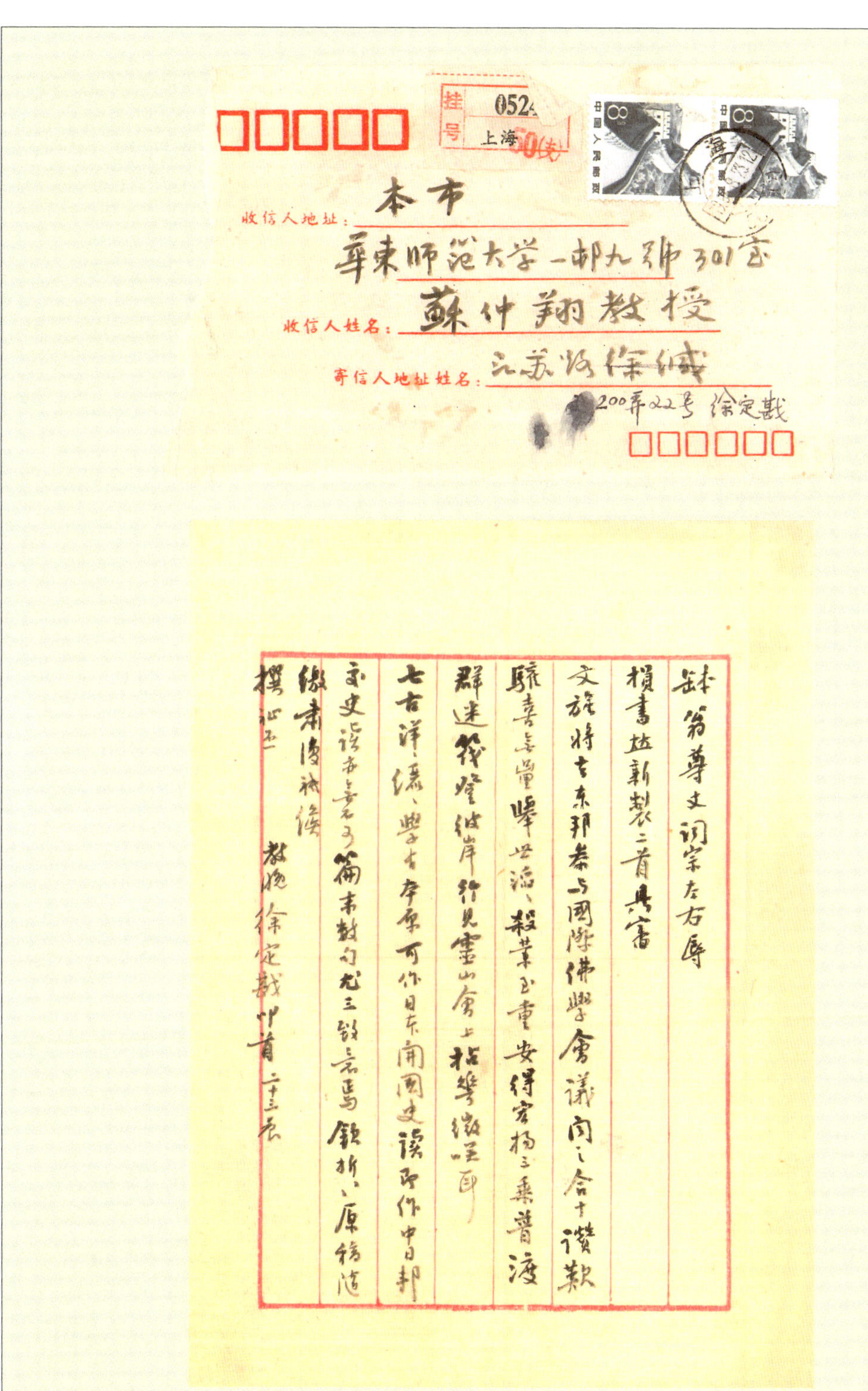

挂号 0524 上海 50（支）

收信人地址：本市 華東师范大学一邨九號301室

收信人姓名：蘇仲翔教授

寄信人地址姓名：江苏路徐缄 200弄22号 徐定戡

缽翁尊丈詞宗左右：辱損書並新製二首，具審文旌將去東邦參與國際佛學會議，聞之合十讚歎，驩喜無量。舉世滔滔，殺業至重，安得宏揚三乘，普渡群迷，筏登彼岸，行見靈山會上拈笑微哂耳。七古詳瞻，學者李原可作日本開國史讀，即作中日邦交史讀亦無不可，篇末數句尤三致意焉，欽折欽折。原稿隨繳，肅此復頌

撰祉

教晚徐定戡叩首 二十三辰

選集拜登，謝冶詩文書畫於一爐，時閱屢對，衆詡悉臻，不啻合樓護五侯鯖也。合十贊歎，懷喜無量。欽惜闚管一斑，詩思全豹，未獻所欲，自不當囿於斯編耳。允宜置諸几案，供不時研覽之資。隨牋呈上新槧七言近體一冊，敬求誨削，一哂投之可耳。耑肅，祇上

鉢翁尊丈詞宗　侍右

晚徐定戡叩上　二

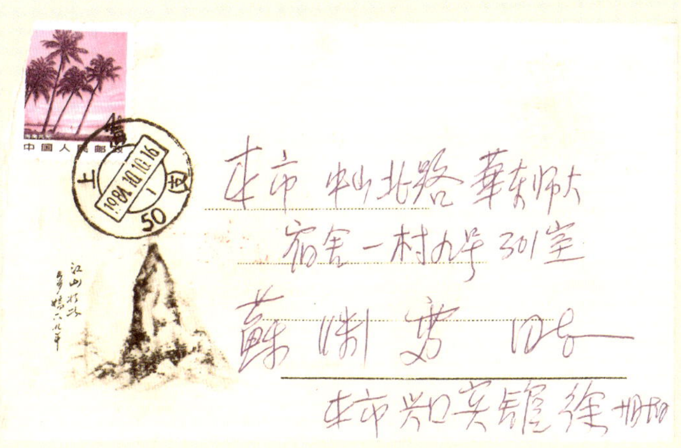

国务院经济研究中心

渊雷同志：

上月一个星期日，随大家去苏州，听说你也在苏讲学，根据所告饭店，多次电话联系，不得结果。

九月二十日开讨论会中，我找到蒋家俊同志，他告诉我，你即将去曲阜参加讨论会，要去约有半月时间左右云云。回到本月三日后，我估计你已回上海，若天天电话可以询问，去事一多，就没有时间来试之找你。下午我要去南京了，此次不能会面，只好待之来日了。但以後，机会是很多的。

上午，终算去探望了会之，运气好，又见到黄逸峰。行前了却一件心事。匆此即颂

文安！並问嫂嫂好！

雪寒 1984.10.10午

国务院技术经济研究中心

渊雷兄：十月十八日手教奉悉。老兄襟怀宏敞，不求名利，自是弟辈所钦敬。出狱后参加爱国救亡活动等等，亦弟所深知。虽格于规定，执行机械，殊为困难，但申请自申请，成败置之度外可也。如需由我证明之处，仍可随时通过机关前来调查，自当秉笔直书，不抑不扬，据实是写。离休制度，弟一向不以为然，谓系先钱，革命自觉自愿，何解要论资报酬。此种规定，徒启纠纷，并贬低所谓老革命老干部之价值而已。医院待遇制度之不合理，根源在于对高级知识分子套上行政级别制度不合理。全国皆然，令人扼腕。而职业医德不正，医院管理不善，尤为可忧。北京医院为全国最著名之高干医院，但近世先住院数月，甚至生了褥疮，则其护理水平可想见。北京科学院党委副书记彭达璋，年八十高龄，该院断定为直肠癌，必须开刀，但启腹后一无所有，仍然缝好。从此高烧不退，即行逝世。我市医生（并教授副教授在内）任务过重，待遇太低，住房条件太差，一友人就见协和教授级医生住宅

国务院技术经济研究中心

为难民救济耳，闻之鼓舞。

西氏仙逝，哀荣备至，本人生前，恐未能料及，此亦吴佛弟之福也。兄嘱致唁，当于见面时提及。旧侪凋零，势所必然，目前惟荟樵与吾兄最为康泰。耕漠去年曾因结肠息肉，割去一段，术后恢复较快，但总不知其为何发病耳。弟病最后定为神经官能症，近且有发展，甚至握管看报，均极艰难，而医根本无办法，弟亦不能到处访求中医秘方求治，只能听之任之，任其发展而已。

所附书剪报，殊有价值，藉此可知惠老之精神生活的深刻面貌，为感为感！侄辈在老兄熏陶及陶冶下，在艺术及事业上均有成就，想吾兄一杯在手，当引此为快。恭禧恭禧。

此次十三大，国内外反映不恶，人事上亦耳目一新，群情欢洽。惜物价不稳，供应短缺，且党风不正，尤待今后努力克服耳。专复，即颂

文安！韵碧均此问好！

弟 西塞叩，1987.12.1

舍间电话为5002454，如有来京机会，当约晤一叙畅谈。

又及

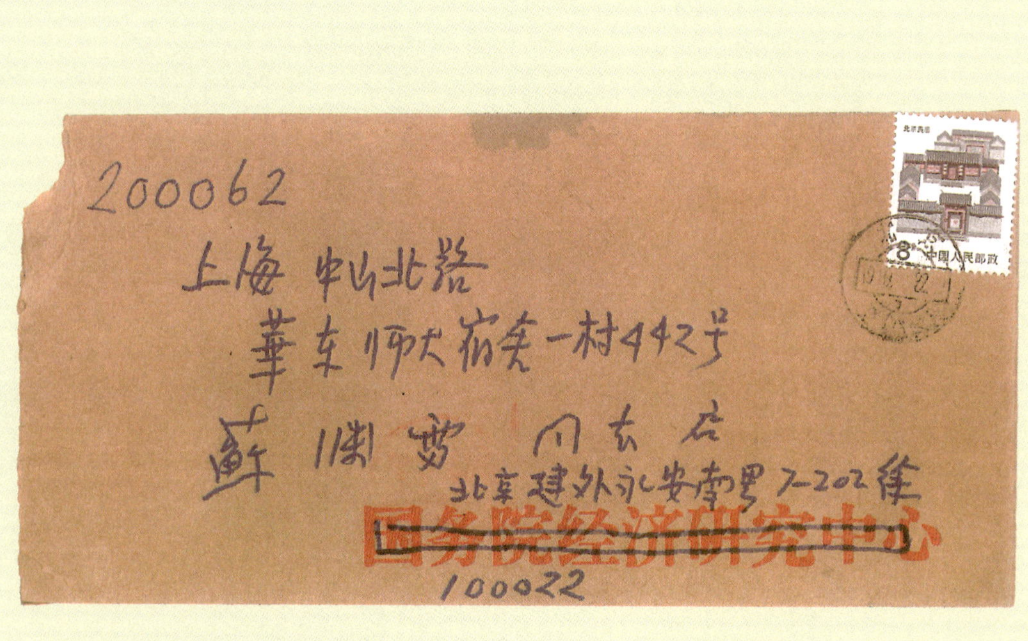
200062

上海 中山北路

華东师大宿舍一村442号

蘇渊雷 同志 启

北京建外永安南里7-202徐

国务院经济研究中心

100022

渊雷兄：

十一月十二日手书早悉。故乡之行乐乎？风闻温州年来经济、社会、民间风气种种，殊为关念。我自1934年夏曾回故乡一行，迄今已隔五十余年。年来以病体畏行远道，始终未能回去看看。少小离家而老大不能回，亦是人间憾事。

大稿修改后寄杭州，但杭州迄未来征询意见。此间诸友认为不便直接去索取；关于署名问题，颇以为集体署名不成体统；或不署名，或署兄名为好。对此吾兄何不从今言。耕漠拟明春再去杭州一行，看那时再说。

至于拙作，我颇有自知，兄之过誉，愧不敢当。白来人间一趟，无所贡献于社会；现在去土日近，更为惶然不安。为争取革命胜利之时，牺牲多少英雄人物，真可以泣天地惊鬼神，但胜利後四十年来，一意孤行，把国家人民弄得如此穷困愚昧，实非始意所及。今后如何，尤难逆料，吾人只能袖手静观而已。何其痛哉。十月前"人民日报"八版

国务院经济技术社会发展研究中心

载刘大年贺"见说之首"，为纪念孔子诞辰2540年而作，其最后二句为"我自沙滩楼前过，可怜德赛两先生"，好说出了症结所在。

天寒岁暮，相思苦人，遥望南天，不胜依依。敬祝

阖府新年春节之禧！

弟雷寰 1989.12.21.

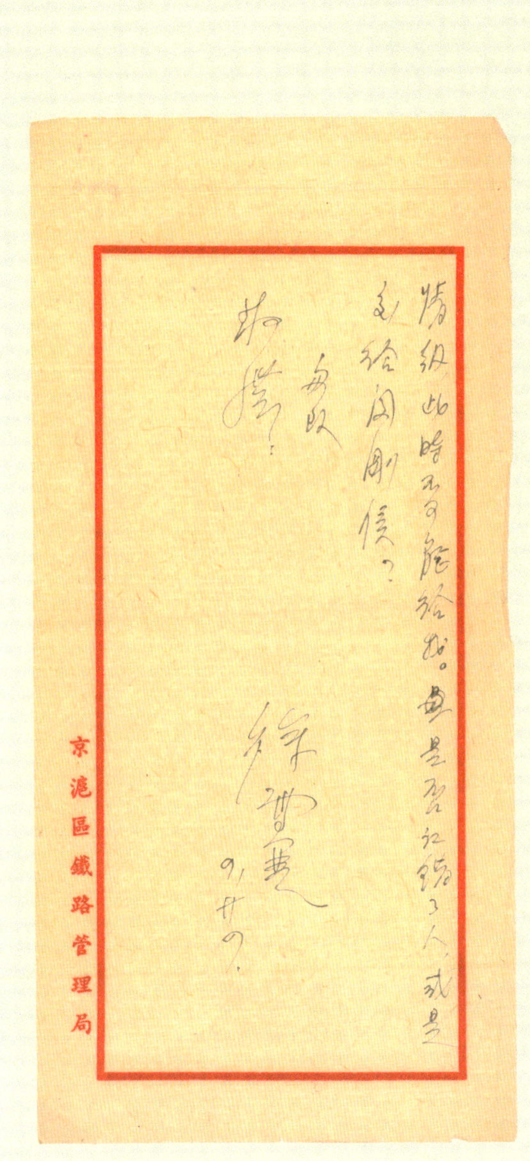

情况此时不可能给我。或是留在红给了人，或是
交给图书馆？
专此
敬礼！
徐雪寒
9，廿四。

京滬區鐵路管理局

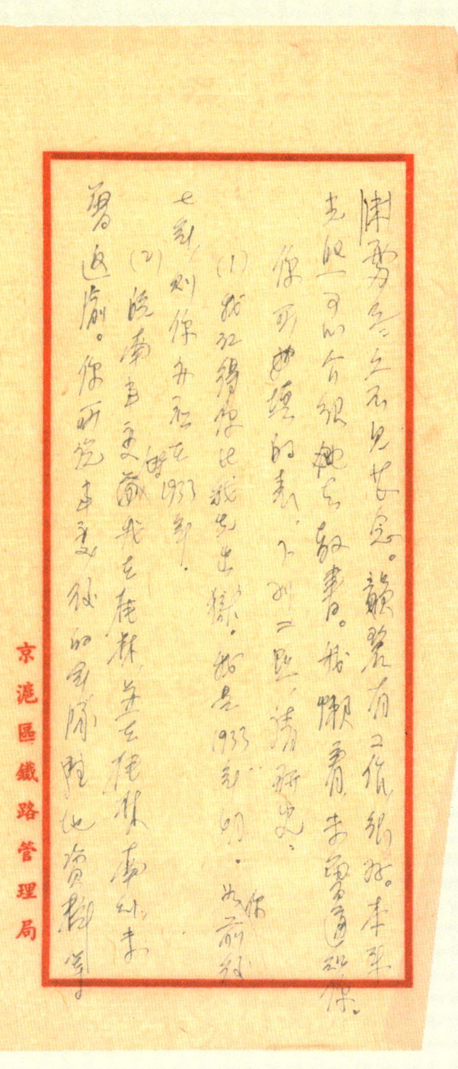

渊雷吾兄左右：见告悉。敬悉有工作组将来华，
先照一下可以介绍她去该处。我[illegible]来[illegible]通知你
你可如愿的来。下列二点，请研究：
（1）我在[illegible]比较先出[illegible]，我是1933年七月，你前后
七月，则你为在1933年。
（2）[illegible]南京文献我在桂林并在桂林未
曾返沪。你所说来及我的实际[illegible]资料学

京滬區鐵路管理局

经济研究 编辑部

北京阜外月坛北小街二号

渊雷兄：十一月廿六日来信收到。宽我事已做到如此地步，还受到阻挠，最后落实，未成定局，向你为念以外。念之先生处，我已廿余年无往来，我的问题需要解决，要他去找他，不很方便。我曾去找过一位同盟的老熟人，他对此事并不积极，只是口头文章好听而已。道理是简单的，人事方面，他们是无能为力的。念之即使把名字记下来，也只是作为一个材料，千万要候合学例说说；要为此事为你力争，争取解决，是渺茫的。你相的徒弟、舒文都是实权人物，小三也算个实权人物，尚且只能做到改在来生做，念之大不过是谈到佛教的一封不痛不痒的信而已。用处是不大的。（上海的位大学校长的文章，我已看到）。当然，老兄的偏怜，我不能忘记，我是很遗憾的。——情况不同了。

在我看来，既已教译两月，离开不过要求，已非百安之途，明着人改在人事渠道继续进行，不要松手，还是有希望的。

退而求其次，你还是进退有余的。你学有所长，精力过人，还可以大写其书，大写其文，大讲其话（国学书演讲），以来享自己的实力声誉。~~只是有~~年后，可仍回上海，暂时生活上稍稍不便而已。这些困难，难不住人的。

耕莫回来后，曾和我详细谈到过你。我们在此，也有了解，仍当为你效力。

附带说说：83号文件精神本来早已听到传达，老人家们，因此也增加困难，此点谅已鉴及。

此候

旅祺！

敬照前请代候之！

[illegible]
79.12.8

经济研究　编辑部

北京阜外月坛北小街二号

渊雷仁兄：一年多来不通音问，只缘人事坎坷，曲折多变，所以也懒于执笔。目前中央已任命在国务院经济研究中心工作。上月廿四日又搬了房子，新址是：建外永安东里七号楼二门二号，电话59.5054。以后联系，请寄此处。现在是每天上班，只有星期日才休息。当然，不去上班也并无不可，但在世之时不多，能多做些事和多写一些，也是暮年聊以平心安些。

我看到报纸书讯介绍，你的史学著作，已在黑龙江人民出版社出版，这当然是好事。你的脑力还处于旺盛时期，趁此机会，写些书是最有意思的。

林在秋冬拟一游日本与海，但还不知道能否实现。

你与西安航空学院学习的孩子，林青已经毕业？现在何处工作？身边有什么人？颜翠安否？

我在去年秋，由中组部帮助，从内蒙调回了小女儿夫妇，但现在小女婿患重病，去年去世。我是有些麻木的人了，（美术日晚怀宾大）也不禁有些黯然。韦大女儿已由美学成回来，但回来开始反而苦于可教，因为现在授课课时论书计，所以谁也要教课。学成反而不如不学，天下本事难说了。我劝她写书，看书也只好这样，能做多少事就做多少事。韦志伟夫妇照常健，家事我可完全不管。

耕葆去大连三月，近方回来。敬齐去湛江休假，大概要再一月才回家。高钺在《文史资料》上把蒋元帅大骂一通，说蒋不得好下场，还是死在监狱里的云云。真是令人啼笑皆非。蒋总对故人之情，此次全然忘他们拉扯。

陈源昨我们学海外已发印象，我写他一信，请转交。看来三十年来他也冷若冰。

敬颂即问

俪安！

苏雪林 1982.9.9.夜

苏渊雷往来信札

兴国宾馆
XING GUO GUEST HOUSE
Shanghai China 中国 上海

渊雷同志：此次在沪住病，辱承两次枉顾，稍舒久别积愫。亦所欣慰。我兄精神抖擞，生气勃勃，真所谓老当益壮，尚将大有可为，对之，不胜欣慰。兄我疾病在身，精神萎顿，相形之下，尤感狼狈。但总不能不为老兄身心健康欢也。

我病已查清，曾患质性病变，系由神经官能症，只能长期调养。既已如此，只能听之，以求适安在病中生活。出院后，住兴国两日，曾多次电话联系，兄处总是占线，难以接通。我又因车辆及精力关系，不及前来告辞。（下午即返京车站）为歉为憾。老兄如有机会来京，务请赐告，当来奉晤，藉抒情怀。杭州旧友，诸多凋谢，往日友情，不胜依依。舍间电话为500，2454。匆此敬颂

春安！ 钱曼同志均此

徐雪寒 1986.1.20

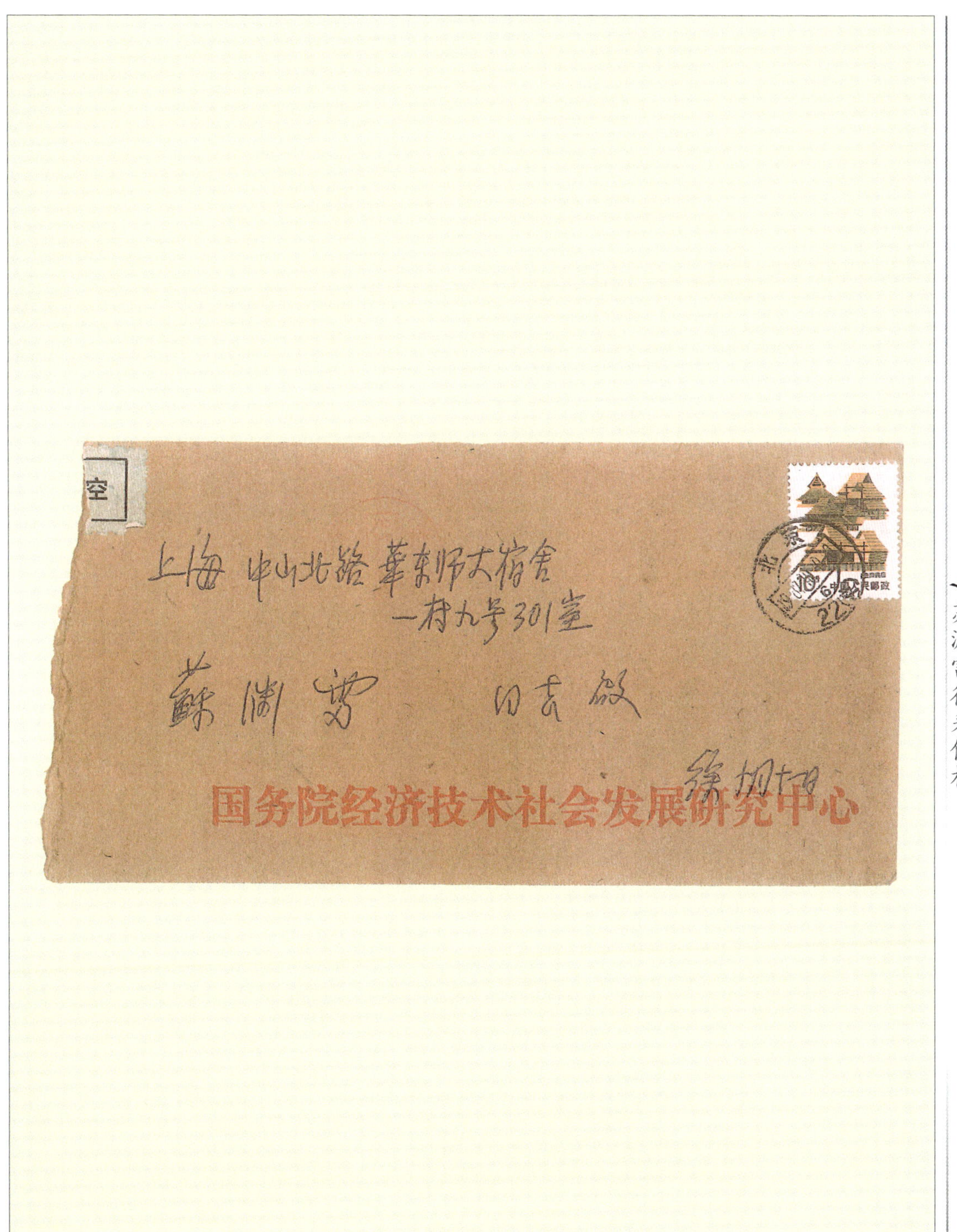

空

上海 中山北路 華东师大宿舍
一村九号301室

蘇渊雷 同志啟

徐缄

国务院经济技术社会发展研究中心

徐迈进同志于9月22日逝世，昨天我去参加遗体告别仪式。极少数老友中，又少一人。西民病重，恐不久人世。又及

国务院技术经济研究中心

史学兄：静汉嘱人送来八月十九日手书及离休申请书一件，复印证明一件，我于昨日傍晚回家时收到。我今晨便赶紧给你写回信。这问题很复杂，不像普通人所理解那样，好像像我们对你理解一样，你在出版行，直接间接为革命做了贡献的。但解决离休，包含两个问题：

一、离休不以参加革命活动为主要条件，而是以参加革命组织的革命活动为主要条件。首先是入党之日起，不中断地继续组织活动直至革命胜利那一日为止，即可计算革命工龄；如中断在三年以内者不扣，三年以上者，即须从新算起，以上（前）日期即不算。除党员外，党的直接领导的外围组织有中组部明文规定的团体、组织、事业亦视同党员办理，如三联书店，救国会、民先、民主党派等都是。无明文规定者不计。

二、证明，不能由朋友自己写的，这样是无效的。那要看要谁证明，须经由你的机关通知证明人的机关，然后由该机关通知证明人写，写好后机关盖章寄回给你的机关。关于参加农村研究会，经济情报社等活动，不能计算革命工龄。1935年参加新知书店发起人并入了股，此点我可以证明。但你并不是新知书店的工作人员，所以即使入了股，不一定有用。在南京参加救国会活动，请人（徐雪寒）孙晓村都写证明。在武汉时，促进（医药）单位给八路军大批医疗器材，当然是一件革命活动，有人证明一下也好，但是我与

国务院技术经济研究中心

计算工龄有关，但耕莫说，不知此事，所以证明人要先构通一下为宜。上海解放后，是我介绍你去高教处的接管工作的，以后又转华东财政委计划处，这事，我可以证明。如果你当时拿的供给制，那末，革命工龄可自这时算起，但如拿薪水制，就不能算了。

这些情况，供你参考。总之，是很麻烦的。再加上如有人上下其手，问题总不能解决，我有几个老朋友，都为此奔走数年，到现在还未解决，很影响一个人的情绪。我个人是（主张）可将离休的特殊待遇的，把参加革命组织与物质利益挂起钩来，经常增加田部矛盾。党决定要这样搞，也许有好处的道理。我们已六十岁的人了，如果最后也不动，以全薪退休也就算了，犯不着为此劳心费神的。

* * *

你的女婿（安安）的事，前会如何解决，时在会中。我们人微言轻，没有什么用。但只要确实没有动用过钱，相信一定能解决的。

中华书局（内部刊物）《关于古籍整理的一些》上，对你“五行含义”的考证工作，提出一些不同意见，想来已看到了。我病似多，也没有力量去查对是否全是对的。当然，如有可取之处，还是可以共同讨论的。

我的工作机关是（通信处）：北京西安门22号，国务院经济技术社会发展研究中心。要写证明书可用。住家是：建外永安南里七号楼202号。电话5002454。有事请来信。表印件暂存我处。

敬礼！

徐雪寒 1987.10.11。上午

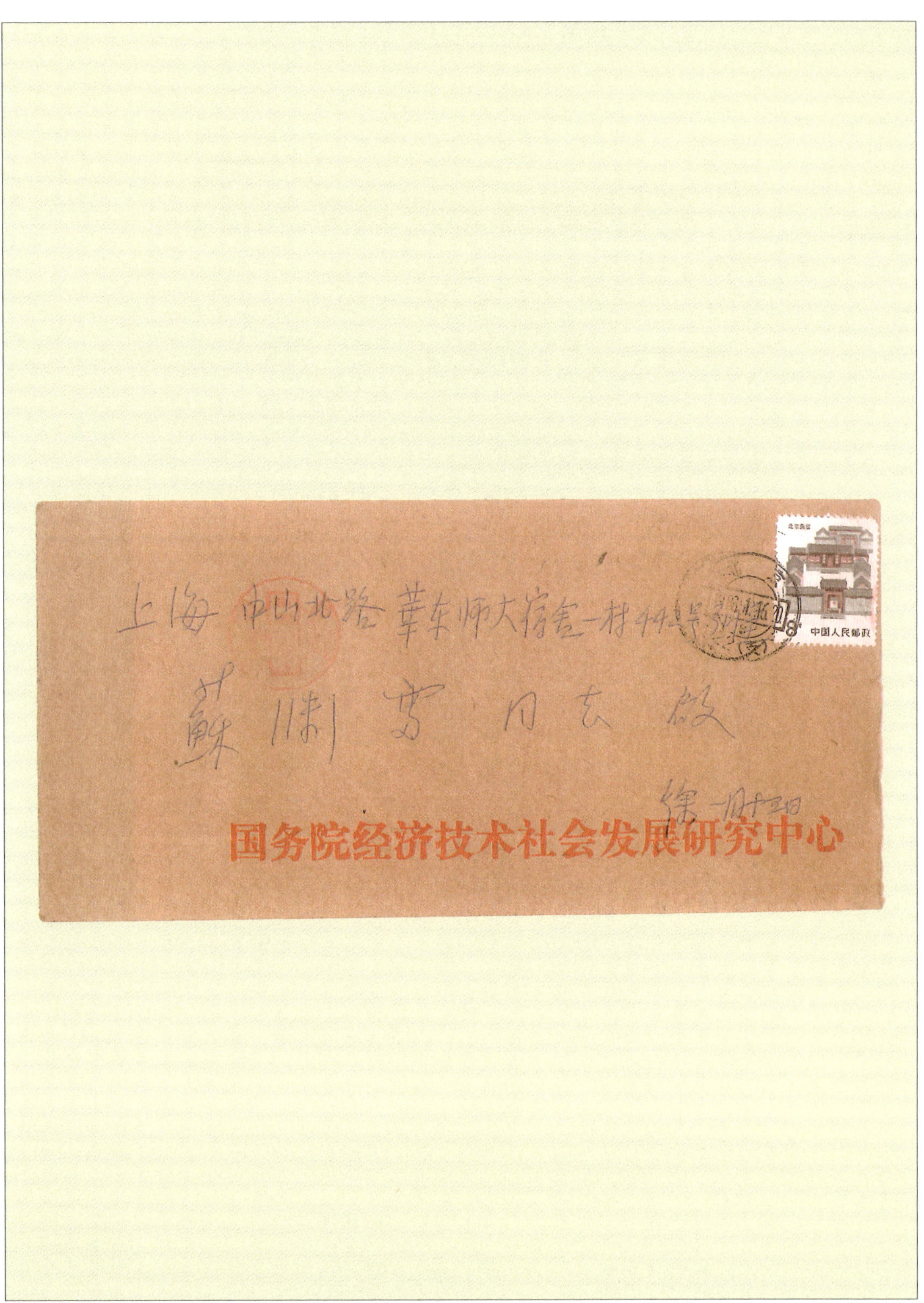

上海 中山北路 華东师大宿舍一村44号[illegible]

蘇淵雷 同志 啟

徐 一月十二日

国务院经济技术社会发展研究中心

国务院技术经济研究中心

渊雷吾兄：

去年十二月五日手教奉悉许久，以忽患重感冒，雪上加霜，病体支离，故久稽复，尚蒙见宥。大作拜读一过，才气横溢，老而愈壮，敬佩敬佩。我年少时曾涉猎古体诗词，但天资欠高，学殖疏浅，终于始终为门外汉，惭愧不已。报刊杂志偶见有所刊载，但佳作不多见，查得者多，旋读旋忘，并不觉其高美。今日老兄以诗书画名家，驰誉江南，参加国际文化艺术活动，于己于国，俱有裨益。于诗发挥艺术天才，于公则报国有门，岂不快哉。年跻八一高寿，而体行动自如，艺术性更继续永葆青春，前途成就，诚无量也。忆兄杭州狱中曾有句"关山前路正迢迢"，今日是矣。

杭州狱友，除兄壮健外，蔡榕今年八四，而体健笔作文，惟行动不甚灵便，需人照顾。经济思想情况耕漠今年七九，平时写文甚勤，笔耕不辍，惟去年曾开刀，结肠切去一段，有癌症隐患，预后如此尚好，甚为难得。启东长我一岁，去年亦曾开刀，但预后亦好，仍

国务院技术经济研究中心

能去外地开会。崇文曾因胃癌，去秋入院开刀，经过良好，能读书散步走棋；今又住院，其夫人谓系复查性质，并无异常，嘱我等放心。惟闻严东元，潘德枫癌已全身扩散，久卧病床，十分痛苦，恐不久人世。在京诸旧友，大致如此。虽有所好与成就，但就健康状况而言，吾兄为最上，九十岁可期，百岁亦不难，私心诚为庆幸。

我患神经官能症已三年，去年虽勉强写作数篇论文及研究报告，但无甚佳作，盖一不能出外调查，二不能广读中外文献，三未能出席诸家学术团体作集体研究，如此则成为无源之水，无本之木，何能作出认真研究？且对于经济决策与经济现状，不甚了了，尤于党风民气，担心已极，二十一世纪为世界力量大变化年头，中国在此大竞争中将何处去？则将何以立国？诚使我杞人忧天，日夜难安。此或为我患忧郁症之表现乎，但愿如此方美！

敬贺，顺颂时祉，并颂

阖府春节欢乐！

徐雪寒 1988.1.15.

200062

上海中山北路華东师大宿舍一村442-301

蘇渊雷 同志 启

航空 PAR AVION

国务院经济技术社会发展研究中心

100027 永安南里7-202 徐 810208

中国人民邮政 10

国务院经济技术社会发展研究中心

渊雷吾兄：接手书及大著，欣喜欣慰。两书内容充实，装帧高级，在目前出版界极度不景气尚能迅速出版，足见大著之价值。吾兄一生，如天马行空，为革命尽力，而独异一格，而今革命已矣，吾兄有言传世，可以不朽，足慰生平。如吾碌碌，一事无成，岂不愧煞。

浙江烈士碑文稿半月前已由杭州寄来征求意见，此间诸友，对此碑均十分关心，现初步研究，于九月初一聚，并集中意见，然后寄去杭州。届时当将尊著携去，令老友等一饱眼福。

五六月间事件，为中国近百年史所未有，震动心灵，摧肝裂胆，弟本患有交感神经官能紊乱，至今尚不能精神安定。遥念社会主义祖国前途，欲哭无泪。

敬颂

文祺。并向靓紫安好！

弟 雪寒 1989.8.20.

国务院经济技术社会发展研究中心便笺

渊雷吾兄：

前函谅达？

朋友们为我出版"文集"，敬献一册，以供覆瓿云耳。

遥颂

文安！韵碧均此

弟徐雪寒

1989.10.20

国务院经济技术社会发展研究中心

渊雷同志：

八月廿五日来信及第三稿均收到。第三稿已即复印分送在京诸友。昨日（九月六日）上午，耕莫、岩文、钱东和我，均在慕樵家座谈（因人多不便，故未约林楷及方杞），反复推敲尊稿，最后归纳意见大致为：一、题目与内容已经[但]不一致；这点不成问题，因杭州寄来第一稿即为“浙江陆军监狱牺牲烈士纪念碑亭碑记”，予以恢复就是；二、陆军监狱牺牲烈士，选出名字者尚须推敲，如浙江共产党人牺牲在狱者第一人为贺威圣（时任杭州地委书记）、汪性天（时任浙江执委国民党书记长，共产党员），时间为1926年10月，夏超起义失败之后；至于1927年—37年间牺牲者重要人物尚有徐伟、郑子俶、曹仰兰等烈士，这些名字都应补出，将来也可补刻；但事实部分，似须加详叙述概况，以使后世凭吊者更为明了；三、四一二政变、日寇残杀传至我党，血洗大地，对此[文]字上似太软弱；四、流着的人，以全部不提为好；五、但最最重要者[为]消文字过太典雅优美，后世凭吊者大多数人均无能力读懂，如此便失去碑记的意义和作用，（言些）碑文似太长，可以压缩；古体字

旧稿题为浙江革命烈士纪念亭碑记，则清党时期牺牲的烈士也包括在内，由我们加以紧急补拟各节之提议。

以不用为好〔只得根据可读性选〕笔事。总之，座谈诸友，意重实用，不在华美。此点为最大出入，不知尊兄以为然否？座谈结果，推戴东荪总揽全书，同意把国家印件就送请苏州学织术会见，然后寄杭州，因为他们是作者组织未参会者。目前我这里只是把复印人看信，以便先报审查。吕春先已三易其稿，兄见郑重其事，敬请负责。上述读之，尚祈参阅，于四稿时再印制采纳。

即颂

文安！

89.5.7 日

醒識乾坤不足措，花草偏安堅半壁，維揚山河未能保，何況斷碑一片石。想象孤忠就義時，弘骨弘血猶可釋，好手朱翁綸考訂，蓮遲和詩於斷碑研多所考訂錄畢何當得以告萬世，此一研新舊垢，張斛子年勿入只一笑，楚弓仍楚得，蘇家物屬蘇家後裔來萬金報可寶，皇帝三年見寫叢，請歸雲山此時研孤吟出天文何人，寄我新詩工備擇，雲煙揮灑無窮盡，從茲更得江山助。以花蕊夫人別　奉和

淵雷東坡墨妙手詩殘刻十年斷碑研印收今所用東坡龍尾研詩均

澄宇書於上海濤園

端午獨酌適淵雷獲復長壽書
至，詩以答之，兼似慈護大兄
歲序逢端午，天涯一晩門。時流悲
屈賦，浣醆託微醺。艾見熏風至，冰
閱是追歡客，聞傳驚訊息，帽脫走東
連濤追昔遇，微雨過蘇端。餘水波
鋒健，蓮絕路無實。誰知一波蕩，遂
今擲肺肝。香留若逐天來，雨梁大千
掛冠（脫帽掛冠，以聊用扣戲耳）
響濤江照日，相忘且沈朱。清尊煩進世
波笑敢言遲。耆舊襄陽左，誰吟栗
里俱。儗擬蘇李手，羨汝可詩洁
南歸何日適，路已經秋。猶為馬角而
或報烏頭白，莫睇新篇勸抑理
猶殘莫恪嚸，留取以觀壯志，恐
未有涯

仲翔詩人郢正

澄宇 壬寅端午

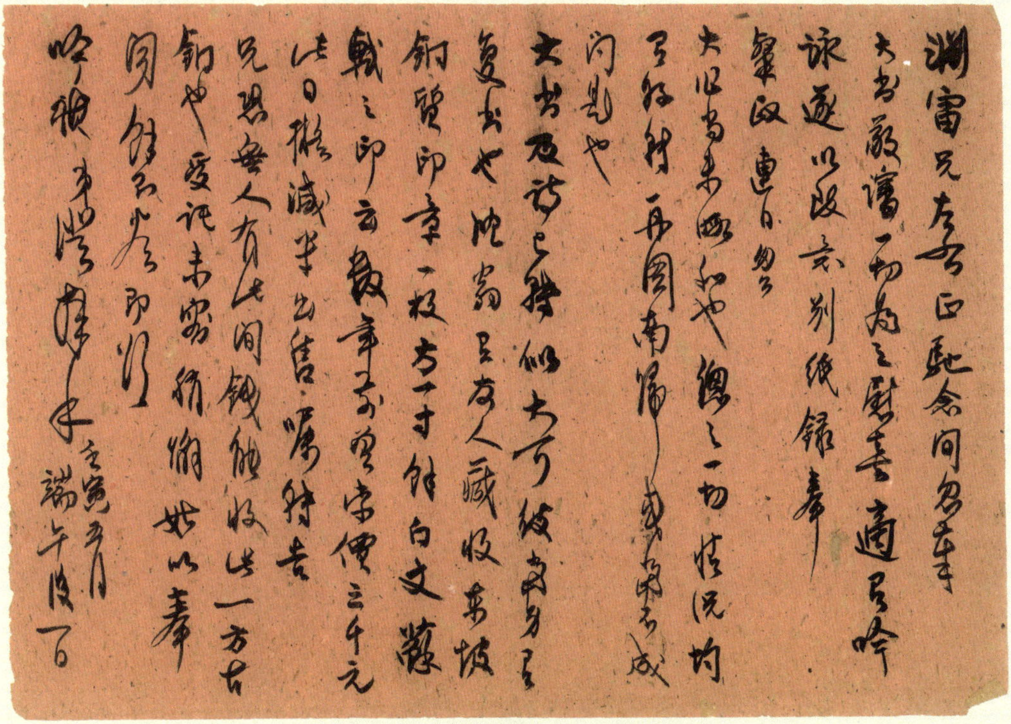

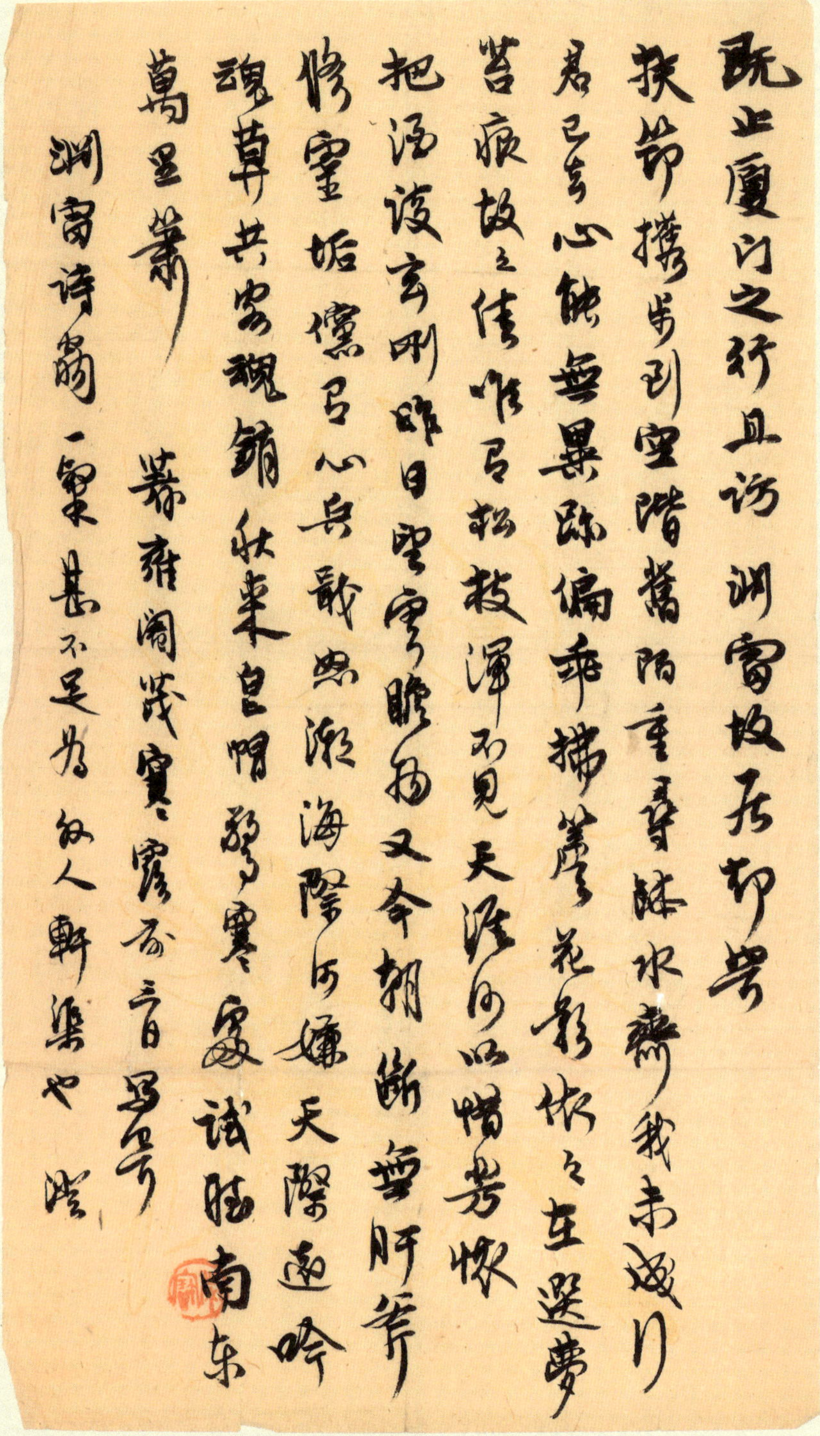

上海中國畫院

蘇老词丈研席：

溽暑想杖履康胜，不胜企念。务望随时珍重，为颂为祷！以彼此僻居遥隔，出门每多不便，致阻亲自聆教，引为歉憾！近数月来，连接湘南祁阳文管处同志来信，告本县议修理及保护元结、颜真卿撰书之《大唐中兴颂》摩崖事。原碑字早多泐，并经前代妄人不一次之剜凿，今既不宜再拓，亦不必再拓。准备另刻一石，嘱弟援唐人重书《同州圣教序》例，照临一过，以便刻成拓供以售中外游客。鲁公大字《八关斋报德记》（共八面，字径寸）建树后遭会禁释教，推倒磨去五面，至大中之解禁，始由崔倬补书之。寒斋藏有天一阁旧物宋拓（按其时已南渡，实为金拓）残本，远胜今北京故宫及上博藏本。弟少习颜书，如重书《中兴颂》，自信聊可胜于崔倬之补书《八关斋》中五面。惟湘省当困于经费筹措。弟已建议对方争取旅游部门资助合作，待资金筹妥后，再商量弟与刻字者的工作，不作"全义务

上海中國畫院

劳动”也。日前方先寄赠湖南美術出版社據新(精)拓本影印之《中興頌》(字略缩小)及何绍基临本之碑。連日酷暑，俗事皆置。不揣拙陋，作“题自临此《頌》，次何氏步山谷詩韵”未定草一首，録奉先生　大筆斧正後，才敢寫出。其中“応有白烏”句，拟用杜詩“長安城頭頭白烏”典，指為是當时投敌之汉奸。再考虑“白頭烏”簡称“白烏”意不够显，因又想改作“鴟鴞”(鴞或書作梟)，《楚辞·七諫初放》：“近習鴟梟”，王逸注：“梟一作鴞，鴟梟，恶鳥。”如此修改是否可讀？整篇拙作，务祈不吝斧正，感幸万分。

又今春作《孔子頌》一稿，山东平度市博物館之孟于青亭同志，属書写之刻之天柱山石壁，一併録呈，亦請斧正為幸。

近来有何佳作？倘蒙録示一二，俾獲拜讀，以资学习，更感更谢。专此　敬請

暑安

弟翁闿運敬上

惠书请示知尊府电话号码及郵号。　　七月十五日

寒舍电话为5428879

上海中國畫院

碑額→ 頌孔子

大哉孔子，世界推尊。年逾二千，
萬古不泯。施教無類，崇德潤身。
孝悌忠信，民族風薰。用斯立國，
八極歸仁。大同禮訓，啟導來人。
二千五百年後歲次庚午
東吳儒生翁闓運撰並書

拙稿請
正！ 翁闓運

2000年?

上海中國畫院
上海市岳陽路197號 電話（TEL）：373805
CHINESE PAINTING INSTITUTE OF SHANGHAI
197 YUEYANG ROAD SHANGHAI, CHINA

中山

苏渊

虹口区玉田

蹄舟十次經浯溪，两番手拓中興碑。外観筆勢雄壮阔，中有细筋坚若丝。咸豐化元旧题在，時方失恃悲孤兒。次年持節使蜀西，剑州刻如饑鹤栖。（剑州有此碑翻本）既無真墨本上石，何事展轉鉤摹為。唐人書多北碑法，惟有平原吾所師。次山雄文藉不朽，公偉其人筆與揮。當代無人敢同調，宋賢竊效弱且危。浯翁扶藜凍雨裏，但感元杜頌與詩。公書固扶忠義出，何乃竟不贊一詞。海琴桐軒喜我至，珍墨名楮紛相随。書律深處請详究，拓本成堆吁可悲。

20×25=500

上海博物館

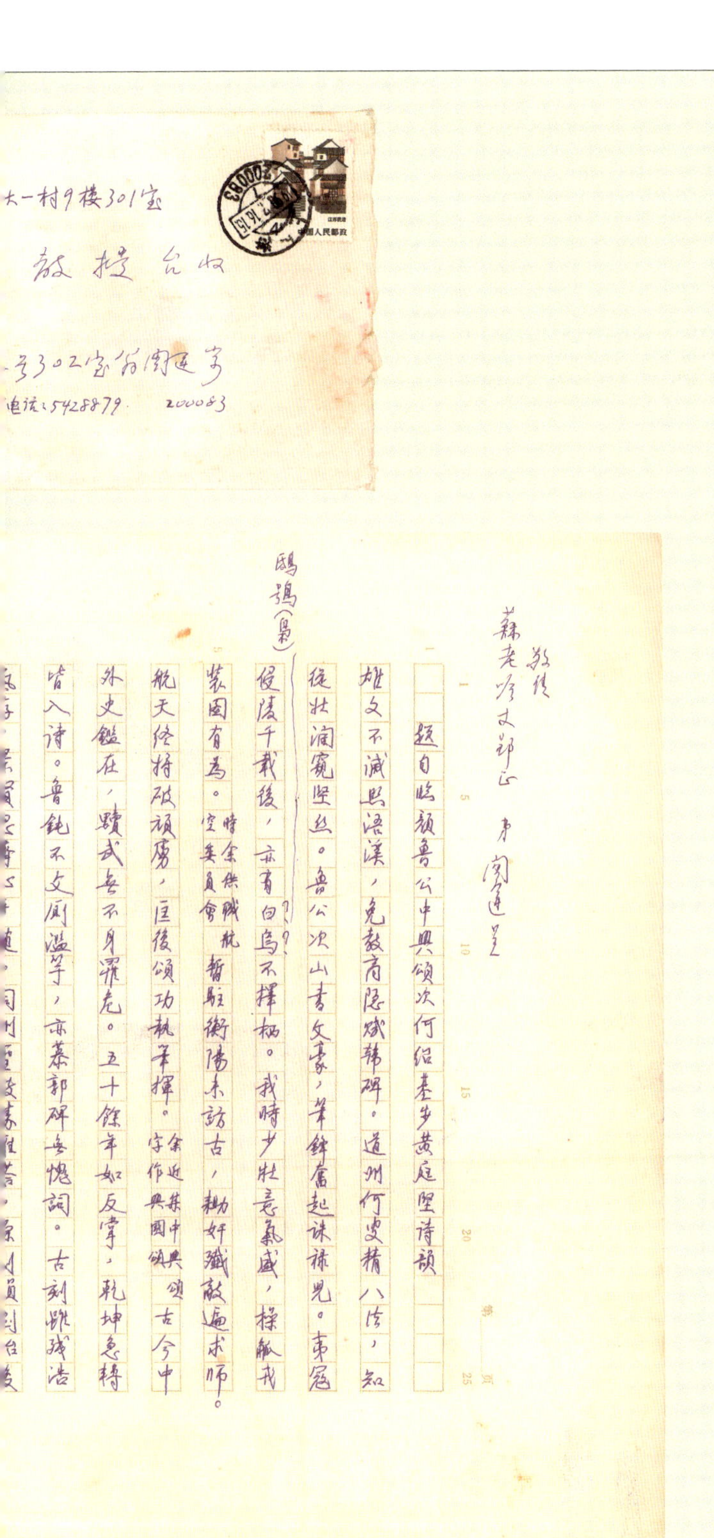

大一村9楼301室

教授 台收

号302室 俞闻廷 寄

电话：5428879 200083

蘇老吟丈郢正 後學 闻廷 呈

敬候

題自臨顏魯公中興頌次何紹基步黃庭堅詩韻

雄文不減與語溪，免教商隱賦韓碑。道州何必精八法，知徒壯闊窺堅絲。魯公次山書文豪，筆鋒露起詠祿光。東窗促陵千載後，亦有白鳥不擇栖。我時少壯意氣盛，操觚我裝園有為。（時余供職杭空軍會，暫駐衡陽）來訪古，勸好藏故遍求師。航天經特破禎傍，區後頌功執筆揮。（余近集中興頌字作興國頌）古今中外史鑑在，贖武無不身罪危。五十餘年如反掌，乾坤急轉皆入詩。魯鈍不文厠溫孚，亦慕郭碑無愧詞。古刻跡殘浩

第　　页

渊翁挚兄慧鉴：

一别廿余年，一切尽在不言中。正凝思间，忽接华翰，庆悦无量，谨祝万福！

前年得晤于默兄，欣闻参加"辞海"编辑工作，唯未悉税驾何处，致疏奉候。

弟于69年由宁市下放涟水，去年九月上调返宁，仍回原校工作。金陵刻经有调回之议，尚未成为事实也。

承询之事，忆当奘师1300年纪念时弟有一文考订奘师生年，归纳十种异说，推断69岁说最合史实。及今思之，还仍持原见。另有一文考察奘师赴印之年及在印行踪年月。此文寄交"现代佛学"，不久停刊，原稿亦未退回。今日追思，可忆及者为下列数事。

1.奘师赴印之年（即由长安动身之年）当依《广宏明集》奘师表文定于贞观元年秋八月。贞观三年之说固非，内院订于贞观二年亦非。以西突厥叶护可汗卒于贞观二年。若奘师贞观二年始出行，则不及于千泉见叶护可汗也。此为主要原因，尚有其他证据数事，因手头无参考资料，故不能详述。

2.在印行程，弟与旧解不同者，(1)至那烂陀之年当依《佛祖统纪》或《历代通载》定于贞观七年。(2)在那烂陀学法时间只十八个月（一年半）而非五年。五年之数乃累积前在迦湿弥罗等地学法时间之数字而成。

至于在印巡游年月，弟曾依历法排成长表，今因手稿及参考

25×20=500　　20-204·18107

第　页

书籍悉毁"帮劫"之中，故一时难以措手。如若细细回忆追录，恐非穷月累之力不可。如

兄需要，希即示知，弟当勉试为之，以报雅命。匆匆不尽，下月中旬或

赴沪一行，届时再趋谒晤言欢，共话沧桑也。溽暑已届，伏乞

为道珍摄。端此敬颂

教安！

弟郭宇再拜
79.7.20.

25×20=500　　20-204·18107

上海

北戴河路11号

苏渊雷先生　收

南京市浦口区大厂镇吴家洼四幢8号
郭宇

第　页

渊翁吾兄道鉴：

前奉拙稿三篇谅已达览。近数日中抽暇将兄大文"绪论"一篇拜读一过，因兄函中嘱将此一部分先行寄奉也。文中弟意拙见可供参酌者即以红笔旁注，以便吾兄抉择取舍。有关年代问题，因弟于所主各说自信颇坚，故皆措力为删订以期一律，祈谅察者。所深幸者，即兄有关奘师学行之见解，几不期而与弟全同，弟拙文"玄奘西域行程系年"中所有议论兄阅后必有同感。盖若通观奘师一生传译之全体而不囿于一家之言，自必得有相同之结论。旧日徒以奘师传扬法相唯识一宗者，所见未免偏狭矣。由奘师之传译观之，大般若为释迦说，为先佛之经；瑜伽论为弥勒说，为后佛之论。大毗婆沙为世友作，世友当次补处，亦为后佛之论；成唯识、广百论释为护法作，护法为贤劫千佛之一，故亦为后佛之论。奘师为此四佛之作而兼译之，佛法正义尽于是矣。故谓奘师为释迦而后之唯一集大成者亦无不可。奘师而后创教开宗者代不乏人，论其成就，殆又代无比者焉。奘师之学术唯窥基能得其全，惜其享年不永，未能发扬尽致耳。匆匆不尽，敬祝

撰祺

弟元兴再拜

79.9.28

25×20=500　　20—204·19310

第　页

渊翁道兄慧鉴：

惠示均收到。弟自南旋后，因又着手写"蒙古宝书诸名溯源"、"先秦史年新考"二文，思绪一抽即不可遏止，且忆及之事随时即须笔录，否则转瞬忘失，进度又费时日，故自冬来终日碌碌，唯此为事。弟手稿积叠，殊定之由。现前者已有五万余言，后者约八万余言，大体就绪，唯尚须理清，恐尚须若干时日也。

近数月中因购水、电表事所费不资，安装一事更遇意想不到之困难曲折甚多，报费周章，所费且有过之。故经济奇窘，迄尚未能进城，未得与游兄相遇。

来示所云游公墓文一事，因不知已寄奉否？弟拟月底进城，见游公时当询究竟也。

来示嘱写家旧事，因弟手头毫无资料，而刻经处又不肯借出，故此简单之事，竟无从着手，深感有负嘱托。巧妇又难为无米之炊，尚乞见谅为幸。弟近又觉佛学研究工作实不可为，实则一切文史研究工作皆然），以此项工作极难使他人了解也。

弟所拟续作者为(1)伏羲、轩辕诸号钩隐，(2)释迦思想源流，(3)殷周历谱，(4)周王游行（穆天子传）历谱，(5)昆仑山之高与广及内部结构，(6)夸父逐日之神话与科学，(7)洪水之传说与历史，(8)战国史事编年谱……诸文。唯拙论均与先德时贤相反，终恐无处出售耳。

匆匆不尽，即颂

俪安

弟郭元兴拜手　79.12.25

25×20=500　　20—204·19310

渊雷尊兄有道：

奉函来戬印本获覆教，故人情殷，感念无既。

关于奘师西行系年问题，因手头无书，原拟凭心回忆勉强成篇。忽于旧册页中获残稿数纸，乃昔日排比年月时摘录要点，不知何缘得免劫火，似有天意存焉，不禁大喜过望。近日以来暑酷若炎蒸，挥汗如雨，仍振笔疾书，每日约可得一二千言（因虽值放假，每日仍需为各地补课半天，故写时不多）。且下笔不能自休，文思泉涌，新解层出，旧日尚有微疑，今悉一扫而空，待兄见之当亦解颐。数本意尚着思钝，恐须期以匝月，忽而神思畅遂若此，实出望外。冥冥之中似有神助，谅得历史真相，故感奘师加被。昔弟撰不空三藏系年时，李安夫偶至弟处，每谓闻有异香扑鼻，今亦同然。现已数日间已成六七千言，估计再有此数或可毕功。誊录校清尚需一周，下月初即可奉政。奘师游行事迹多晦，弟文当浅随而略可昌明一二。

稿达座右时，希勿吝斧正为祷！

另有恳者，此间友人有购得新出"宋拓十七帖"（赵朴老题签），近弟往访购，书已售缺。沪上有书画出版社，当易购求，至希存便代购寄一册为感，书款若干当即寄奉。万托！！诸维珍摄不尽，肃此敬颂

教安！

弟元兴再拜 7.26

第　页

渊翁尊兄有道：

睽违多时，思念良深。弟于两月前承赵朴老函召来京，帮助工作。至此后，因参加编写百科全书宗教卷、筹备佛协此次大会及筹办佛教研究所等事宜，终日不暇给。近闻兄有代表沪佛教界来此参加大会之讯，喜跃之余不胜欣抃。宁市田光烈兄亦将来此开会，亦于13日启行。佛协刊物《法音》将于大会后出版，弟亦参预编辑。兄如有诗作，来时恳便带来一二，以光篇幅。匆匆不尽，敬颂

教安

弟郭元兴拜白
12.9

上海古籍出版社印行之"诗绝韵读"（王力著），此间遍购不获，如有便恳在沪代购一册，至为感盼。

20×20＝400　　20-211·10210

徒弟三千子重钦七十二
情深遗语業俟矣此津梁三
花放经年谶星回地自周
彤歌南北极缆棹去来舟
病眼宜常闭 高怀自谓遒
瘖盦贤
谁谙亦然情白苦不缘愁四
首寄柳亚上海
渊雷词兄 印可
适 初稿 八月廿
瘖盦贤

艱苦何人共奔馳蹈海門
鈎深文有罷吟徹婦亦禪
氣類元非盡殷憂孰可援
平生攻楚些々月將拍竈一
急劫新收淚投深自覺微

撇聲以備咲破壘我安歸
洪滅天同喪分攜地又違
送知災害及慎莫論々餅二
為有何知見更聞感裏香
一貫安可息百計更無良

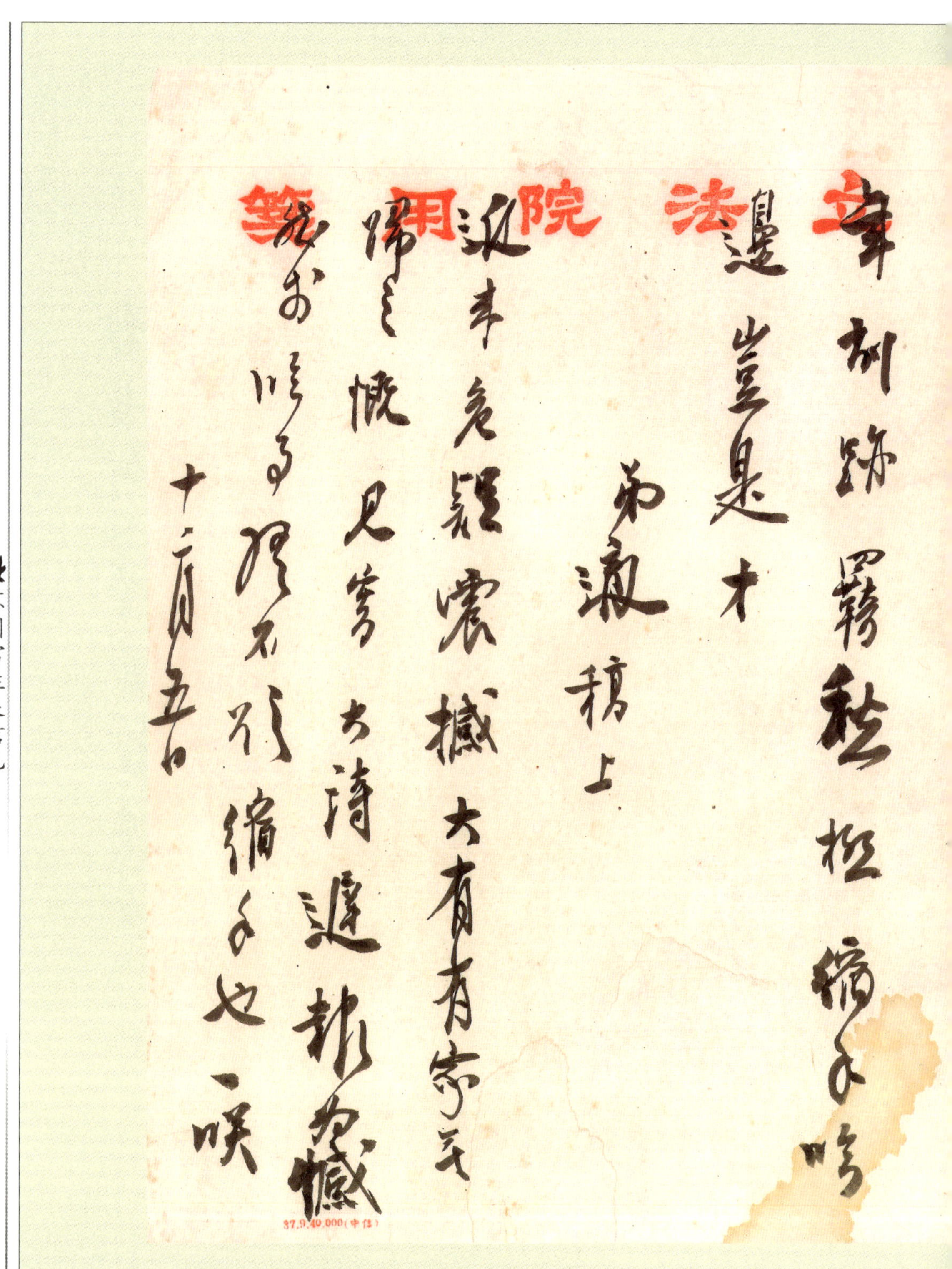
立法院用箋

十二月五日

37.9.40,000(中信)

立法院用箋

次韻淵雷

離亂光陰鬢髮催士諤
耶同棣萼來論兵浪說
勝我武作賦真成鄧之
哀生意陸沈拚棄置
殺携文蔡有疑猜數

87.9.40.000(中信)

上海廣播電視發展公司藝術研究室

渊雷兄

大寿不能敬贺，因为近日头昏，甚歉！

无量寿佛一尊，奉遗览草上，聊

表心意，希

笑纳。竹々即候

好！

唐云 五日

武漢大學

苏老：

惠赠大作《易学会通》，早已收到，反复拜读，受益良多。虽是五十年前创作，读来仍有新意。因我是第一次读到，深佩苏老当年功力之深厚。易学与近代科学会通，易学与西方哲学会通，易学与现实生活会通，处处新人耳目。

得河南消息，汤阴县羑里城有文王演易台，准备整修完毕于今秋开放，将由郑州大学、河南社联、汤阴县、安阳市等单位联合发起召开一次周易学术讨论会，届时他们将邀您出席指导。周易研究会筹备组同志拟借此机会再次碰头，筹备1987年山东举行的第二次全国性周易学术讨论会。山东大学决定出版《周易研究》期刊，87年的会决定邀请海外学者参加。抱歉的是《周易纵横录》（84年周易讨论会论文集）错讹之处不少，加上排印困难，迟迟不能出版。您去信中希望再寄两本《中国周易学术讨论会资料辑要》，已由我武汉同志寄上，未知收到否！

致候教安　　86.3.21.　　后学唐明邦敬上

170175285

装订线

西宋

文献复兴五季还西昆崛起不难知欧梅岂令贤豪侣坡谷真成宋体诗南渡胜坛一变旦（指陆游）江湖派四灵支叠山晞发谁同调胜有冬青着泪然

金元

莫道吴山立马还北人入主势能弘且抛衷常哀叹气将挟写庐倚遍诗渊欲长歌才甚捷遗山宗杜力堪支铁崖乐府真名在信是风骚不断然

明清

盛唐嗣响莫嫌还天意终教七子输牧老佳章参佛理阮翁神韵标王诗（唐贤三昧集以右丞诗压卷）吟灵写性简斋俳胜水残山文献支太息忽忽陵谷改萧然孔壁断金然

克明初稿

七一年夏至后六日

诗文嬗变随代而异归根溯源俱出风雅爰自建安以降
专所探索之殊择者略以该括标出其得七律六首

魏晋

建安而后日陵迟江左玄风无共知入洛才名欢遨游试宦途滞戾溯怀
诗单衣平叔思无间四止渊明真可支只有振标嵇叔夜孝尼一曲
绝弦今然

六朝

鲍谢崇兴未遑许渠踔蹀孰先知洛城重价三都赋公子西归立
字诗才调张刘合贯趣我先妙若越石清刚渊源何范本同支何逊并兄云俱无暮浮靡之习
年萧梁庾开府悽绝江潭对椰然

三唐

风雅寝微复轨逆流遂溯海有人钦鹿门辋水优游乐艺存秦川
丧乱诗冠代词华三李健超衰文派一韩支樊川薄倖名犹在
祥榴何妨对髻然

渊雷学兄左右：惊闻令母仙逝，不胜哀悼。敬撰挽诗三章，聊表微忱。至乞节哀自爱。宁为戴良之酒肉，不为其兄之啜粥，然亦不违居丧之礼也。匆此布复，顺候冬安。

弟克明敬上 一月十日

闻渊雷丁母忧

白发故人废蓼莪，临风我亦发悲歌。平生未遂登堂歎，深觉英豪负疚多。

词色同钦滂母贤，长悲孤子业堪传。龙舒地下相逢日，莫更含辛话昔年。

草罢哀词一拊膺，病骸瘦瘠感难胜。一江恍隔蓬山远，徐孺生刍恨未能。

[illegible]

[illegible]

渊雷吾兄：拙作设易数字，深入肯綮，谨以谢之，并迭字的
老去耽吟不觉迟，能安一字子光知。出何典记是嘲寝能诗师承
匡鼎诗总庄谐，宁有意郊寒岛瘦式，同友羲炉火工
夫到抽丝缠绵尔也丝
闰端午二叠前韵
榴火今年照眼迟，枝头花信报人知。流风远韵怀沙赋，青草黄
梅绮忆诗楚文统难，邪气辟，饭蔬犹可酬胜友，儿童更喜渡
端午重舒缠简五采丝
题实庵三叠前韵
傍山有水宋楼迟，乐度旁人谁得知。密规窗一缕同阅去时二
仲芳谈诗开晓窗，栖迟风入楼间园笆仗竹支，净涤心胸
捷阁坐了无去缘无来然（米子诗云：从来缘去）
崖楼后欣已迁迟，猿鹤往来不我知。随分可舒安乐法，抒怀聊
赋建阳诗，饼书诗趣心无竟，坐月忘眠力不支，堪笑晨翁眼难
嚼山肴野蔌，切成丝

装 订 线

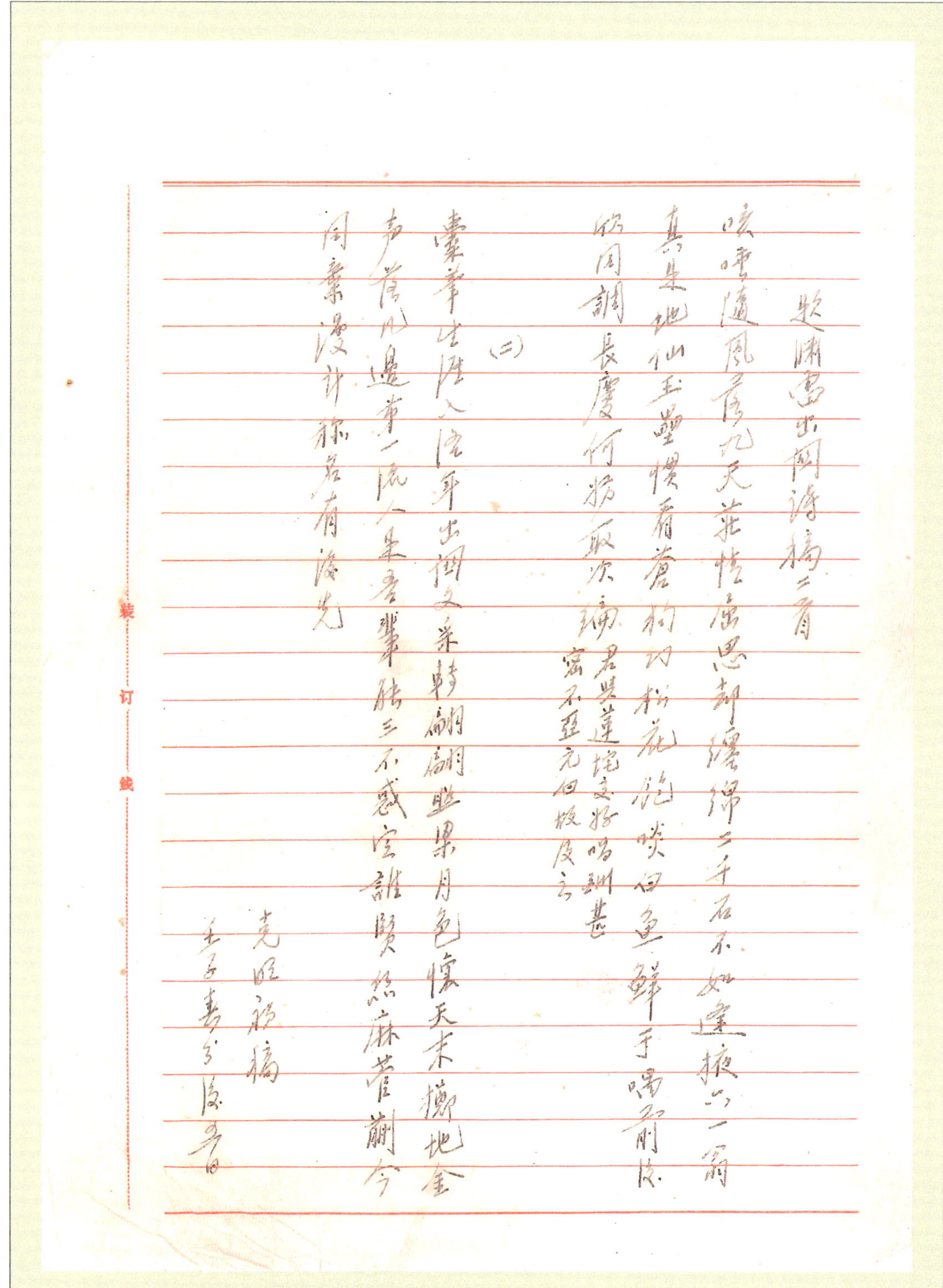

蘇淵雷出関詩稿二首

喚啞隨風落九天，花情屈思都纏綿。三千石不如塗抹，六一翁真是地仙。玉壘慣看蒼狗幻，梅花能喚白魚鮮。手寫前修收同調，長慶何妨取次編。君與蓮塘交好唱酬甚密，不亞元白，故及之。

(二)

囊筆生涯入海年，出関文采轉翩翩。照梁月色懷天末，擲地金聲落几邊。第一流人生吾輩，勝三不惑空誰賢。紛麻荒蘭今同業，漫計聲名有後先。

克旺敬稿

壬子春節後五日

装 订 线

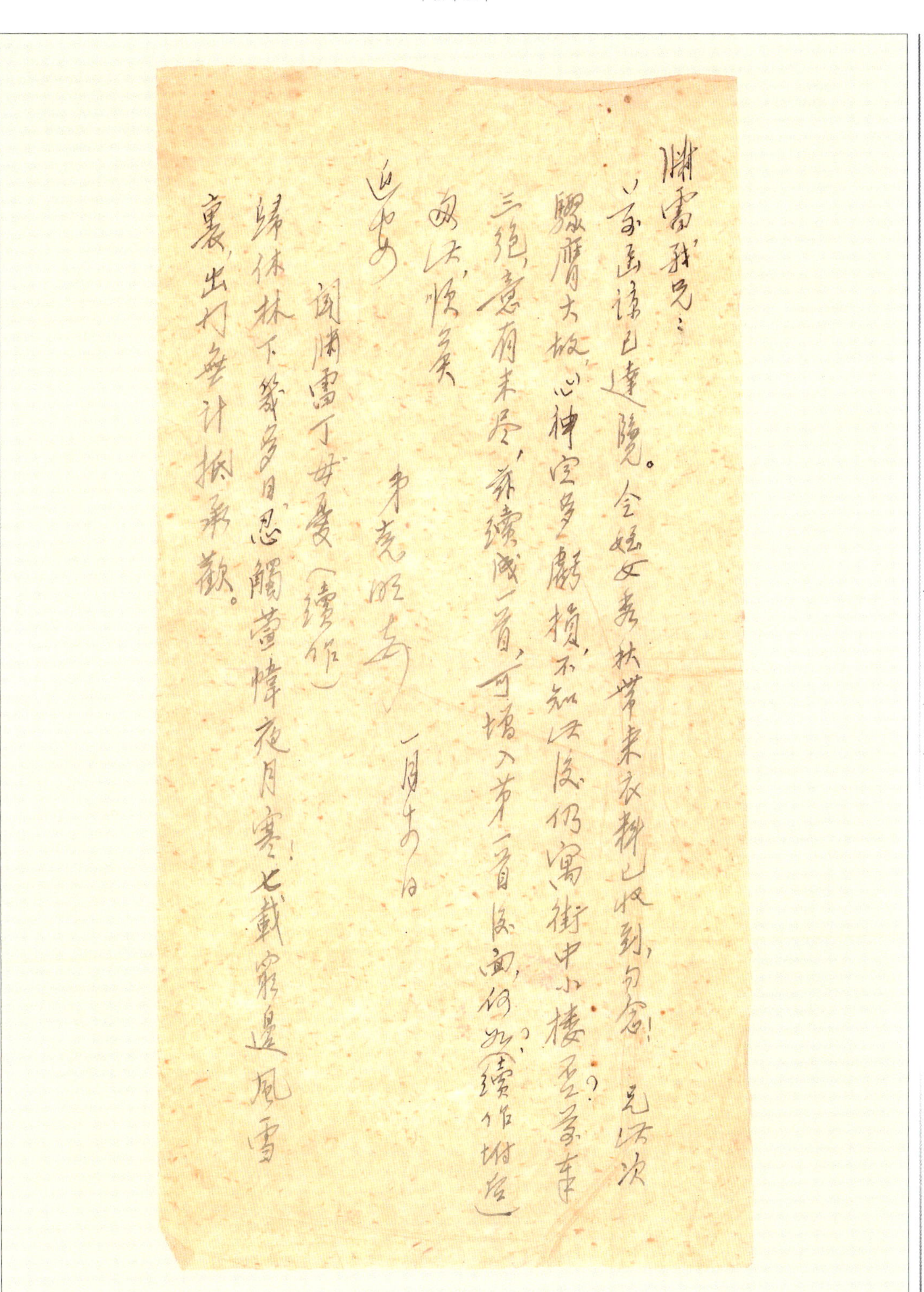

渊雷我兄：

前函谅已达览。令媛女秀秋带来衣料已收到，多谢！兄此次骤膺大故，心神定多戚损，不知此后仍寓街中小楼否？前奉来三绝，意有未尽，兹续成一首，可增入第一首后面，何如？（续作附后）匆此，顺候

近安

弟克明上　一月十四日

闻渊雷丁母忧（续作）

归休林下几多日，忽触萱帏夜月寒！七载穷边风雪里，出门无计报承欢。

渊雷吾兄大鉴：晤桂常兄，为言吾兄现任本市高校要职，闻甚喜。吾兄狱中读易十载，并颖维阐，以不谈政治为健，鹤向秋神情自异。弟因心仪已久，惟与吾兄分后，弟即于戎马抢攘中幽忧以老，白发颓然，生黄鹰而复面意。吾兄见之，必斥为时代渣滓无疑。用此遂迟迟未敢趋候。最近新春东北为期，为老友来沪匝月，既不便久溷伯通庑下而宁家四壁，仅存篇书，赋归亦大是难事。进退维谷，万策莫于怀，往涸辙鲋矣，亟望斗升之水活我眼前，不啻吾兄能为仓卒谋之否？至他日思鱼思车，聒歌不息，吾兄亦早在弟料具中可章。专注勿复，寄复礼候

大安

弟 黄云眉手启 四月二十日

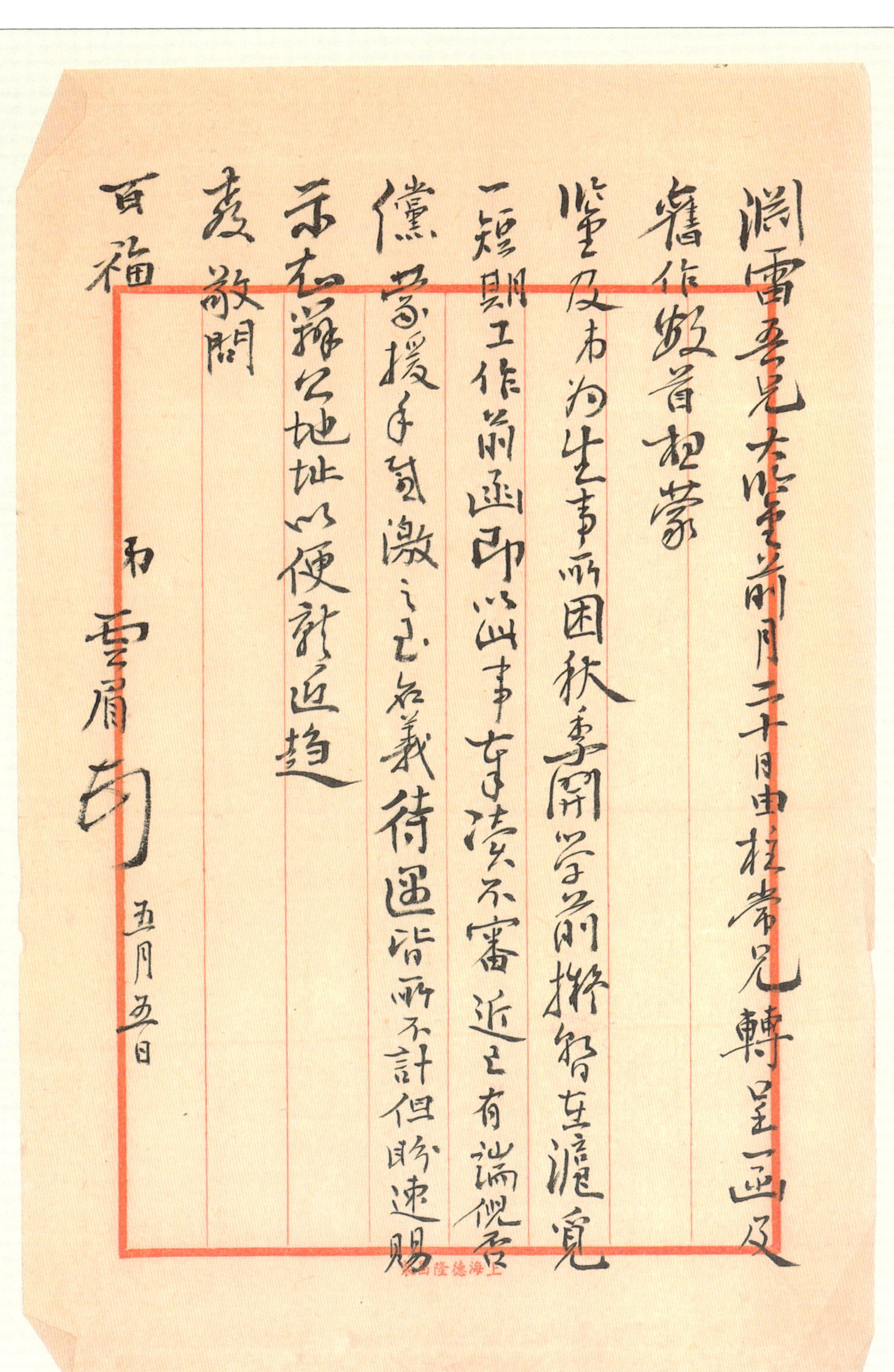
淵雷吾兄大鑒：前月二十日由柱常兄轉呈一函及
舊作數首，想蒙
鑒及。弟為生事所困，秋季開學前擬赴滬覓
一短期工作，前函即以此事奉瀆，不審近已有端倪否？
儻蒙援手，感激之至。名義待遇皆所不計，但盼速賜
示知辦公地址，以便就近趨
教。敬問
百福

弟雲眉頓
五月五日

兄革命銳進之士，而作書居然[illegible]章[illegible]遺[illegible]之遺宿居於室
以供老輩操一節，抱殘守缺，求無希冀，自不獲以榮尊朱，乃
可相忘於江湖耳。此吾
兄鍾摯所存，足與文約文粹相證，然後此可以推觀吾之生不害吾
兄以為然否？若弟諒吾兄既有性又少可容，樓居雲艇往來無礙
居今之世，皆安隱而不求華藉，日並命可逭，弟必以吾
兄為弟之米，即林矣。一笑。敬候
台祉
弟 黄雲眉 頓首 三月九日

渊雷吾兄大鉴：上月奉謁 尊寓，承
賢伉儷煮茗烹魚，舉杯款曲，又為邀集詩人 蓮垞先生
同賞，武老投贈金玉於嘉木亭石之間，故誼清懽，兩不易得。
武之華、亦壁上高張，竟無先生之書，又令我恍惚二十年前
之親徵撫媚，更為神移久之。歸後挾 尊著文鈔、尊選
文粹新刊燈下細讀，一則新義繽紛，一則取舍愜心，既信
真學患于以培長學問，由此見吾

渊雷吾兄：

赴北京開會半月，昨始回校，乃讀手札及大著二種，甚喜甚喜。吾兄講授之餘，從事於中國文學名著介紹，在今日實為重要工作。兩書導之分析精當，尤所佩服。雲眉譾陋，愧無謂矣。稱譽真深，恐排印誤，則僅以完璧另郵寄還，仍盼改版後惠賜為幸。頃於報上尊文，惜未曾從容再檢讀。雲眉現代理山大歷史系主任職，以從未習行政工作，倍感忙迫，久勞注念，每每復此，不具縷縷，并頌儒祺。

弟黃雲眉謹上

八月二十日

黄雲眉 師兆 年五十三

曾任浙江省立寧波中學南京市立第二中學教員

金陵大學中國文化研究所研究員世界書局

編輯金陵大學滬江大學上海臨時大學無

錫國學專修學校新中國法商學院等文

史教授

著有古今偽書考補證邵二雲年譜 並金陵大學出版

明史考證 約五十萬言在著述中 及其他史學論文數十萬言

通訊處上海天津路以號惠中銀行黄先中君轉

上海德隆昌製

黄雲眉　餘姚籍

曾任金陵大学中國文化研究所研究員世界
書局編輯及金陵大学滬江大学無錫國学專
修学校上海臨時大学新中國法商学院等文
史教授
著有古今偽書考補證邵二雲年譜（並金陵大学出版）
及各学報上發表史学論文數十萬言文明史考
證約五六十萬言在〻著作中
現在通訊處　上海天津路六六號惠中銀行黄
先中君轉

上海德隆昌製

解放前舊作呈正

讀史書感　劉季溺儒冠終能尊孔氏叔孫弄綿蕞諸生解翩仕
必也正名乎我正為天子高坐長樂宮何人敢平視千載嗟先聖大
盜會不止辛勤筆削功代爲作鞭箠　嶽嶽漢三君朗朗及與顧
標榜來絕異相視被禁錮誅鋤實邦楨城社所憑附狐鼠爭毀
之抵死曾無悟為政貴周諮安能莫予迕慎勿舉黨人君投黃
河汙　陳東在太學低昂家國事上書宣德門其氣若秋鷙
李綱竟不留黃汪皆竊伺可憐諤諤士終向市朝肆前修亦有
言焚阬趙橫議何代無祖龍口舌最難忌　分宜事君久老作
無告民當其炙手日黔頭稱世珍嘉定傾所蓄獻賊以贖身
當其謝餉日懿戚又何負饕餮之怪豬腹旦夕且肥人家國方殷事
依然金谷春　人情於富厚不學而俱欲相什便卑下千役萬
則僕史遷豈好貨此語由深觸素封總華腴實以府怨毒朱公
散其金貧疏俱敦篤哀哉龔劉徒罔利無厭足

與畏壘無雅戊子十一月十三日聞其以安眠藥自裁又聞其葬杭州南山九溪十八澗之徐村蓋即生前所購地擬築居不果其因悼之以詩

半世磨人墨一丘書生孤憤慣東流艱難出此竟誰使謹厚如公非自由城下不聞南八死閣中祇見暮三謀千回百折燈前意慚愧當年辟穀侯　豈惟吾黨悼元瑜兼為江山一影吁雙陸何人先勝子六龍有夢總枯株角中風雨秋如席車後文章老尚奴蜀洛驟難聊作餞吟魂今乃住西湖

和曼殊四支詞並以解之

重重樓閣燈枝廿四橋邊月上遶羅帳回春影舊夢玉笙入夜鬥新詞如花眷屬香車過中酒江湖翠袖支容易風懷當處魄十年始惹妝之麼

閒庭風雨打花枝有客淒淒依枕遲春影一方盦似海夜愁千疊淚和詞亂翻泊力渾難任微度琴心更不支索所知音列紅粉才人自古可憐麼

寒夾奇葩折筆枝高名換得是淹遲豈知歷盡嶔崎意并作芊綿悱惻詞月波風微雙影接鬟香顏賦一襟支書生綺事遭天忌敢向黃衫苦訴麼

一曲闌干一柳枝依依碧雲步迴遲古今自續蒼茫恨兒女平添缺陷詞並子危來風不定桃花引去水無支示君玉玦君休怯慧劍如霜好快麼

黃雲眉　半坡舊稿

上海德隆昌製

咏先鸜鵒澄泥硯次沐範韻

黄雲眉半坡舊稿

吾頭可斷志不奪，鸜鵒儒者律行乃白雲莊上燈火熒，許老呼酒艾復沽，從此身為無土蘭，獨往獨來非故山，山中荒荒白日向，抵死仍漱嶙嶙石，磨市賣帆帽裳紙，誰識包身肝膽赤，可憐帝王隨尾花，先生遺物出海涯，石函文字埋空芒失，彼得此擬洛嗟，宋顛能評古好硯，曾誇斯硯是極選，百年泥澄汾河底，蛟龍護之停鬥戰，吁嗟乎山寨邕邕接翁洲，君臣雨泣天風秋，往事如夢忍回頭，忍回頭望故浦，胡馬又來牧吾土，華匱十重何須藏，會當艸檄振義鼓

遊茅山用鍾伯敬韻

胡馬從東來，衣冠颯以替，山水俱蒙垢，何心敦夙契，春中遊句曲，一峯當初霽，仙翠蔭疲襟，冥想忽焉厲，豈彼陶通明，尚在窈窕際，吾欲從之游，百感隨形蜕，佇足望白雲，冉冉洞門閉

贈杜叟

滿天絃管不知晨，昨日征衣淚尚新，一例枯槐溫短夢，白頭愁煞有心人

上海德隆昌製

讀史書感　黄雲眉半坡舊稿

劉季溺儒冠終能尊孔氏叔孫弄綿蕞諸生駢翩仕必也正名
乎我乃為天子高坐長樂宫何人敢平視千載嗟先聖大盜竟不
止辛勤筆削功代尒作鞭箠　嶽嶽漢三君朗朗及与顧標
榜未能奪相視被禁錮詵詵賢實邦楨城社所凴附狐鼠爭毁之
抵死曾無悟為政貴周諮安能莫予迕慎勿舉黨人盡投黄河
污陳東在太學低昂家國事上書宣德門其氣若秋鷹李
綱竟不留黄汪若窺伺可憐謗謗者終向市朝肆前修亦有
言焚阬起横議何代無祖龍口舌最難忌　分宜為君久老作無
告民當其炙手日數頭稀世珍嘉定見閹李傾蓄以贖身當
其謝餉日懿戚又何貪饕饕怪豨腹旦夕且肥人家國方殷事依
然金谷春　人情於富厚不学而俱欲相什便卑下千役萬則
僕史遷豈好貨此語由深觸素封遂華腴實以府怨毒朱公散
其金貧疏俱敦篤哀哉龔鄧徒罔利無厭足

上海德隆昌製

与畏壘吾雅戊子十一月十三日聞其以安眠藥自裁

悼之以詩

半世磨人墨一丘書生孤憤慣東流艱難到此

竟誰使謹厚如公非自由城下不聞南八死閣中祗

見暮三謀千回百折惟前意慚愧當年辟穀侯

豈惟異物悼元瑜莫為江山一歎吁雙陸何人先

饒子六經有夢總枯株角巾風雨秋如席身後

文章老尚奴窮活驚鷄聊作餞羈魂今乃住西湖

畏壘初擇地杭州南山九溪十八澗之徐村擬築居不果今

即葬於此

杭州市作家协会

苏老：

昨日交谈，承蒙教诲，受益匪浅。现遵嘱将采访提要录如下，望百忙中给以帮助。再谢！谨祝

健康长寿！

杭州市作协 黄仁柯

92.3.30.

又：最近八个月，我集中采写陆军监狱一书，回函请径寄家中：

310004 杭州市刀茅巷176#-303室

杭州市

采访

1. 在陆军监狱，对您最
主要的性格特征是什

2. 在陆军监狱的斗争中

3. 在陆军监狱，您最
根源是什么？是您看

4. 在陆军监狱的艰难岁
了一个插描后，您有

5. 烈士们英勇顽强视
是什么？

6. 在您的经历中，陆军
何是何反面的？

7. 在陆军监狱的政治犯
来的发展方向如何？

8. 敌人一共派遣过几
们如何与特务进行

家协会

……是那些烈士？他们最……

……纪念的是那些事？

……？最想念的是什么？最痛……

……最遗憾的是什么？

……的收获是什么？当烈士们……

……认为支撑他们的精神力量……

……了几个叛徒？他们是如……

……消极悲观的人？他们后……

……是如何被我们发觉的？我……

杭州市作家协会

9. 叶天底患麻疯病，具体情况若何？他的爱情故事所闻甚多，不知到底怎样？

10. 钱阿桂、蔡铮的具体情况如何？

11. 李求仁、向宗楷曾称石天柱，石天柱是什么样的人物？他的家庭、婚姻情况如何？他有没有亲人在世？

12. 陆军监狱中关押了17名女犯，她们的具体情况如何？在陆军监狱，有没有谈恋爱的？

13. 陆军监狱的监狱长、看守、狱吏中，您有没有对之印象比较深刻的？他们的具体情况（性格、脾气、嗜好等）如何？

14. 温州1931.1月发生了我党准备劫持“小广济”号轮的事，具体情况可闻否？

15. 您觉得描写狱中斗争的这本书应该赋予那些方面的哲学思辨？

16. 您自己的情况（包括您在狱中所遇到的难忘的细节、小事和您出狱后的情况、爱情、婚姻、事业等）和现在的思考。

有如是之全也！

「無題」卷有有義山題遺山

兩絕，拟求先生墨書兩幅，又書

名題簽，冀亦一併賜與。

後學淺薄之極，是册不足道，

但借先生墨以傳。

向師母問好，並祝

撰安

後學　黃世中

通訊處：溫州第六中學

蘇先生：

舊曆年內到先生府上，承熱情接談並惠墨竹一幅以賜，甚感！

「李商隱」「無題」詩校注、箋評，豫章書社初步決定採用。二月廿七日函索全稿，彼未刻印，故把全部手稿寄去，約二十萬字。

復旦一講師言談我曰：温州有三絕：先生之詩，夏之詞，王之曲。可見學術界對先生極為推崇。

實則先生詩文、書畫，無所

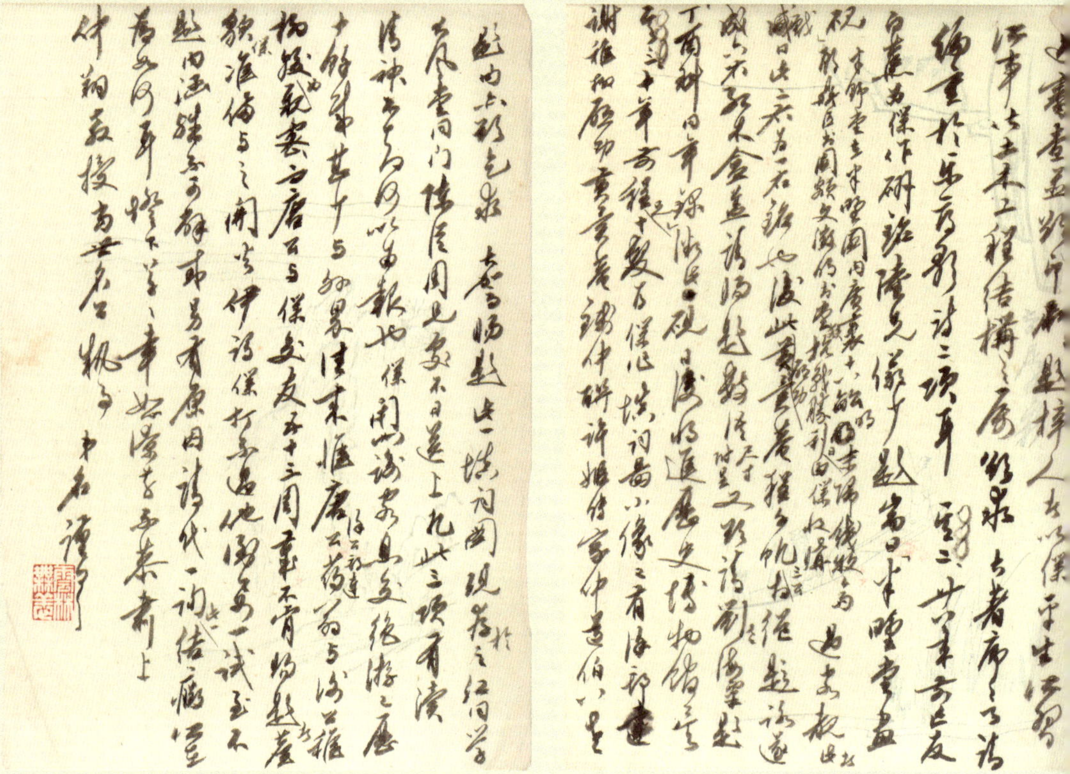

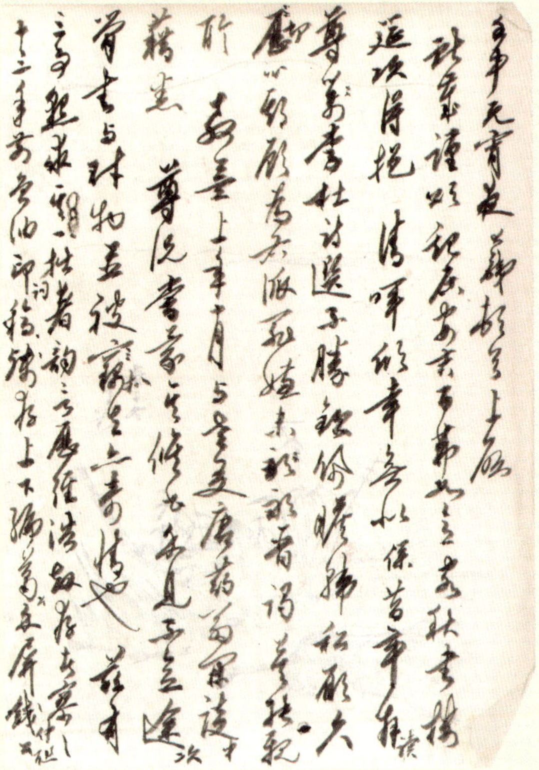

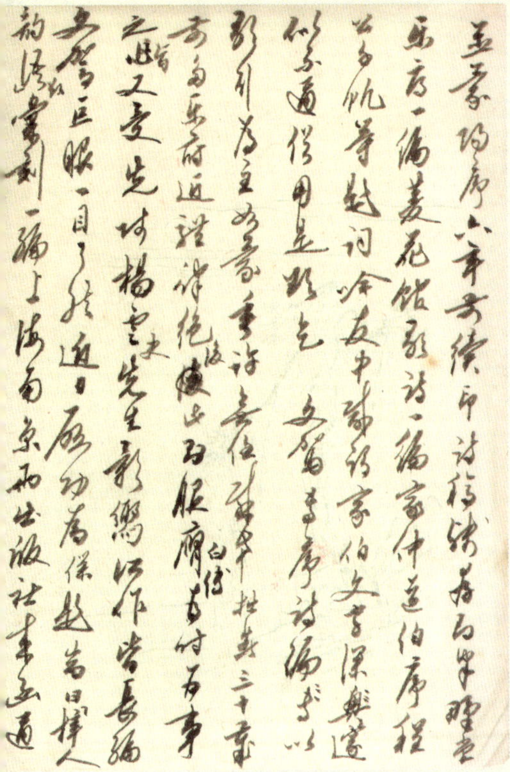

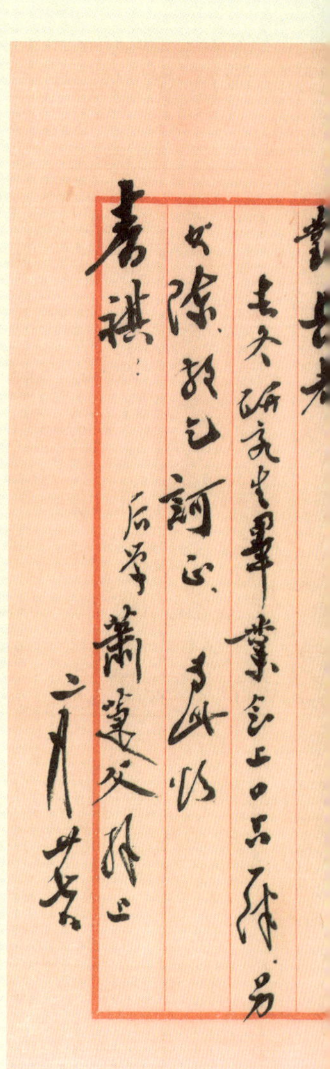

去冬研究生畢業會上口占絕句，另
以陳拙句，訶正。
書祺
後學 蕭萐父 拜上
二月廿六

甲子之冬，八之夜研究生畢業
答辯之餘詩以賀之
彈指之于抖擻勤，筆當風
雨任其聲。攀峰字墨崎嶇
路，入世休吟杜濼行。海底驪珠
偏似浪，火中鳴鳳最多情。送
吳者自甚邊返，大鵬遊絕塵
勝后生。 萐稿于滬寓

渊雷老师道席：

虞寿神彩，伏维新春多福，安健为祷！

承惠赐示拱师译诗、长沙小麦、钵翁近句廿大作，均已拜读，正为喜慰！尤其惠赐法书和此公老师韵诗之幅，嶙峋风骨，穷究神思，堪称两绝！讽诵再四，铭传将録。一句三四以似此之句

更妙。所附中张蒙先生、刘石陈惭愧之至。借此在未都读中学時即拜读老师「钵水斋文集」，深受

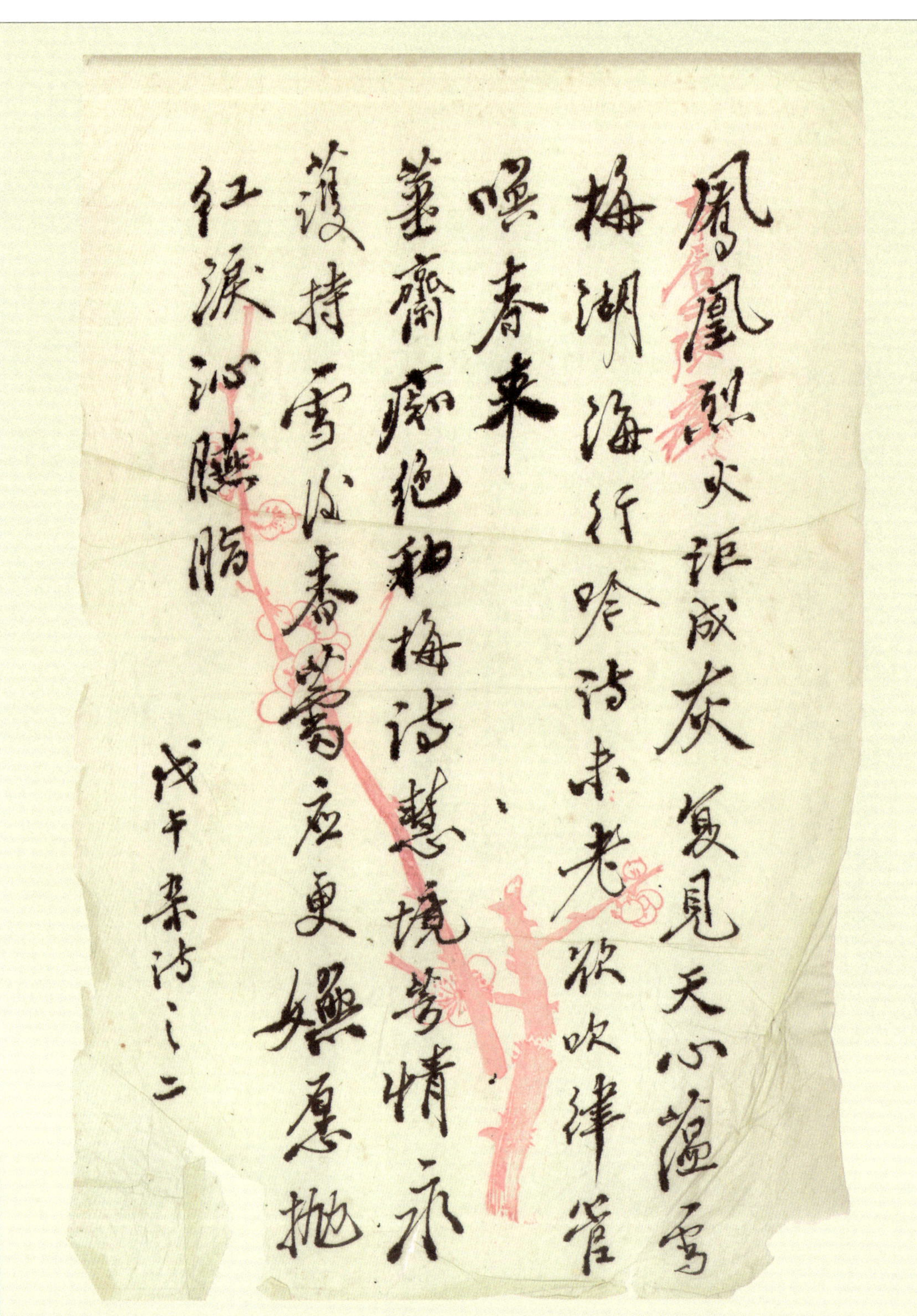

鳳凰烈火詎成灰，復見天心溫雪梅。湖海行吟詩未老，欲吹律管喚春來。

蕙齋癡絕和梅詩，慧境芳情亦護持。雪後春蕾應更嫩，愿拋紅淚沁臙脂。

戊午來詩之二

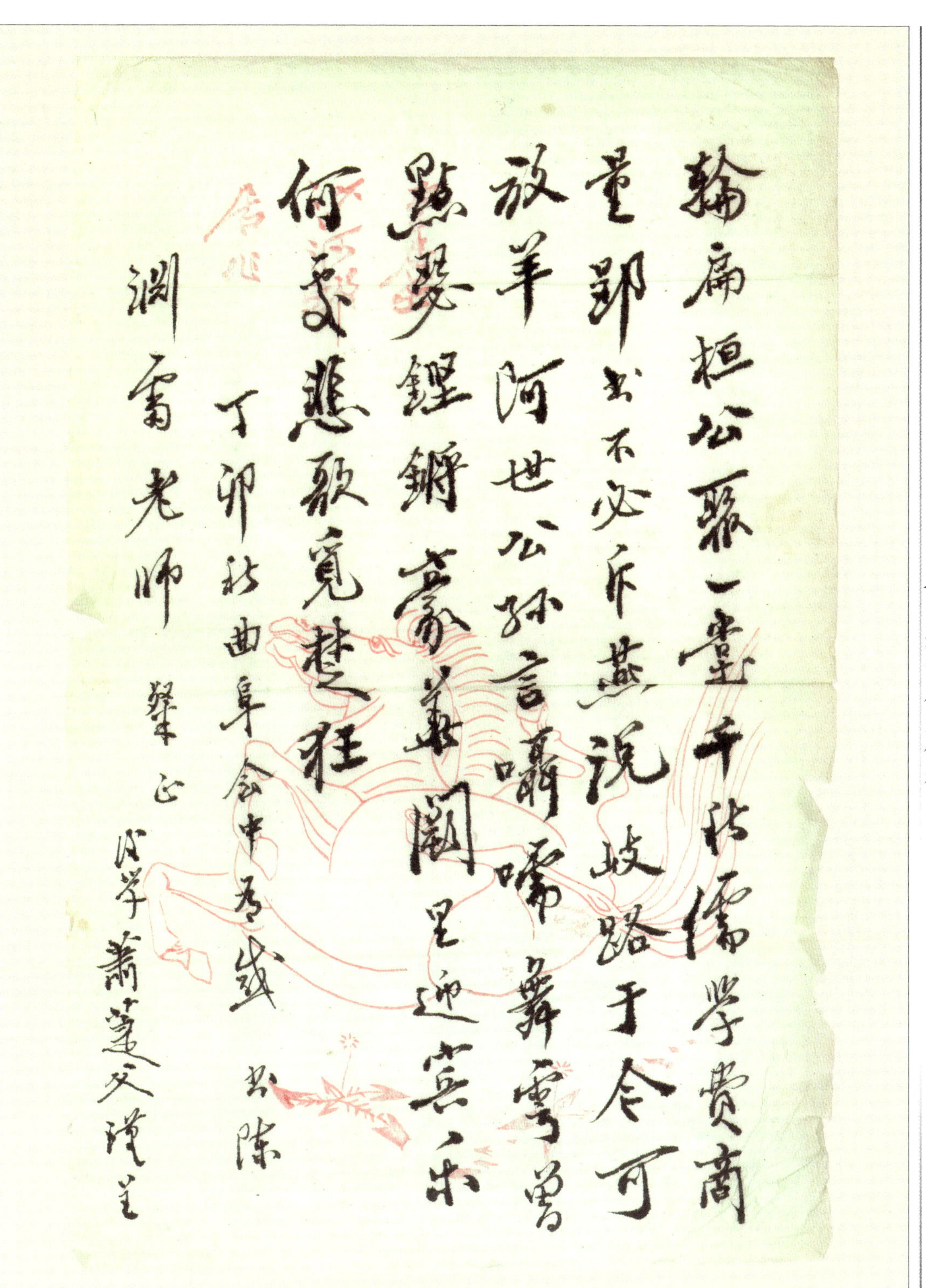

輪扁桓公聚一堂，千秋儒学貴商量。郢书不必斥燕説，歧路于今可放羊。阿世公孫言嚄唶，舞雩曾點瑟鏗鏘。豪華闕里迎賓來，何處悲歌覓楚狂。

丁卯秋曲阜會中有感 书陳

淵雷老师 粲正

後学 蕭萐父 謹呈

渊雷老师道席：

以再赴德讲学，有幸仍在马翁燕妮故乡寄居三月，倒是怀古，足慰平生。五月杪返汉，始得读手书及惠赐墨宝，拜读再三，不胜心感！尤其写张船山诗之梅幅，潇洒之境，令人心醉神移，当什袭珍存，传之久远。老师冥不合代有兴会之作，近作惠赐，悟风停光，殊觉依依！

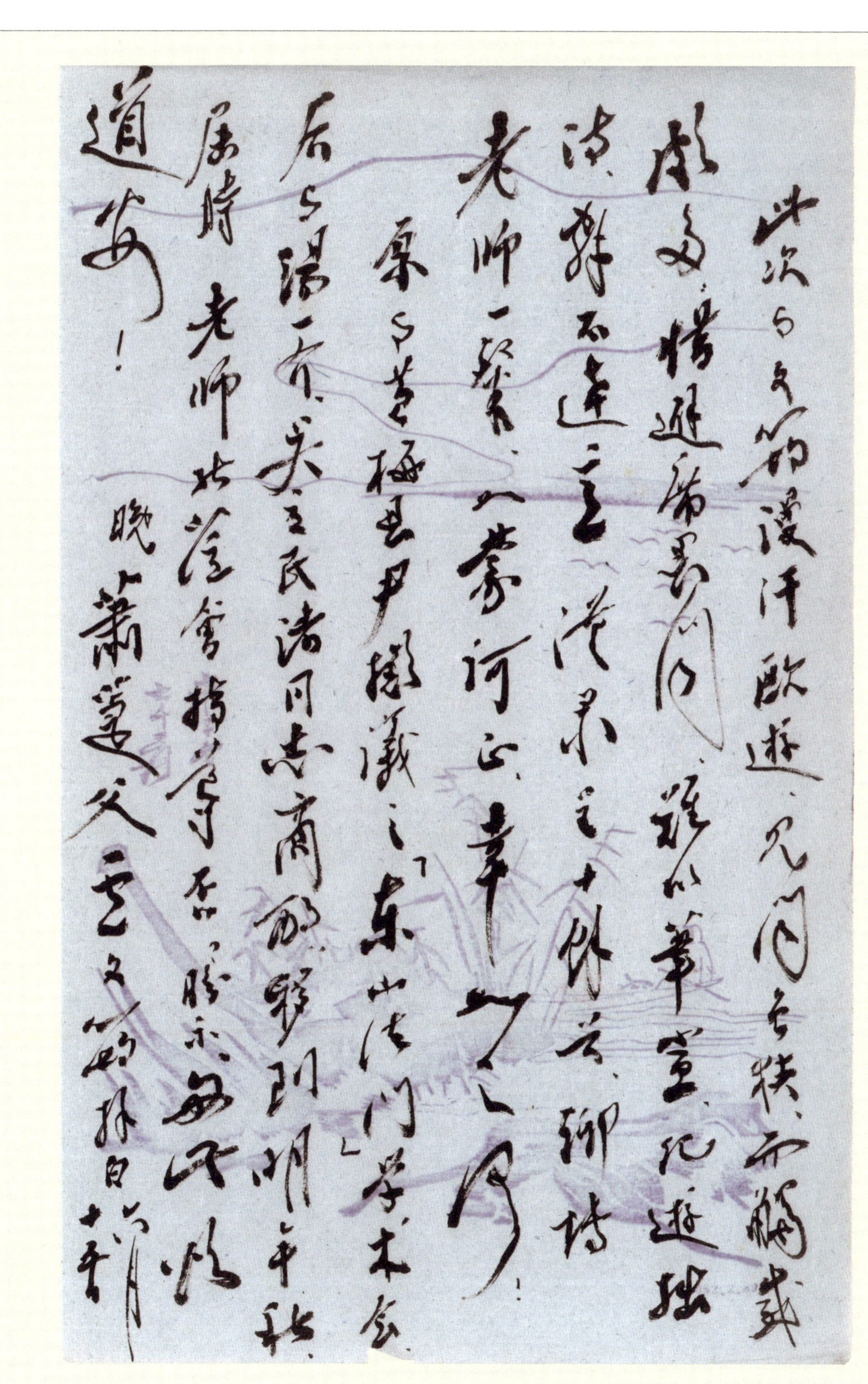

此次与筠漫汗欧游，见闻[illegible]，而[illegible]情逍遥[illegible]。谨以草堂记游拙诗、辞不达意之[illegible]十余首，聊博
老师一粲，以求诃正，幸[illegible]！
原与黄梅县尹协议之东山法门学术会，后与[illegible]、吴立民诸同志商酌，拟明年中秋
届时
老师能否莅会指导否？盼示！[illegible]
道安！
晚 萧萐父 [illegible] 拜白 [illegible]

新未正式命名。我想，不用切亭名，適用的倒可以，先生是否能拟
楹写几联呢？這里主要築是吴山阁的整修，明年才能动工，中共一长
联，那时能先生写最。蒲门城是明初信国公汤和负责建的，至
今已六百年，在浙江省是现存最完整的一座抗倭城堡了，因此定
为省文保单位。正开始修建。原东门上有一石刻匾额，书暘谷流
辉四字，现已不存。修复城堡负责人托我请先生重写这四字。
东门修建差不多了，这件石刻很需要安上，请早些快写好寄来。
请写在宣纸上后署名盖印章，如书房用的小横幅，他们要准备
文物保存的。刻石时先按匾额大小，再将笔放大。
今年是苍南革命根据地建立六十周年，可能今秋下旬召开，预要暂定十月
份召开纪念大会。那时定邀请先生参加。现在我们正编写党和组织史，
其中有我县最早党员一项，我县最早党员之一有王国桢、张
括等人，[illegible]党年月都不可考，可能都在26年冬。陈式纯是26年
十一月在平阳入党。朱宗先生在温州中国特党在哪一年，如果是在26年，
那他是最早的一人了。又上述诸人除陈式纯外，其它都参加[illegible]，谁介
绍，也请先生回忆一下，一并告诉我。我们还搞了一个小册子，一个展览室，
还没资料都用上的。

专此 即请

撰安

师母均安

萧耘春 上
七月二十一日

亭子楹联宽20公分，长一米四十

苏先生：好几个月没有给先生写信，想一切都好。今年是先生八十大寿，苍南、平阳的朋友们商定要为先生祝寿，前曾托孙悠兄代表我们写信，又托镇波兄代表我们去见先生，并请先生于今年要回苍南、平阳一趟。这是我们的心意。

苍南县三届政协已开过，我当选为常委，“文史”工作委员会主任，今年年底若要出版《苍南文史资料》第三辑，现在开始约稿。我在党史办工作已二年多，知道第一次国内革命战争时期的史料非常少，亲历尚健在的人，先生已硕果仅存了。这部分的史料如写出来，是极为宝贵的。请先生写一份回忆录，内容是：家庭——读书——五四运动在金乡——组织抗日救国会——参加温独支——参加全国学生代表大会——温州的学生运动——四一二反革命政变后——狱中著述等等。写得越详细，越长越好，数万字也不嫌长。张刚之先生写的《五四运动在金乡》，发表在《苍南文史资料》第一辑上，先生如没有这本书，我可找一份寄去参考。这一期《文史资料》也是我负责编的，心想若是编得好些，以后有价值的稿件，请给予支持。稿件寄来在十月前寄来，时间可宽一些，未知是否可能，请早日告诉我，使我心中有数。

灵溪镇集资在灵溪山建造人民公园，一年来已建成门台、会议门、秀晖亭（暂名）、石径等，尚有六个亭、一个灵山阁，正在建造或列入明年计划。按草长溪先说，人民公园的字要请先生转请赵朴初先生来写，但这四字已请林剑丹同志写好，不用再写了。公园负责人说要请先生撰写楹联，但七个亭子除陶然亭，这是一个专为户女次二方象之建造的外，其他淵雷吾兄道席：

前上蕪箋並附拙作《敝帚集》壹冊（忘未將多集加入），以答雅意，頃復奉大著《鉢水齋選集》壹冊，欣感莫名。拜讀再四，深佩吾兄既為當代文苑奇葩，亦屬藝壇巨擘，二者俱足千秋矣。欣賞之餘，憶及昔年往事，依稀如昨，時覺悵然，特率爾操觚，以博一粲。詩曰：

劫來傑著致迢迢，歲月停雲慰寂寥。
盛意交情超海嶠，高才篇什勝瓊瑤。
亂離方覺鄉思切，久滯何堪客夢遙。
待得明朝歡聚日，拚將一醉玩詩瓢。

茲再檢奉拙作《土地問題論文集》壹冊，其中歷述土地改革思想過程，聊供參考，一併寄呈指正是幸。耑覆，並頌

時綏

弟 蕭錚 謹啓

七十九年七月廿七日

青萍用箋

温州市立图书馆

第　号　第　页

渊雷先生文驾莅里，弟适赴甬参观，不及先晤，归后又值民革开会学习，致又一次相左。惠书敬悉。华侨旅馆先生已于一日前赴申矣。三年不见，遐想怅惘之极。承示大著三首，悱恻缠绵，琼楼玉宇，益足披心思，爱黄州之论广南之胜，不愧为先生写照也。闻花江白鱼风味绝佳，亦当更于海棠节中放载尝校。征求图书文物已蒙介绍，得以继出，亦承乡人高有小郑所藏书之刘氏嘉业堂丛刻、[illegible]刻、陶风楼丛书等也，未有充藏，拟到某此后与当道

公曆　年　月　日

温州市立圖書館

第　號第　頁

館中借去書李詩遺集八冊承還翁山詩外本十八冊除還八冊尚闕四冊請再檢尋勿致散失又前借出錄話水雲樓詞稿二冊請一併寄下爲近爲浙館編目文學一類因在年前可以印成史地一類亦著手過半惟該館藏古籍複本過多難覓人望來此方面近人印刻及偽滿史料閱錄尤有所見明爲收檢在某處有學常在此間爲稀見也貴館書換均可寄備公思借公在鑄以等況不常睹聯堂特呈述尊現擬檢給之惠寄忽無球

頌安

弟梅冷生上　九月五日

公曆一九五九年九月五日

來有宋人千首絕句選二冊與館書寄給與北書并寄還

渊雷吾兄：

前奉诗简，每兄未复，至歉。年来季子继傳经多暇，江山须识归三复，佳句无限低徊。温州手臘承寄下，瑞雪迎春，兴居佳胜，以新吟赐读。

接诵想纸帐学习进程如何如何？好在念中。嘉业堂附飘楼丛书之帙早已检出，驱蠹转寄，最近度于遂办。

陈守庸先生常嘱温市政协优礼有加，暂不迁居。陈仲陶兄仍在工厂任常务，有适及往怅无之一方，不能聚首，候尊耳。晨兴草此，顺颂

大安

弟梅冷生

60.2.8.

温州市圖書館用箋

渊雷先生前來一緘並附呈小詞乞教想蒙察收分堪足最近專履安已暌及籌館籌办中國文学講座有地方首長以下主持新學局為了加強風氣一振春假期内擬請外地名教授一來賢韓足亦有允意但要請到足能為擔任楚辭一課更將時望或代請徐賢宇先生同於雁蕩風便講一課川資宿均可由館招待此亦大事因緣非易知徹君不能我也附後千萬餘由別紙續要陳匆頌

著安

弟梅雨清上

二月六日

温州市滄河巷16號：电話號碼一〇三二號

渊雷吾兄：

久未通矣，至深驰企。宇角先生回温，想已转陈。鄙状乃身心俱泰，差堪告慰。遥念起居，定多佳胜。寒假能一归否？此间古典文学备尝缺，亟待一保继者。拾任以偿之。前借寄之书仍可下榻也。年内清理借出古籍，还兄处一部分，并能交路局运回最好。并恳检分年所得近刊见赐。宋平子遗著弟拟整理一帙，再由兄作序，交出版社即付。现已得友人若干手。匆颂

著安

弟梅雨清上 十二月十日

听鹂馆人现状何若？仍任原职否？

蝶戀花　乙未清明日訪
淵雷道兄復園中海棠盛開吟賞久之漫
成此闋录俟　誨定　並遲　珠玉
雨過霞烘香影亂薜荔墻高還比花身短
紅幙一樓春意滿銷魂最是斜陽晚　徙倚
回廊風正暖如此芳時如此閑庭院有約不來
人漸懶　謂石公　甚時銀燭和君翦
鶴孫初稿

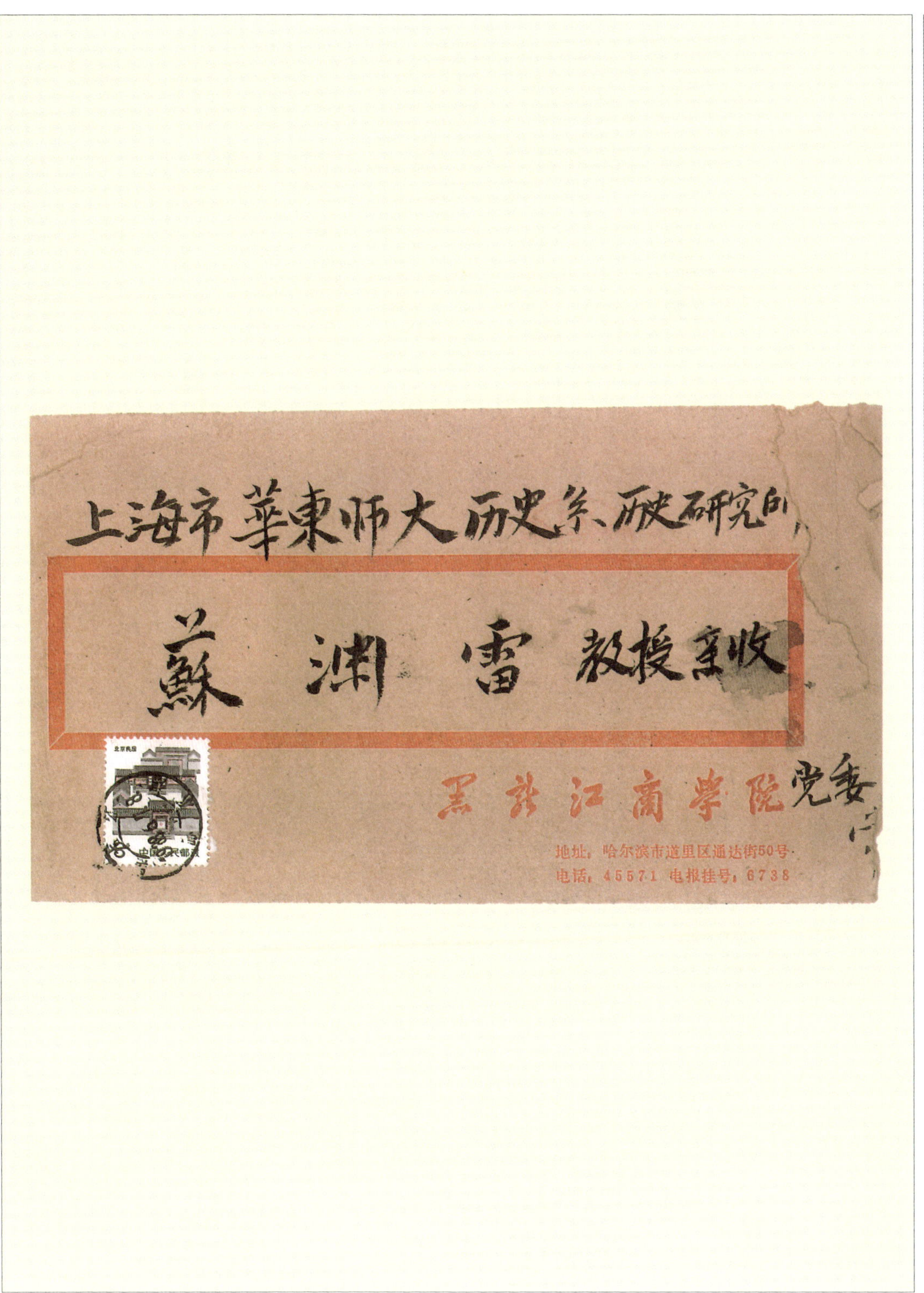
上海市華東师大历史系、历史研究所
蘇渊雷教授亲收
黑龍江商學院党委
地址：哈尔滨市道里区通达街50号
电话：45571 电报挂号：6738

黑龙江商学院稿纸

多发一个月工资。你的历史情况，参加革命在大革命前，是建党时期的老一代革命家了。中间虽有间断，亦非个人责任。总而论之，办离休应不成问题。一定要把每个历史阶段的证据搞确实。有什么困难，望来信联系。听说你还要来哈师大讲学访问老友，哈师大历史系以及我个人都是非常欢迎的。我还住师院内故居，一切尚好。还常跑商学院办公室去看看。

我望您有暇写字留念。

顺致

敬礼

杰民

一九八二年六月六日

14×18=252　　第　页

黑龙江商学院稿纸

渊雷兄鉴：

您好！全家都好！前天刘金礼同志送来〃为落实政策准予离休的申请报告〃，我十分同情。需我在哈师院期间所证明的，一定如实认真的去做。

我认为要首先肯定建国前参加革命工作这个大前提，就能办离休；二要肯定抗战期间的革命活动，离休后发一个半月的工资；三要肯定抗战前的革命活动，还可多发二个月工资。和是一九三八年二月参加革命工作，每年多发一个半月工资。一九四二年后至一九四五年九月三日工作期间，每年

14×18＝252　第　页

得馬一浮八十壽存詩郵寄
以年來始滿過二屬潑軀之近
生知聖還多未見書携謙符
易象大智仰真如海內文章
歌爲名仗一呼
浮之適西湖蔣莊校贈馬蠲
叟詩同作一首
舊日安昌客新來謁大儒
李長真老輩屠事本安居
天上星初聚人間德不孤
斯文知壺否卣卜在西湖
壬寅中秋

生知聖還多未見書携謙符
易象大智仰真如海內文章
歌爲名仗一呼
浮之適西湖蔣莊校贈馬蠲
叟詩同作一首
舊日安昌客新來謁大儒
李長真老輩屠事本安居
天上星初聚人間德不孤
斯文知壺否卣卜在西湖
壬寅中秋
士釗録稿

舊詩不意尋檢出寄一閱並遞淵雷先生
桐候 戊申二月

仲翔夫子尊前：奉

鈞諭，深用皇恐。不言為弟子瑣屑累吾

師冒寒奔走，曷勝疚愧。所擬三項交售辦法

俱極優惠，已轉知玄德兄，渠亦感荷不置。一切

尚請

裁定。茲值開學，以校務所羈，不克趨前，敬備

寸緘奉陳，伏維

鑒宥。耑肅恭頌

大安

弟子 汝奭 敬上 二月二十二日夜

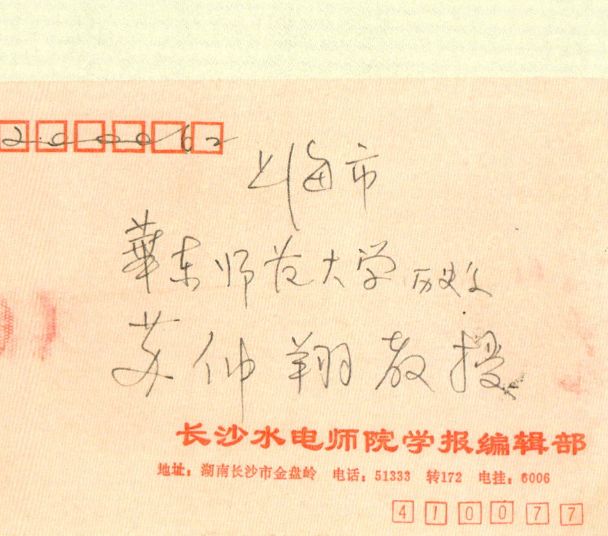

上海市
華东师范大学 历史系
苏仲翔教授
长沙水电师院学报编辑部
地址：湖南长沙市金盘岭 电话：51333 转172 电挂：6006
410077

长沙水电
苏仲翔教授：
您好。1981年在湖
术讨论会，有幸与您结
老师所托刊载了您为他
所撰写的序言。近来您
多教师（十二人）对《三
书由湖南师大出版社出
老担任《三国志今注今
尊意如何？如蒙允诺
版社也将于今年十月初
请您在百忙中
夏祺！
地 址：长沙市金岭盆 电 话：5133

学报编辑部

…到镇参加全国柳宗元学
…立学报编辑部受了试结
…柳诗集（安徽出版社出版）
…？我有一事相托：我与部
…部加以今注今译（该
…出版社出版，想请您
…问，并撰写前言，不知
…出版社发给聘书，我与出
…稿前来上海拜访您老。
…余不及。

…之

章惠康
1990.8.9.

…号：6006　RA2·46—88.11.

长沙水电师院　学报编辑部

我本人的情况简介：

章惠康　男　1932年生　上海人（原籍浙江宁波市）
副教授，学报副主编

1950.2.8—1950.9　上海"世界知识"工作
1950.9—1952.9　北京世界知识出版社工作
1952.9—1955.9　北京　人民出版社工作
1955.9—1959.7　天津 北京　河北师范学院读书 中文系　（调干）
1959.9—至今　河北　石家庄师院　工作
湖南　益阳教师辅导站　"
"　益阳师专　"
湖南　长沙水电师院　"

其中　1976—1980年参加《辞源》修订工作（4册）
1981年参加《史记注译》（4册）（西安三秦出版社出版）工作
又参加《汉书注译》工作。

地　址：长沙市金岭盆　电　话：51333-172　电报挂号：6006　RA2·46—88.11.

再成之后上函，恐尘时甚兴多
文直如骨，弟尚欲十载裁梁處
挂石东可年较诗料若干也，此页年迷捐
冰雪昨日放晴，多又阴霾四布，隐上来
漫想何甚，低蒙祢
除播不尽，到已数顿
道安　后学　靖再上　一九八〇年　[illegible]月[illegible]日
师母并候　安

闻一年日志交章为之词

首要之[illegible]拨款卅万之不足[illegible]也，故[illegible]
支科研经费内拨之，每年经常费乃学
刊编部编制，六先生领导其今年支[illegible]

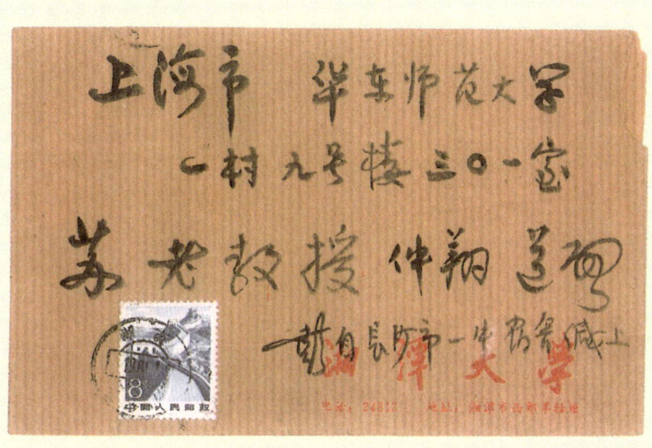

仲老诗丈道鉴：吴门色款
氛罷海上，复承
清诲兼擾郇厨，感刚之衷。自沪
归以畀如结束，雜务丛集，又忽出恙
加肴，象至日书后稽遲，幸
寒宥之。
文学论著已交岳麓书社，如出书过
遲，出可转人民出版社。续寄先生全部文元
来伦编辑，续先生所已收此嘱之矣。
诗集内收入本岳讨丛书，由人民出版社
出版。专前後计劃，拿深笔马兼谐

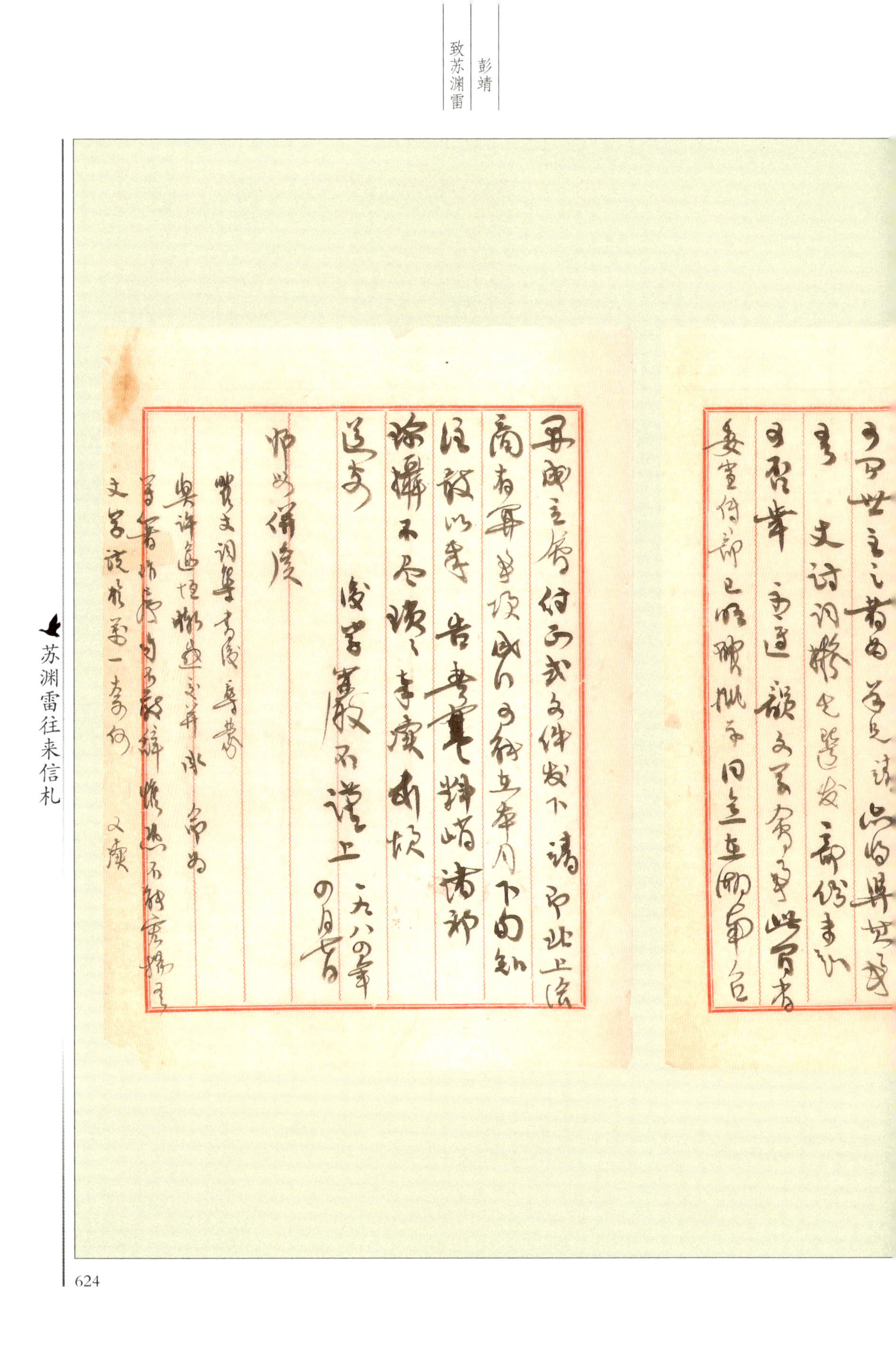

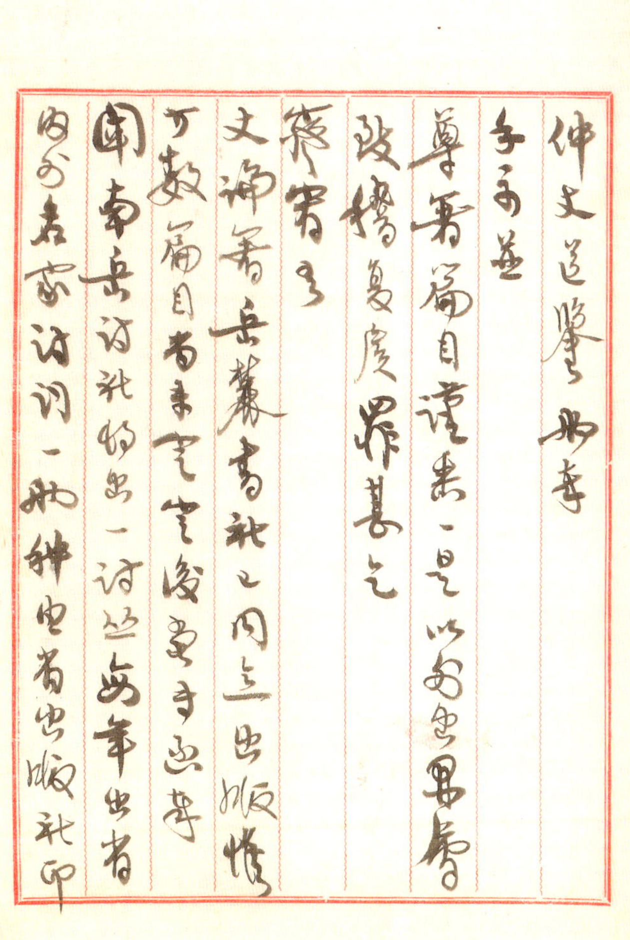
仲文道鑒：兩奉
手示並
尊著篇目，謹悉一是。此數年患胃病，
致稽裁覆，罪甚，乞
諒宥之。
文論著岳麓書社已同意出版，惟
字數篇目有未定，後望再函告。
湖南岳詩社約出一詩叢，近年出有
內外名家詩詞一冊，即由省出版社印
則 尊著詩詞約多，取列入詩叢，此
事主之者約內 年尾 請 或與委列編
委員

長者青春錦繡之一世紀 詞稿三種已
[illegible]展誦一過 心有所得 氣候轉熱
潤後 示[illegible] 幸[illegible]攝 [illegible]如遇[illegible]

祈
端午數日 [illegible] 未竟 不盡[illegible]一
諸惟
垂察 敬頌
道安
後學 彭靖 再拜上
一九八五年
[illegible]四日
師母前 併此候 安

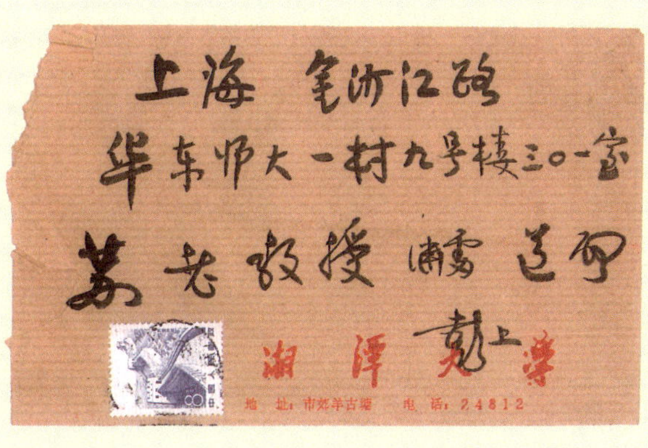
上海 金沙江路
华东师大一村九号楼三〇一室
苏老教授 渊雷 道启
湘潭大学 彭上
地址：市郊羊古塘 电话：24812

钵水师大鉴：大质如诺，社之[illegible]有[illegible][illegible]
[illegible][illegible]忘年者为文封居时过如
道福南指得复再承
清诲，况来时更蒙说新步，纳新[illegible]
说外，瞻望不尽此怀，即颂
道安。　后学　靖　上　乙丑腊八前十日
师母俱此

目定[illegible]出藏　书览旧文字[illegible]的於
中秋前后在广州举行全省诗论[illegible]
之旧文字，[illegible]论[illegible][illegible]　以[illegible]也中大并

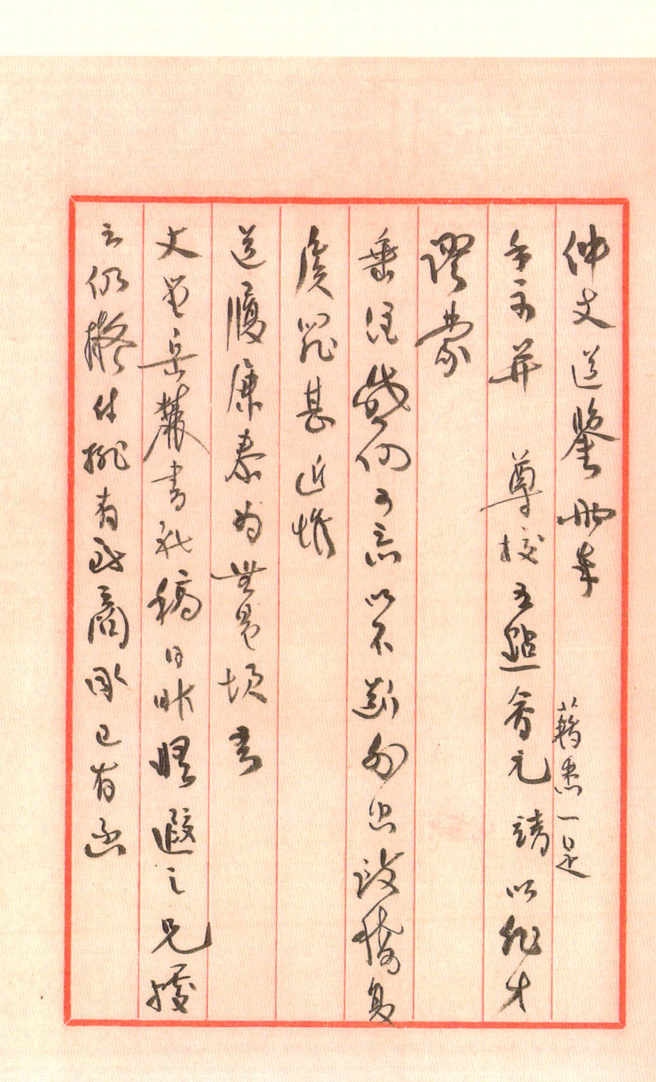

仲文道鉴：卅年

手示并 尊校[illegible]题[illegible]诗以[illegible]（藉惠一足）

谬荷

垂[illegible]感何可言，以不[illegible]为[illegible]读[illegible]

复览甚[illegible]

道履康泰为[illegible]，[illegible]书

丈[illegible]岳麓书社稿，日内[illegible]之见授

亦仍[illegible]拟有[illegible]已有[illegible]

南岳诗社

仲丈道鉴：六七月间两奉
手示，谂近寄京条幅，均经代表[illegible]仲复先生广州
条幅，韵文学会年会筹备会议南北专家[illegible]
[illegible]而当广州道校，便以患[illegible]尾矣，但[illegible]
矣。及[illegible]续名等[illegible]往长沙湖南道，手览谱牒为
[illegible]改稿[illegible]甚
尊著诗词集出版事，开题已同志[illegible]请
[illegible]以岳麓书社不[illegible]因[illegible]李[illegible]
[illegible]湖南人民出版社印行，但现无出版书[illegible]
并候
撰祺[illegible] 萧艾[illegible] 艾子先生[illegible]

南岳诗社

如果没有意外，我将於八月廿六日归台
届时当来府上请安。此外，我曾有
一轴拙画在请您题字，如果方便也
祈赐题。如果已难於寄出，亦为无
妨。此画将参加港地画展。更欲借
您墨宝，壮我风彩。现附照片一帧，
以便搜出。多劳多劳。
另附习作照片若干，向您汇报，并
函聆指教。敬请撰安　祝
大安
晚蒋孝勋上　八月四日於九龙
香港地址：九龙九龙城道茵茵三楼　T：621680
台地址：上海新兰路一〇四巷三楼　T：537691

尊敬的苏老：

我是您一位未及门墙之私淑弟子。这是我心目中的自谓。由于我不善于社交，并缓慢日子已无净土香港定居，为之甚少接近您，这是我极大之损失。最近我从汪观清老师处看到了您与他的诸题在福建之留影，勾起了我种种思念。由是促我奉上是书。向您请安。我现在香港了经商——实在不屑为之，但别无他法。无奈仍在作画习字。同时更有从佛学。如果能本着之著作，能使人深省。（我是基督徒，祖父是牧师）

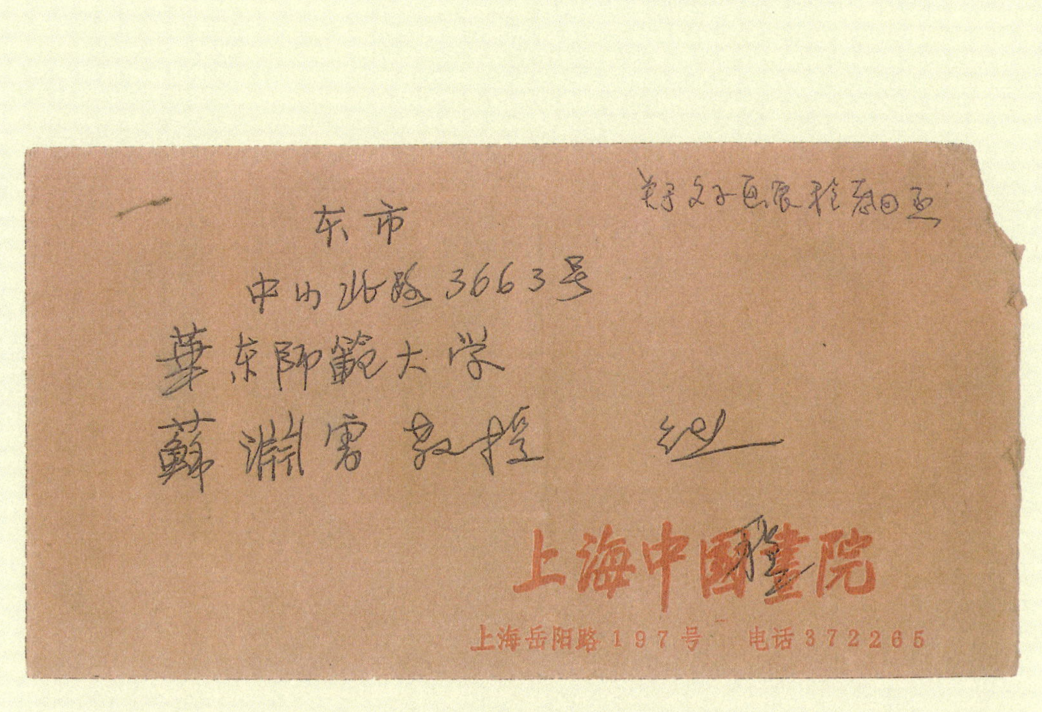

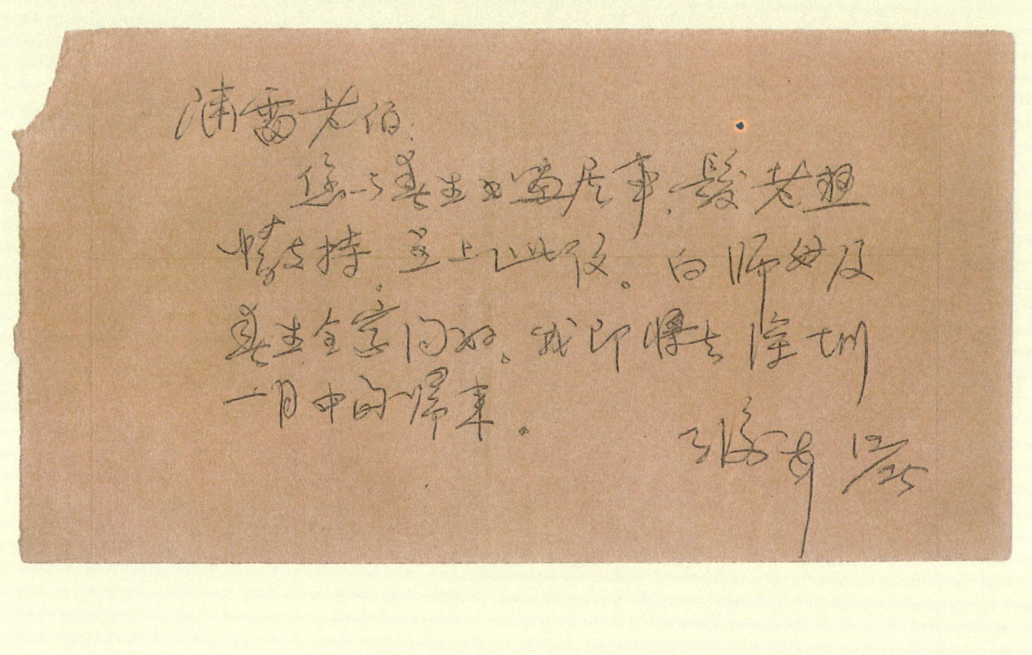

渊雷老伯：
　　係之先生迁居事，蒙老伯鼎力扶持，並上谢帖。向师母及先生全家问好。我即将去深圳一月中旬归来。
　　程十发 12/25

上海中國畫院

淵雷先生賜鑒

承蒙賜書，獲悉明年

先生八十大壽，吾儕理當祝賀。

先生及書生與作品来畫院展出

極表歡迎。

請書生與保時来院

与張桂銘付院長聯系即可

敬賀安康

冬安

程十髮

一九八六、十二、廿四、

開歲二日飲渊雷家齋，翌日渊雷录新

詩次韵和

忽看淋氣轉青蒼，大嚼高談闊一堂。莫論
過秦才不忝，撫心去昔事寧忘。星雲明唾
堪詩美，拜檻騰妻引興長。密席樽猶渾未
辨，警絃五彈說六王。

窳堪

渊雷仁丈尊鉴：

日前趋谒，得聆 清诲，不胜感欣。蒙赐
尊作《论诗绝句》附《风流人物无双谱》，归後一气拜读，痛快无喻。深感吾丈目光如炬，对我国上下数千年诗歌源流之论述，提纲挈领，重点突出，不特所论精深惬当，诗句亦极俊逸豪宕，古今论诗绝句，此为冠冕，不胜敬佩之至。《无双谱》绘者出手不凡，造像之神妙，线条之优美，与尊作相得益彰，令人爱不忍释。所憾者，尊作如此隽妙，未能在国内出版，广为发行，以供同好也。拜读中发现错字数处，另纸录呈。随函附上钱默存丈复印函件，请一阅。酷暑，千乞 珍卫不一。专此奉达，敬请

双福

晚 富寿荪叩上
七月廿一日

20×16=320

第____页

31页末行"贾岛字阆山"，"字阆山"当为"字阆仙"之误。

44页9行"痴人乃欲缕虚空"，"缕"当为"镂"之误。

61页12行"浙江秀人"，"秀"后脱"水"字。

94页9行"《犁眉》《霓》鼓竟谁知"。《霓》鼓当作《霓鼓》。

102页5行"翡翠青班绣紫衣"，"班"当为"斑"之误。

20×16=320

仲翔学兄：

手毕捧读之馀，回首南楼聆赋，垂三十年。月明霜风，多增感慨。前日会上闻院方正追查散失个人物资，已嘱戎绍致书，开列清单，以便往新家办公室领取。前日寿与戎绍往领寿图书时，祇代领两卷，有款横披贈看書理書横幅锦裱，彩墨 尊藏，未取领回。望即详细列清单，以便寿与戎绍往查。其遗失者则交院保卫部门详为查清。

院中近正在领导整风，落实政策，政治学习，各种课题。寿与中盛、任、彭，夏间赴北京、天津取经，最近王、董、邓、周到北京、西安取经，并看考古遗址。寿曾为提出计划，前闻 尊兄能来，文物计划已成，待文帅北上共展旧物，今后将来易实现，尝慕如何之之。同肇中以 尊况最佳，子孙成行，体且健康

苏渊雷往来信札

来，适又在家居二个月，稍学文化。已
回长沙，今以其前途之情不安。闻
今明年大量招生，以兵团、农场、事业
今后可以在当地投考。哈市入选工作人
员以文化大革命前有八批，不久仍有
回乡下放高潮。志岳第三子儿媳也
在哈市。现在限制上山下乡青年回哈已在高潮，闻外县
投考青年入学后宽，可县青年多
已考入中等专业及师专等，如唐文
中女儿则自家不及五个月已考入师专
训练班。可以告小妹留意。许言不
尽，此某并请
侍安

张寿

十一.十七

哈市有六六年毕业生专训班。师
院特设训以一年，我女年后期以应目前
中学教师之缺

何意染肝腫。素遇温州時淋出蘇鋤
丰富。望早接翁治療。
太夫人壽考雖有疾癃。尊兄抖擻精神
寬慰。諒足下極色養之情。壽恨痕
然負荊，先嚴棄養，終生為恨，
赤岳兄養病在家。近始开支八成工
資。時仍往晤談，唯是不引系，頗有情緒。
張益聞從上海新婚返始回院，自云七十老
翁且暮入地。落實政策，居住之室待大樓
蓋成。恐終不及待矣
壽
敘年回南。七月來哈。去家已
三十六年。二代人不相識。家山風景雖佳
庭院猶昔。言諾之人親象埋不重。
退休家居亦不容易。北來經過温州上
海。車曾在瀋陽車站少停。以郵票有
期未及一观。壽擬來年再南歸。倍
尊兄仍在瀋陽擔專程之往。兩者幽違
而然則甚相違。往返兩日。終須一晤。
小三共弟仍在長水河。我年回壽南
邊。在家每三二十日。兄慣家暑是我北

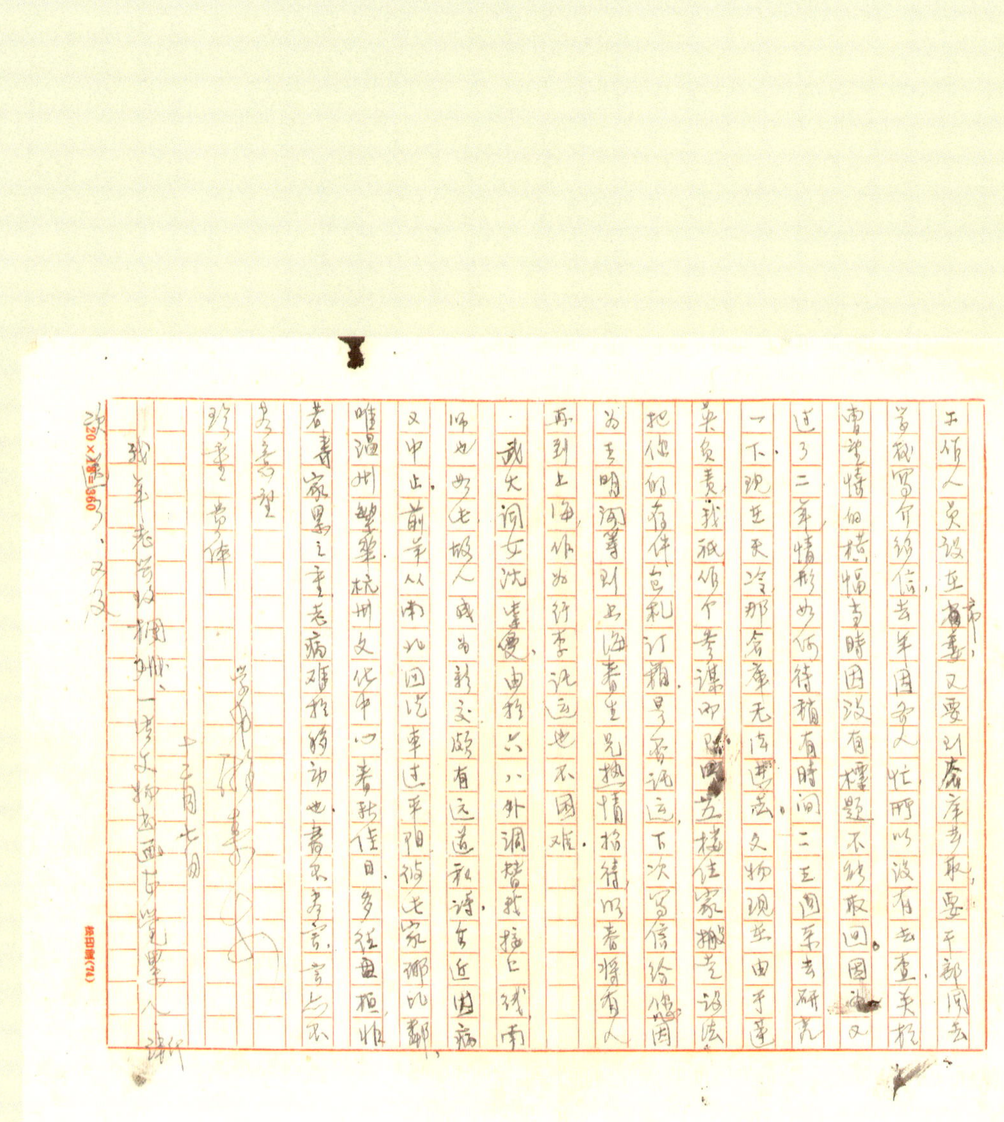

工作人员设在南京都市，又要到秦库去取，要干部同去，
当我写介绍信去，年因有人忙，所以没有去查关于
曹雪芹的稿幅当时因没有标题，不能取回。回头又
述了二年情形如何，待稍有时间，二王图京去研究
一下。现在天冷，那仓库无法进去。文物现在由李达
来负责，我祗作个参谋，即[illegible]安排住家搬去设法
把你的存件字札订精，是否托运，下次写信给您，因
为李明阿等到上海看生先搬情形，待明春将有人
再到上海，作为行李托运也不困难。
我大词女沈寿宽，由于六八年外调带我接上线，南
师也如花欣人，成为新文坛有远道和诗，近因病
又中止。前年从南北回，汽车过平阳，访七家乡的邻，
唯温州繁华，杭州文化中心，春秋佳日多往西湖，惟
昔寿家累之重，老病难移，移动也需求实，实在不
易盼望
珍重贵体
学弟 游寿
十二月七日
我年老学的相州，一些文物运西安，望早日入[illegible]谢
[illegible]、又及

钟翰学长老兄：

惠书及词均奉读。太夫人去世后最好恢复工作，或上海北京返寧，儿女处每年轮去二地，殊非頤若老境。朋辈中君最謂兩左。小妹回浙后近工作如何，美术有文先提携，定有贡献。比间唯古代组人似不弱，周育包负责历史文选与李育瑛兼一新干部三人，谢相任张式铭楼家昭湘工作，少有子遇告知。張志岳長病无起色，在北京医雨年，回哈市，唯近来稍缓，外出书以奇缘，城均多病，唯王大安较健康，外出徵求邓析子意见，近并给青帖，秋种去年此等与青年共编盐铁论，因劳累自重病，今年一年時起時患，十月又大病一次，幸不久轉好，近却健康。

历史系现在任务繁，大多为师教授负了开门循学任务，和工厂挂钩等。近来指了新生、新宿学完工学生住在文物室，实验也在文物室住，因之他们大箱堆叠着，字不出来，去年已和王云说了，他答应等找钱替他运到上海。在北京的张二伟是周式铭所因的，日内替你寄上。吴相到扬家侍访

20×18=360

校印厂(74)

侨居星洲家人探我夫妇，均在此住一週，其外之子至露湾……
觉之：人生不满百，常作百年忧，又思卅年
事弹指之瞬间耳。今又近新年关，老耄执笔
拉杂草草，敬请
钵水斋贤福寿无量
八姐游寿合十
一九九年十二月廿四日晨

仲翔教授
丈人：久来函讯，顷转收钵水高贤之集，一览兼旬，得益
弟弃此多年，版后沪上之叶恩遇多非人所及，集出于往昔事
一二作目寿，作素不健，又以高寒，尤以冬夜长，每月三五夜失眠，闭眼思
往事八怪中此间僧二人，一为戚先尚健在，伴揽之长年人间，女亦非能作
念老人，前家中取出外国照片，张挂此间，以长健维摩来遇伴王似间
退居张崇岳、王伯奂、周齐均作古人，寄上黄寿祺纪念册一册（补：与吴中区）一家之
左右上海陈张孟闻外唯
高斋多友，自不寂寞，弟兴单着，少楼刻录名山老笔，有子小山
有孙蹊之，斋在南大，又问之亦退休，年已八十，文笔清利，唯烟卷
亲表为姻，其家两世均有孙痿二三人，解嘘，或称奉养，乃
志旷，一切不改于怀，近之年来，是床不能下楼一步，亲自亦似向内降哭
由老花仿，侄女星浩有孙孙三人，长女留在历史系，本为美术系毕业
以后学因不及其民，近在广州开关蓝应妇女组之会，被聘为理
事，年已廿四，一男孙三……

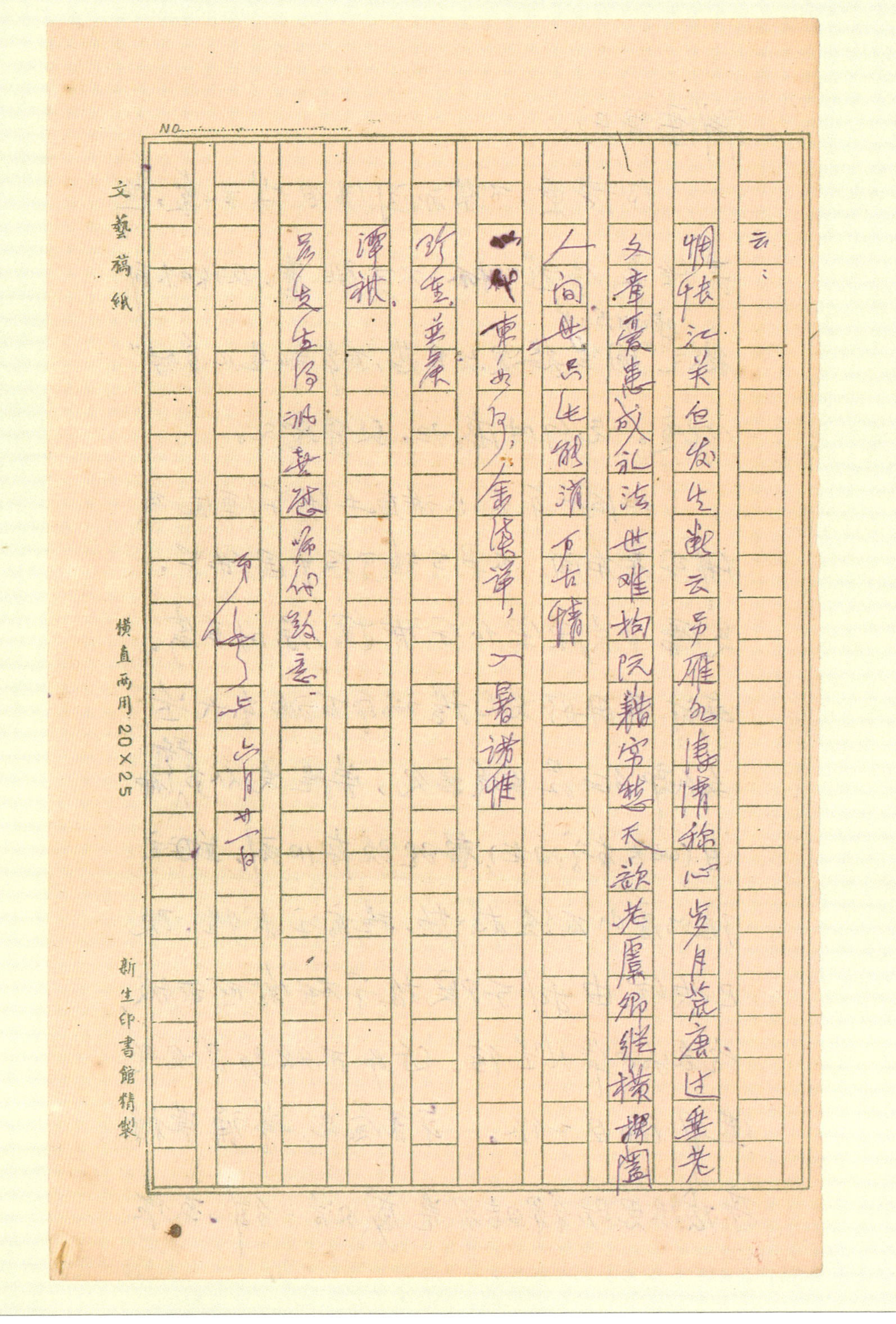

云：

惆怅江关白发生，断云孤雁各凄清。称心岁月荒唐过，垂老文章忧患成。江海世难拘阮籍，穷愁天欲老虞卿。纵横捭阖人间世，只此能消万古情。

以代柬，如何？余俟详，入暑诸惟

珍重，并候

潭祺。

吕贞白同泳[illegible][illegible]烦代致意。

弟[illegible]上 六月廿一日

中國佛教百科全書稿紙

丙辰春节书怀抄呈 子西先生鉴正

行年已届
七十五
倍觉精神焕发。
堪自慰
回顾平生
不计升沉穷达。
只好读书
更爱真理
求胸怀壮阔。
偶有会心
不禁手舞足蹈。

以后又将如何
也曾想过
要迈开步伐。
世界无穷愿无尽
道远岂容退怯。
人生有限
应将此身心
供养尘刹。
勇猛精进
南无摩诃般若。

尘刹 佛典常用沙数、微尘等词以形容多至不能计之数。又，水陆曰刹土，即国土、世界义。尘刹，总谓无量无边世界。

南无 归依、归命之意。

摩诃 大、高度、广大甚深之意。

般若 此云智慧，而与一般所谓智慧义殊，以其证真实，不断洗炼提高之观照过程，破除障碍，豁然开朗之通达慧也。有根本与方便之分，根本者与空寂相应，而方便则是观照运用之妙也。

下俗 丁巴老朽

（"将此身心奉尘刹，是则名为报佛恩"见《楞严》颂文。）

25×20=500　　第　页

渊雷兄：

来书並论文均诵悉，中间略有增删更动处，请兄再審阅决定。附注第四六有更动，並请仔细校对斟酌。注㊁=係㊂标出之撰紫柏生平及其学说之发表年份，请检阅手抄本，未附记内曾有声明，兄曾于一九四〇？年发表于东方文教月刊，请照录注下。又注㊁关于大小乘思想，手抄删一大段，注㊇中亦大有删节，以所说比较专门，恐怕有借题宣传之嫌，兄意如何？ 兄文中注参阅吕撰慈恩宗两处，改放在注内，题「唐代佛家大宗学说略述」，以后原题史中称一宗，似好些较好。 论文题目很好，结构极佳，如此佈局，易于引人入胜。兄在根先时段有良好反映，及时发表，纪念今年佛诞及玄奘学院成立纪念，又以给学术界另填一空白，对当前国际，亦如是也。

吕先生于本月十一日（除夕）四寧，昨又由京邀赴京。现中央对锡兰请我国助编佛教百科大辞典一事，甚重视，已成编委会，条目正在草拟中（约六百至千条，[illegible]），即将进行两姐编撰。又五月中起印代表团亦请吕先生参加（吕先生以不惯[illegible]），现方正忙于[illegible]各种著同中搜摘所记柴佛籍之说，尚须搞备一篇论文届时到印宣读，以故迟迟未复。 惠赠李杜诗选收到，另一册已转致吕先生，嘱代致谢。 今月来函，适未细读为憾。春日迟迟，客[illegible]叢余[illegible]依吟窗之欣赏之。 内人于月前又患血崩症，又加[illegible]，兄嫂未寐[illegible]微至勤。二月份尚不能平复，四月份兼上，附知。专此顺颂

春祺

弟 侠 拜上 六·二八

苏渊雷往来信札

兹缘粗破纸张，请谅

渊雷兄：

客岁别后，老病侵寻，自去年以来感觉失常，头部偏痛，视力大减。迭患关节性风疹，镇日伏案坐着，尤感痛苦，因此养疴乡居。兄前后来信，更辈未及时送来，以致稽答，迭劳关念，至歉。（秋一先生上信亦前补）一月来已稍痊，回城，怀游之怀，苦无法排遣。"忧知出景渐就衰，难遣中年况还衰"。现方注意调摄，培养生趣。秋一先生自参加学部会议，提出培养佛学人材，以期对中国哲学史、逻辑史之编纂有所贡献的建议后，科学院长金复允了，前月特邀派研究生三人来此作专业学习。拟定基本课二年，研究课三年，讲习已开始。（编任辅导学习，并兼讲佛学源流）此举给弟以奋兴，有些问题可借此作进一步深入的研究。兄处（院图馆）大藏（辞典）全集尚需要否？（计6种1347卷，317册，34函，附总目录10卷3册，共320册，价约五百元，（连邮费）纸张材料成本计算），如需要可转知加印。不用布套可省30余元。

又兄过去所撰有关玄奘学说论文，拟请惠寄备参考。（前曾寄秋一先生阅者亦可）

前承赐件，即日另包挂号寄上，并请查收。余续详。顺颂
撰祺。
弟 游侠 六月

渊雷吾兄：

得诗柬，不禁而回忆旧日游京岁。近来体衰，伤逝之怀，不可排遣，更深味到微之悼亡诗第三首“闲坐悲君亦自悲，百年知是几多时”心境。兄何时南归，殊念念之。

此间一年来，只讲印土佛学源流及佛学基本问题。下半年起可及中国佛学。兄需有关唐宋佛学讲稿，届时再寄。年前佛协用那文化提议印百衲本大藏，文化部征求各方意见，曾提先从事全部编目（此大有可为者），整理现存旧刻，并拟主张以房山石经校勘，提高学术性。现已决定由科学院哲学研究所承办，定名为中华大藏经。近即开始助吕先生进行编目工作。年末念兄，常诵曹楝亭读洪思昉稗畦行卷感赠一律，原作

今年九月若能去参加国际会议，颇望前往相访，未知尊意如何？又及

南京大学

苏渊雷教授道鉴：

大札奉悉，请免念。《六祖坛经》之要求详见以前寄呈之"体例"，全书分为六大部分：

一、题解（导读、前言）

二、今译（自始至终译成现代白话文）

三、原典与注释（一段原典后加注释）

四、版本源流（包括思想源流）

五、解说（解说其哲学思想及现代意义）

六、参考书目。

现再附上一纸以往的一封信，供参考。

专此，敬颂

大安！

永海上

九三.一.十.

地址：汉口路9号　　电话：634651—5

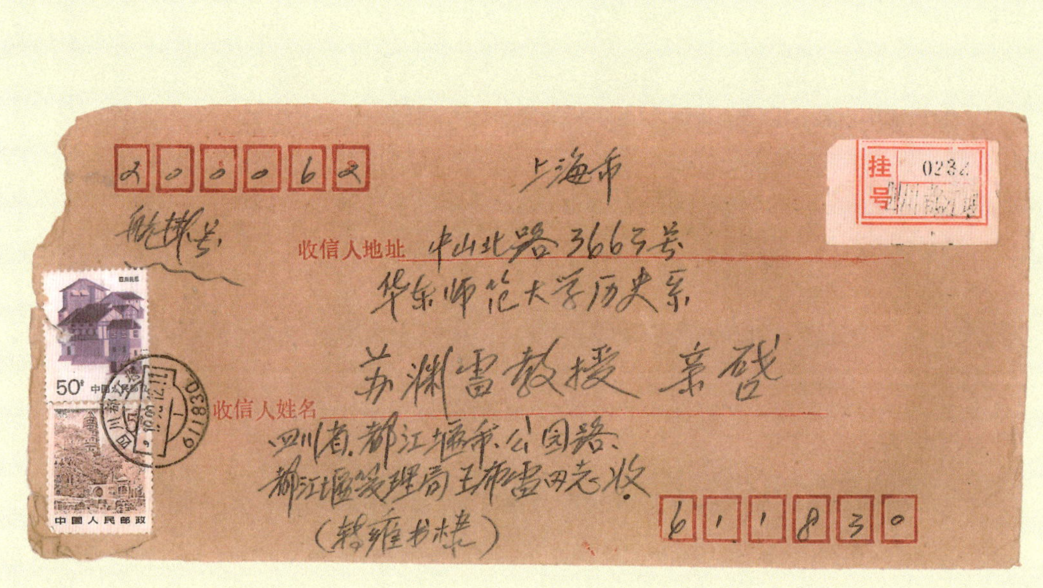

200062
航挂号
上海市
收信人地址 中山北路3663号
华东师范大学历史系
收信人姓名 苏渊雷教授 亲启
四川省.都江堰市.公园路、
都江堰管理局王布雷同志收
(转雍书棣)
611830

挂号 0234

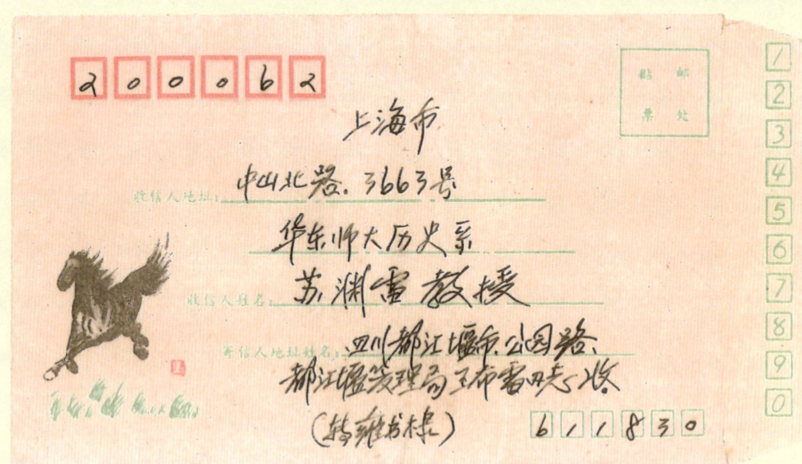

200062
贴邮票处
上海市
收信人地址 中山北路.3663号
华东师大历史系
收信人姓名 苏渊雷教授
寄信人地址姓名 四川都江堰市.公园路、
都江堰管理局王布雷同志收
(转雍书棣)
611830

附上：莫居来信、易学通讯第七期。
潘雨廷先生来信1。

渊翁师尊大人道席：

前天因早年习惯写"鉢"字，您的信都不要这个来正表"鉢"的缽字。专此谢恩、我该庆宥！

（90.10.24日信中有莫居来信，以后用楷印章上）

莫主编之所说"永垂青史"也，乃"易学出蜀"这个命题所创造的時代特征，不是"试探"本文所具有的価值，也是"正名"的先哉予的历史总结性。

至于拙作，不过是宿跟例月亮走而已！

从程颐至清代，皆曰"易在蜀矣"。

蒙文通虽有"易出蜀也"亦循古例。

独杨超同志命题"易学出蜀"，是徵现代哲学思考，识划時代之历史性论断。

我的粗浅想法：

诺贝尔奖金，缺少《易学》论文。纵观国际学坛，能"发毓六合，前圣后圣"的有几人？吾师当之无愧。年近上寿九旬，"与時代的依傍"，后人奉作云贡献、吾可老当益壮，幸手拈来。您意以人生精力若何？想出两个方式：

①可否指示轮廓、（由棣执稿）时机成熟发表時。作者：华东师大苏渊雷教授。

②不时机：精力、健康稍稍有阻碍。我病稍有好转，能来来沪一行。于九二年在美国召开"国际易学会议"時，写上作者苏渊雷教授口授，代笔雍书棣在会上发表。不识尊意以为何如？

专此奉覆 敬以

崇高敬礼！

王仲雷同志代笔致意！

门徒雍书棣敬拜

90.12.11日

肃上统此敬礼！

通信地：邮编611830
四川省都江堰市公园路
都江堰管理局王仲雷同志收（转雍）

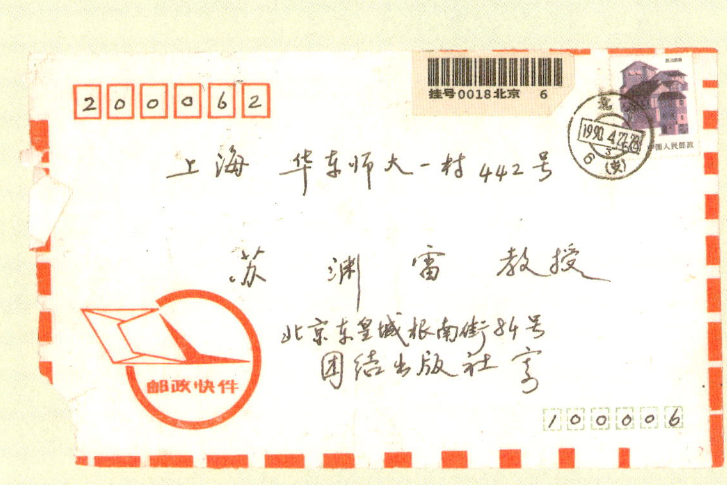

200062
挂号0018北京 6
上海 华东师大一村442号
苏渊雷教授
北京东皇城根南街84号
团结出版社 寄
邮政快件
100006

苏老：

电报收到。《钵水斋文史丛稿》的稿酬，已在前几天寄出，我问了编辑部，他们说，以前稿件往来，都是通过沈诗醒转的，不知道您的具体住址，所以这次仍由诗醒转，请您与他取得联系。未能按尊意办事，非常抱歉！

大作的印刷装帧质量还是不错的，我很高兴，不知您满意否？要保证质量，又要降低印刷成本，所以没有印四千，这也许是小小的遗憾。按现在的定价，印了二千册，社里亏损已近二万元，但它对提高我社的社会声誉还是有作用的，我认为赔本是值得的。五月中旬，我将出差江苏、江西，为民革有关班子建设事，能否去沪，尚不得知。多保重，不一一。即颂

近安

晚 蔡义江叩

九〇．四．廿七

暨南大學
JINAN UNIVERSITY
地址：中国 广州 GUANGZHOU CHINA

在滬時所贈的書法三本，回穗後認真拜讀，甚感興趣，先生確是"夙負詩名，兼擅書画，字兼文、史、哲，著作等"。如方便，請惠贈書画給我，以作珍藏、欣赏，内容為梅、蘭、菊、竹或春夏秋冬均可，不勝感謝。

不多了，順候

台安

廖德粦
1990.10.20.

函寄：廣州石牌暨南大学
蘇州苑23栋201號
或廣州石牌暨南大学董事會辦公室部
郵政编码：510632
電話：516511轉7191分机（住宅）

苏教授：

您好！

12月1日来信收悉，得知近况，十分高兴。但信中谈及的《钵水斋外集》目录及后跋并未收到，不知何时寄出和寄到何地址？目前我又寄上一封信及照片三张，想近日即可收到。

很高兴得知您将于12月下旬赴港开会，如经广州出境，当可在广州见见面。不知是否由中国旅行社承办旅行团？您到广州后可打电话到我家：51651转719分机。所赠书画亦可带广州交我或存放在广东省中旅社函告去取。

赞助费可由您决定何时汇至指定地点，

18×14=252　　第 1 页　C&C

或在需要用款時汇上。

李國華先生的香港电话：7239707，你到香港時可打電話和他联繫，隨函寄上介绍信一封。到時如有便，我也可去香港會晤，不知你到港的准確日期及停留時間？

恭賀了，順祝

安好

劉德棠
1990.12.5.

18×14=252　　第　　頁　C&C

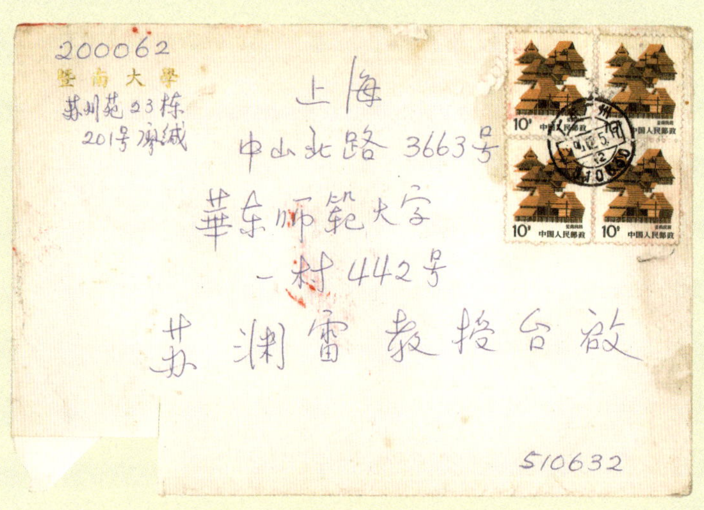
200062
上海
中山北路3663号
華东师範大学
一村442号
苏渊雷教授台啟
暨南大學
苏州苑23栋
201号廖缄
510632

暨南大學董事會

李國華先生：

上海華东师範大学蘇渊雷教授将於12月下旬前往香港参加會議。现特函介绍蘇老在港面见，他擬向您赠送书画及著作。如您到時在香港请面见蘇老，他到香港後将會打電话和您联络，告知他的住處及電话號码。

顺祝

安好

廖德森

1990.12.5.

暨南大學董事會

當預告我，派車去機場或車站接您，這是沒有問題的。如我外出，即告馬奐中（一道去上海、金華）同志代我去接。

寄來的《鉢水齋外集》跋，已閱。其中……讀者罕覽安全。廖德棻、李國华二先生聞而惜之，願捐資聚刻，以助流傳。……一段，是否改為如下：……讀者罕覽安全。廖德棻教授聞而惜之，并商李國华先生，願捐資聚刻，以助流傳。……更為妥當，因本人只出微力而并未出资。或按此意，由您決定另寫亦可。

不多了，順祝

安好

廖德棻

1990.12.10.

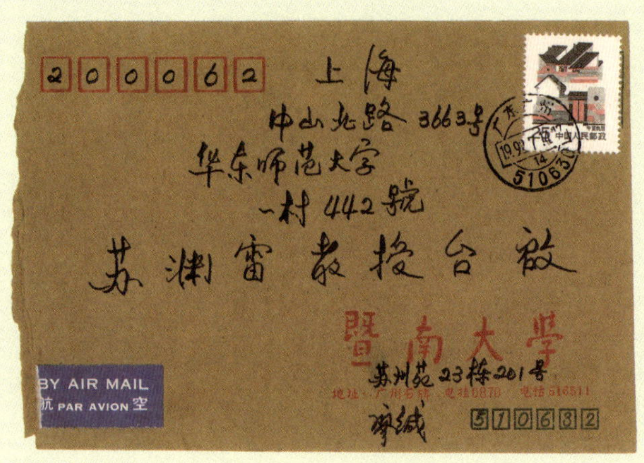

暨南大學
JINAN UNIVERSITY
地址：中国 广州 GUANGZHOU CHINA

苏教授：

您好！

托周校长和陈处长带来的书画两幅已转给李国华先生，李先生要我代他表示谢意，有便到香港时见见面。

寄来的《钵水斋外集》30本，已经收到了，印刷得不错，内容也丰富。如方便的话，望再寄150－200本给我，因我和李国华先生拟赠送台湾香港的友人。

不写了，顺祝

安好

廖德棻

1992.7.14.

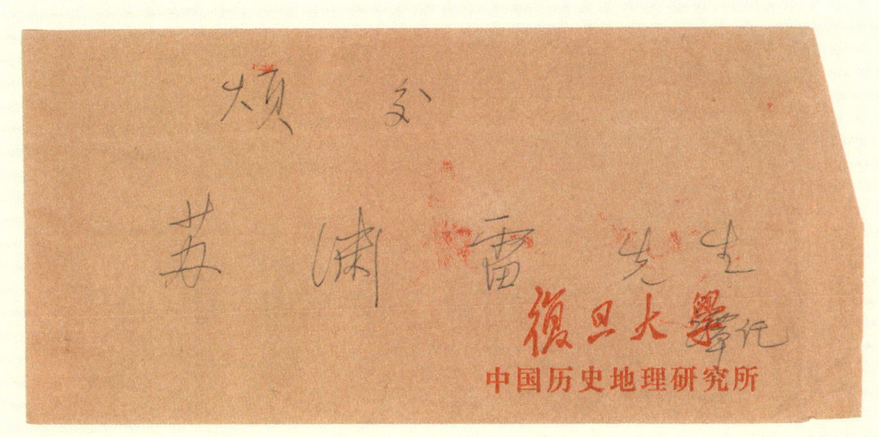

烦交
苏渊雷先生
复旦大学
谭托
中国历史地理研究所

中国大地图集历史地图编辑部

渊雷先生史席：不晤经年，惟
道履绥和为颂。兹介绍陈
宏亮先生趋访，希
惠予延接。宏亮先生娴于曲律，
乃上海业余昆曲社负责人，
甚热心于曲社之发展及昆曲
前途，兹愿聆取先生意见也。
专此敬候
秋安

弟谭其骧 十月四日

仲翔先生道席：昔城會晤，極慰
夙懷。飫聞清論，尤深欽敬。頃奉
華翰，並大著讀史舉要，高識閎
議，通貫古今，拜讀甚佩。先生左
草書所作詩，將橅影縮印於杜甫
誕辰紀念冊中，以增光采。校中已放
假，日以小休，近作七律二首附呈
郢正。肅覆，敬頌
著祺。

弟繆鉞拜上　七月十五日

四川大学古籍整理研究所

仲翔先生：

数月前接奉　惠书並大作《易学会通》，拜读之後，致朱碧莲君函时曾托其代陈谢意。

首夏清和，方深怀远之思，乃蒙　惠翰先颁，循诵感纫。先生遨游川陕，吊古寄怀，健笔豪情，读之神王。尊著《风流人物无双谱》，隽永可喜，诸评骘古人，亦足见微尚之所託也。

钺与叶嘉莹教授共撰《灵谿词说》，历时四载，完稿约四十篇，今夏将编次成书，故甚为忙碌。去年所作论词长句、小文一篇，並附　指正。

专覆，即颂

著祺

缪钺拜上

5月20日

15×20＝300

Ch061·115·854

第　页

第　页

仲翔先生史席：

新年伊始，遥惟　兴居康泰，撰述日新。

数月前，周缨等君送到　惠赠之尊著，拜领之后，即托周君代为致函道谢，谅蒙　惠鉴。

日前又收到　惠赐大著《钵水斋选集》，诗文书画，均甚精妙，循环展玩，爱不忍释。先生擅长书法，固所熟知，而画迹尚少见过。今观《集》中所载竹、兰、松、菊诸画幅，具见学识襟怀之清超旷逸，绝非一般画匠所能为，而今世画坛之以"狂、怪、丑"为美而自诩革新者，视此亦可以恧然知愧矣。

先生清暇之时，如能作小幅竹兰惠赐，极所感盼。小词一首，附请　正律。此祝

新年之禧

缪钺再拜

元月6日

邵君力子以行水之役往淮復過上海
適為吾七十生日輒作小詩奉贈君
將之北京復命遂因以訊諸舊友云
昔陪仙履步雲衢今喜星光暫過吳
未覺鬢霜欺國老仍從眉采識真
儒瀾安不作黃樓賦道大兼求赤水
珠羅下故人都好在因公傳語慰
江湖
此乃應酬小詩緣無錢酒為餞以此寫
之扇頭致人情爾吾不能佳宜也唯當非
甚俗氣不可耐而已平生所學遂止於此
良可懲歎　伯鷹書

惠詩風義絕世之之近指悉
拜讀佩歎[illegible]之之肅復
缽水詩宗几下　伯鷹上言　十七日

謹查字書牯字無平聲讀廣韻作公戶
切韻會集韻作果五切皆上聲古山谷詩云青
收白牯詩相宜正用為仄聲
缽水先生几下　伯鷹上言　十七日

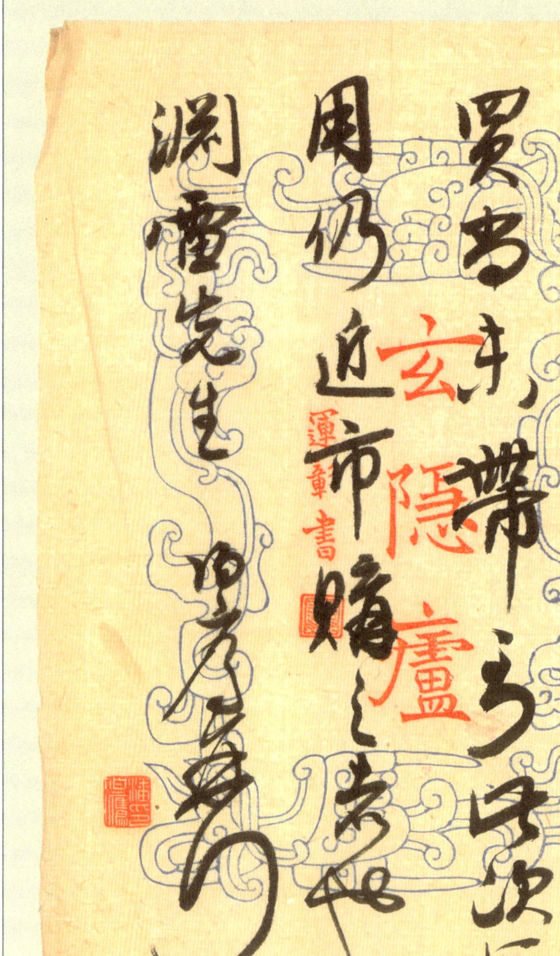

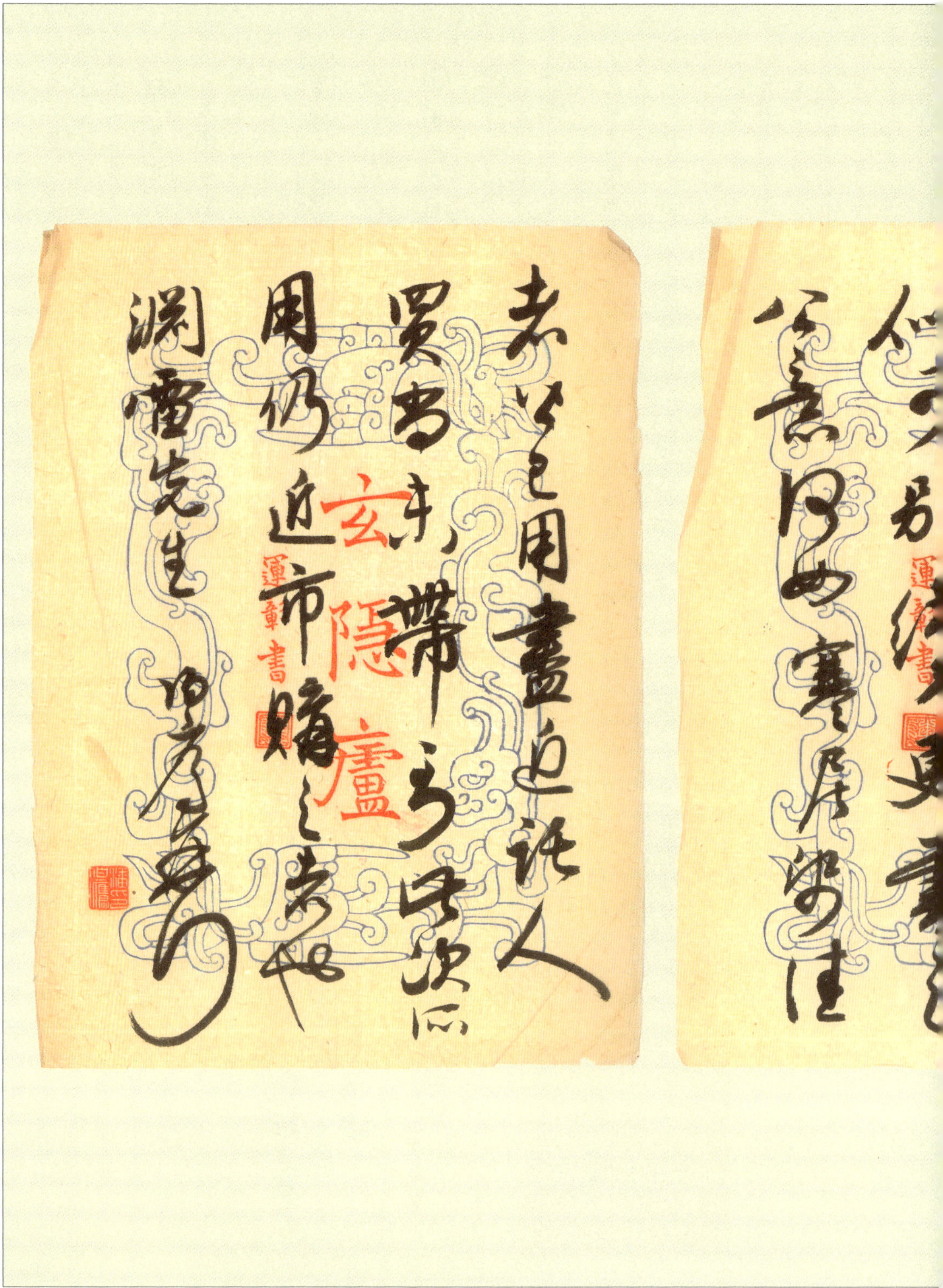

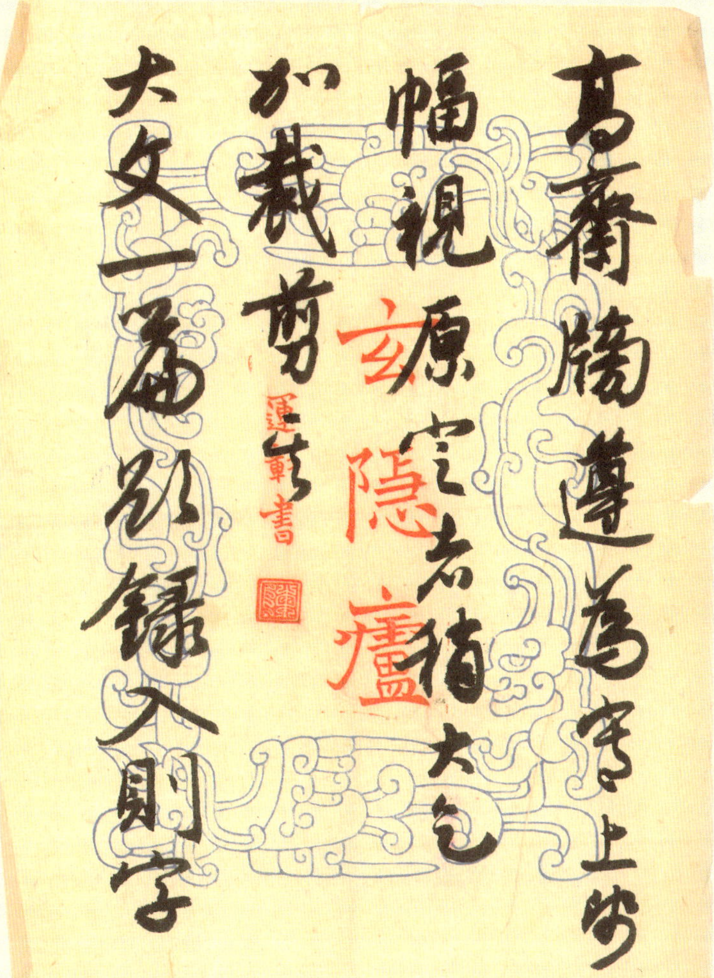

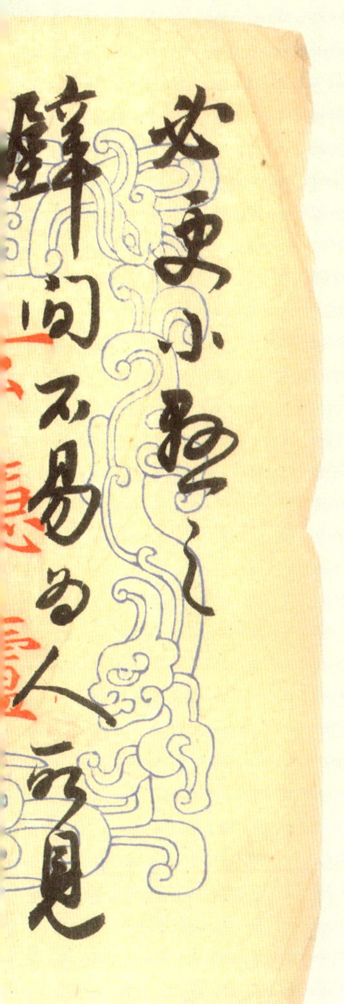

必更不難之
肆問不易為人所見

高齋牖尊遵為寫上此
幅視原寫者猶大也
加裁剪
大文一篇別錄入明字

玄隱廬

運乾書

渊雷吾兄如晤及日奉
嘉君為溪章行文一本未來請時已寄詩一卷
此去年弟在別後奉酬諸公之作兹奉十二詩煩
以為爲寫上望如宗宗少此卷於
先生殷拳特甚謂萬得
手書寄過叙未奉復先為鄭于賤代乎
鄭重致之讀以奉陳餘面敘維
康勝不一
弟伯鹰上言
廿七日

渊雷先生著席：顷由尹石老转来
大诗二首，就读
秋兴甚豪，所以为江令者甚
盛。上书鹰以未多展读，
书意于快然如何之。先友徐文叟
朋遗文不多，字字金玉，久思理董以
存徐丈生平知我之意。急于乡
人未见所刊行，大是风雅之事。
搬出病枕，猜眼之际，再撰一章，聊
表后死之责耳。未读废候，即问
起居

弟潘伯鹰再拜

十月十二日

函煩
吉便袖達

華東師大一村
卌又號

蘇老先生淵雷

潘託

電話 2548634

仲老左右：今紹李愚訪女士晋謁，請賜接見。李女士係新加坡鑑古齋主人，經營書畫古玩廣有年所，其前身永安祥公司，榮此家之最負盛名。李女士常往來於中國新加坡兩岸之間，對藝術界聲譽卓著，海通當能有些助也。拙書近日手卷，擬乞大筆惠題簽，則感荷不盡矣，子不敢……俯允否。附呈拙作複印本及題簽。

此卷乃書與此間之青年畫家陳其寬陳君，自小愛英文，爲宣揚傳心於中國也，其書與藝術自信亦甚高之心得年来我常以唐诗会于英法美诸国，数获好评，故于宋诗词之流，果亦仰慕。出人托我代求墨宝，以慰其饥渴，先此道谢。谢稚柳、王辛笛、施蛰存同志为诸老先生，能否一一代为先容。稚老系中战时在沪故人，四十年未再一面。王同那亦仅不知前与弟相识。施老亦仅慕名久矣，惟未识荆，统乞详为李女士指点，俾知如何去访，感不胜言。专此，并请

诗安 [illegible]祝 [illegible]祺

潘受 [illegible]

一九九零、三、五

两月来贱躯不适，现犹未康平，复缓不胜，乃请释谅。

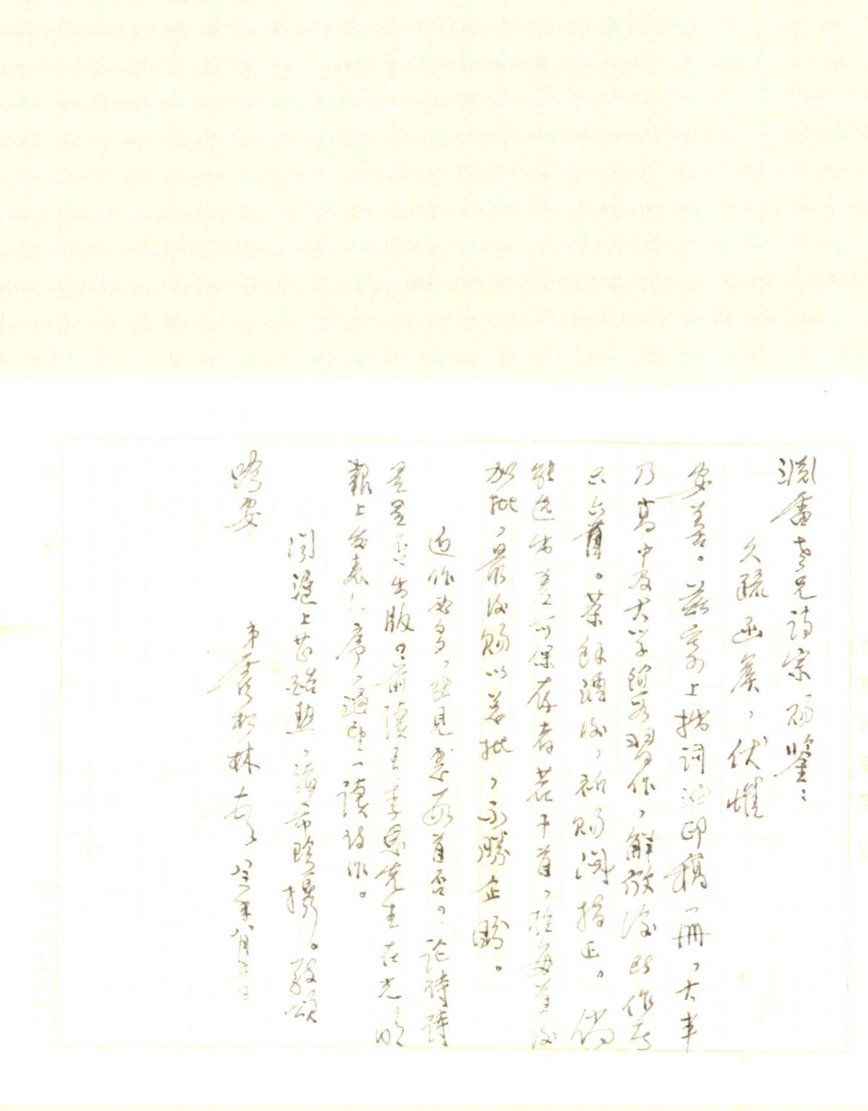

渊雷吾兄诗宗硕望：

久疏函候，伏惟

安善。兹寄上拙词油印稿一册，大半乃为中央大学学生时习作，解放后所作者亦有。某録调侃，祈赐阅指正。倘能选出尚可保存者若干首，于每首后加批，最后赐以总批，不胜企盼。

近作必多，盼见惠两首否？论诗诗是否已出版？前读王季思先生在光明报上发表之序，渴望一读诗作。

渊翁上次路过，请赐指教。敬颂

吟安

弟霍松林上 八二年八月五日

仲翔先生诗家吟几：

手教拜读，不胜喜慰。拙词承于百忙中费神批阅，奖掖逾恒，愧不敢当。评语已录入自选本，他日或可与拙诗合印一册以留鸿爪也。

大著论诗绝句盥诵再过，词清句健，格高调雅，品评之精当，实远胜遗山、随园诸人，钦服之至，受益良多。倘有新作，仍希见示为感。苏州清诗研讨会参加否？彼时或在再接芝宇，畅叙种切。敬颂

冬安

弟霍松林上

十月廿五日午

题云翊原作

素心人在 墨竹数枝 润雷

松竹凌阳气抱直节 霜天一雁影

落秋涛 南山樵〻 东篱寒求

就陶情赋手高 鞠有黄华

玉露园西风〻雅〻清泮秋冥〻

阴来漾墨以清气也抵南

山举目看

一九四〇年
八月廿日

答和蘇仙畫菊題贈

陶令歸來徑欲荒，酒浮杯菊伴孤芳。南山自有悠然趣，不待閒情夢渺茫。

嘗笑微之決絕詞，我當反誦不相離。素心人遠更迢迢，獨對東籬憂一句思。

[illegible]默[illegible]重八節下

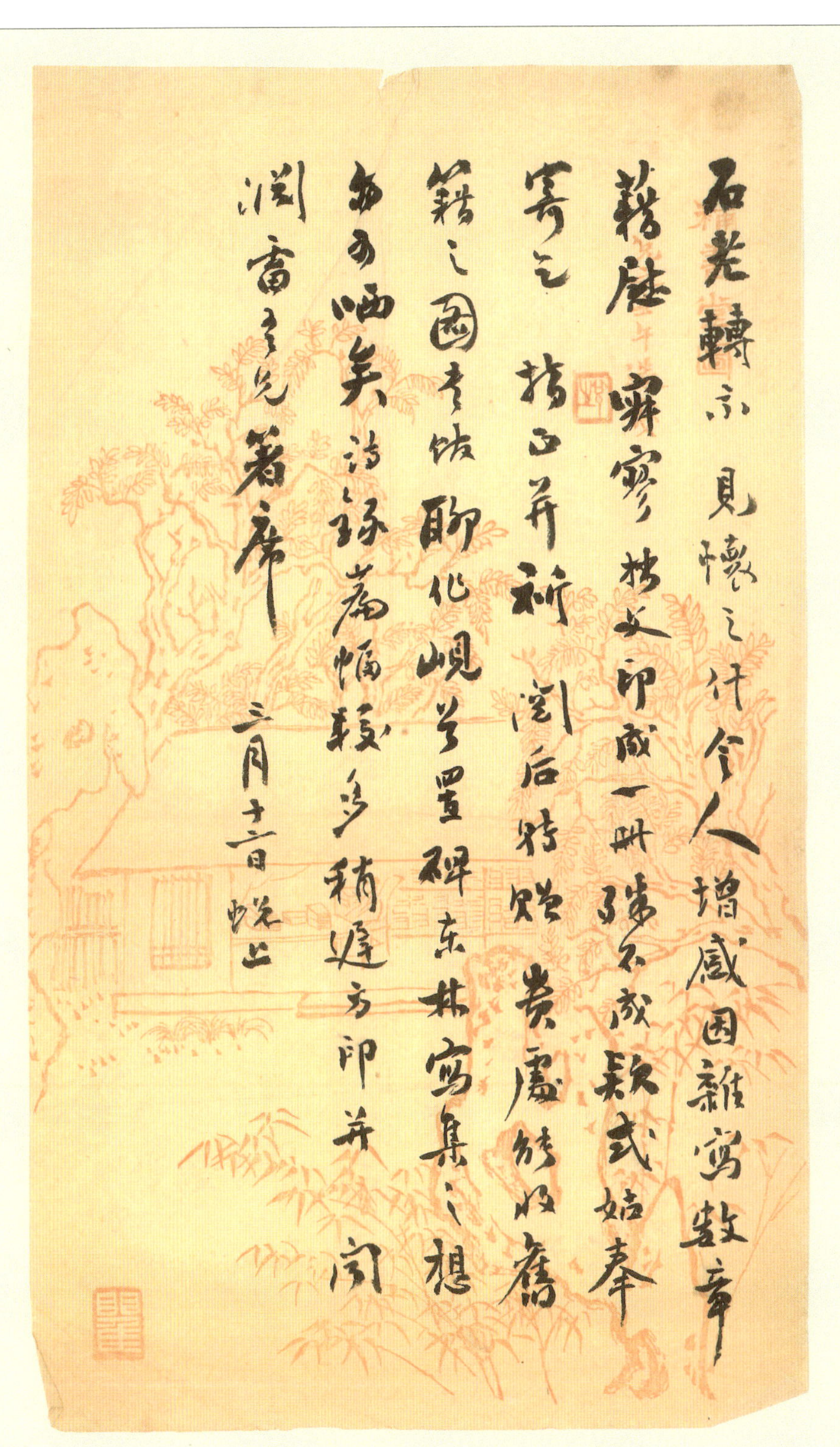

石老轉示見懷之什，令人增感。因雜寫數章藉慰寂寥。拙文印成一冊，殊不成款式，姑奉寄之，請正。并祈渊后特贈貴處能收藏籍之圖書館，聊作峴首置碑、東林寫集之想，無可哂矣。詩錄篇幅較多，稍遲方印，并聞。

渊雷吾兄著席

三月十三日 蛻上

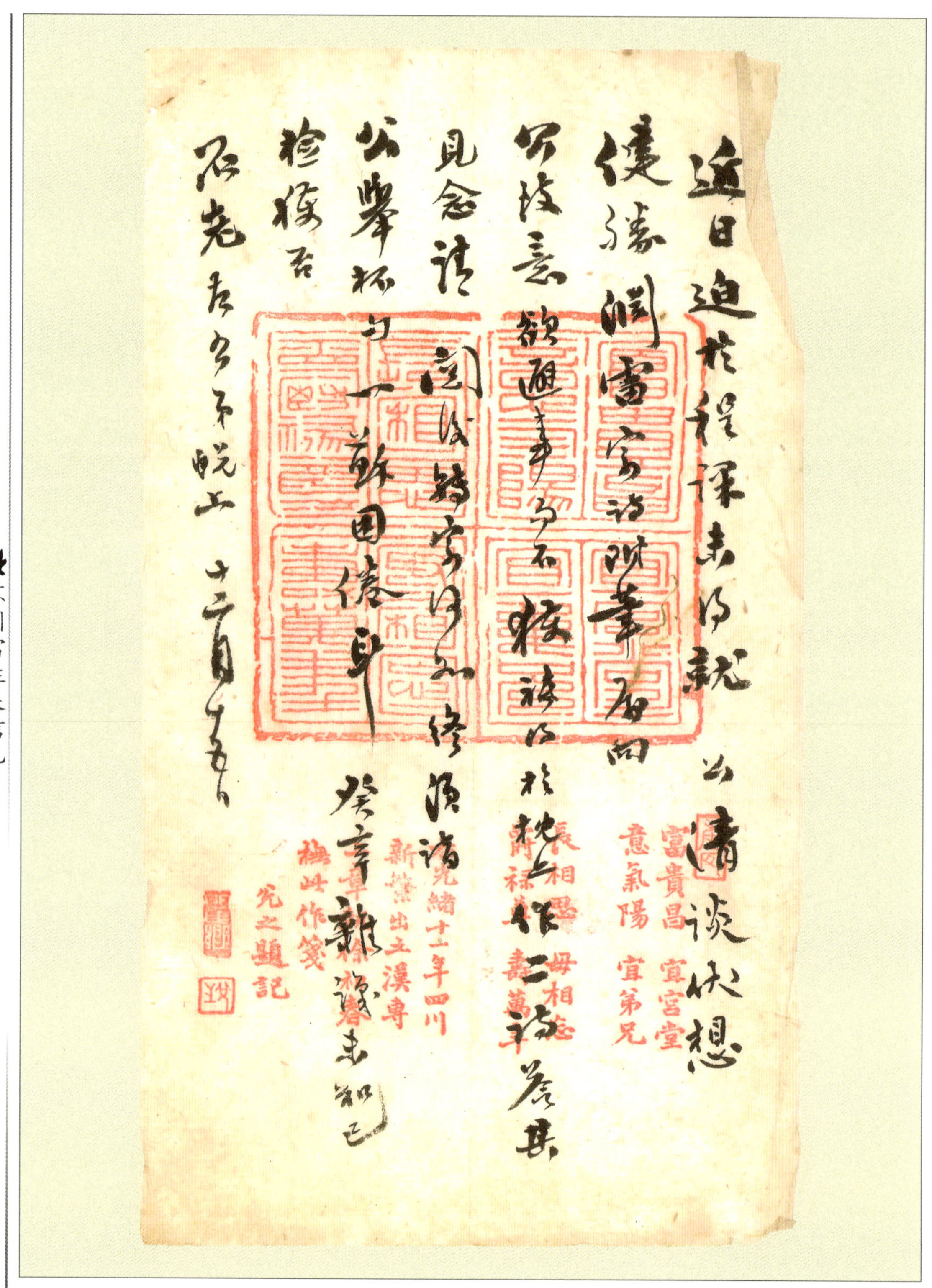

第　　页

大稿快读一过，平允笃实，迥异于横亘成见于胸中者，安得写万本诵万遍乎！

屡加斟酌，实无一词可赞。且觉无一语可省。唯一意见，末幅稍嫌过于文雅，恐一般读者格格不入，奈何！

"孔子为老学究"一语似可酌改。盖孔子虽"教"，却非教"书"，不当以后世之词意施之古人，且全篇皆庄论，亦不宜杂以不庄肃之口吻！　鄙见不过一二字之吹求，无关宏旨也。

另函到时正值端午，与石老会饮于酒楼，即以面交，渠叔法言同为额手。大诗宜有和章，稍迟寄上。

苏睦墓有信咐，感而有作，附以呈教！

悦斌

20×20=400 文化

1.

普陀山佛学院

苏老教授座下：

后学永定，出家少林。幼爱学佛，亦爱学易。在寺亦因学易常受匪议。彼言易道之天，在我佛教不过三界之天，有何可尊。吾意不然。是易道之天，在我佛教，则為義天。而至究竟。

第一義天者，是则第一義空之妙理而為天者。第一義空者，是则大乘之涅槃者。空亦空，為中道实相之空。第一義空，亦為智慧。所言空者，不見空与不空。佛地果德，真如实相，第一義空。

第一義空，是则智慧。易传亦言："乾之為知，乾知大始"。（原文：乾知大始。）又曰："乾以易知者"。易者，无為自然。乾以易知者，意謂乾之知，是又无為知，自然知也。不知之知，故知之美也。无為自然之知，故知之妙也。乾之化物，故以此也。乾之易知，宁非義天義空之理之智乎。

再看文王彖辞于乾之解而曰："元亨利貞"。文言于又作解而曰："元者，善之长也。亨者，嘉之会也。利者，義之和也。貞者，事之干也"。

元者，始也。始故源也。以元释乾，固謂乾之為源，众善之所以出，故為善之长也。

亨者，通也。既动而亨，动动交融，故曰"嘉之会也"。

利则利物。故要权智，方便善巧，与義而相和也。

地址：浙江普陀山福泉庵

2.

普陀山佛学院

贞以固本，保合太和不失。故能变化日新，自强而不息也。故以贞，而为事之干也。

乾之为天，若非义天，何又能为众善之源，出发无量妙用哉。若非义天义空，何又能以权智利物。既利物已，又能善逝，唯保太和而不失哉。

又曰："乾元者，始而亨者也。利贞者，性情也。乾始而以美利利天下，不言所利，大矣哉。"是又赞乾元之为源，众善之始由以亨也。但虽以美利而利天下，却又不言所利，不自为功，不自为德，此固乾元之性情也。非是勉强造作而然也。此天者，若非义天义空，何又能以至此而极也。

乾卦用九亦曰："见群龙无首吉。"龙之于人于物，是有功也。是有德也。然竟不自以为功，不自以为德者，故不以首而见于人也。故以喻天德之不可为首也。此故亦以用九天德，以证乾之美利，亦逝。不言所利之意也。亦证易道之天，是亦义天也。

又曰："大哉乾乎，刚健中正，纯粹精也。六爻发挥，旁通情也。时乘六龙，以御天也。云行雨施，天下平也。"

刚故坚实，喻如金刚。表乾妙体，固不能坏也。

健故进取，自强不息，表乾明体，故有功用也。

中以不偏，正以无邪，如大圆镜，含纳无量，亦无偏着。故表乾之中道之智也。

地址：浙江普陀山福泉庵

3

普陀山佛学院

纯粹之精，是又表乾的体，是则脱壳之白米精华。是物物者，固非泊之糟粕物也。

"六爻发挥，旁通情也。"是又巧以权智，旁以通乎时节因缘，方便以利物也。

"时乘六龙，以御天也。云行雨施，天下平也。"固谓圣人之御道而行。又能以参以六爻之道，进退以时也。故所以能胜利，致达天下太平也。

妙哉东西大圣，何以不约而同，达此至境也。盖以此理同心，心同此理。凡圣共具，故不异也。故非我之附会也。彼何以用管窥天，妄加诋毁哉。也。

佛亦有言，"我所说法，如爪上尘，所未说法，如大地土。"又说，"一切世间微妙善语，皆是佛法。"易者，国宝国粹。宁非微妙善语，是即佛法哉。

慨至末法，去圣时遥，奥义不明，故乎彰谬说。复有世间无知凡夫，竟认六十四卦全为占卜，复以亨字解烹者。尤甚者，竟以诋毁大传，非为儒家之说伪造，孔子不能知易。皇皇大作，长篇累牍，自害犹浅，误人尤深。痛彼中外硕士、专家名流，虽怀周易之执，奈于奥义不明奈何。

想老教授，既能解禅，必于心法而明。既于心法而明，必能解易之奥义。何不奋彼余烈，趁此晚年，老马

地址：浙江普陀山福泉庵

4.

普陀山佛学院

益健。揭以生花之笔，批彼邪谬之说，显易正义。则上者以慰

缅皇之心。下者以释吾辈之迷。

后学无知，孤陋寡闻。敢以上陈，故请恕罪耳。

永定 合十 1988.4.14.于普陀山，福泉庵。

此请一纸回批

回信地址——浙江，普陀山，福泉庵。

地址：浙江普陀山福泉庵

The Buddhist Association of the United States
3070 ALBANY CRESCENT, W. 231 STREET
BRONX, NEW YORK, 10463
Tel.: (212) 884-9111

渊雷先生慧席

自上海分手到現荏苒光阴瞬已数月，拖至今天给您写信，原因是我行踪未定，由上海飞行到香港、夏威夷、洛杉机、西雅图，最后到纽约。現被美国佛教会请住在大觉寺，沈家桢先生要留我長住。已写信去给龙华寺明暘法师和玉佛寺真禅会長，问他们有什么意見，我看他们亦不会，还要回答他的。這次大觉寺和莊嚴寺邀请我為信众灌顶傳法，我亦答应。我想大陸和尚在美国傳法还是第一次，這次参加者有壹百多人，我傳的是往生净土颇瓦法。已后来信，照信封英文写就可以，再写根造法师收就可以。专此

並祝

吉祥

根造和南
1985.10.14.

蘇太太和春生
請代問好

HONG KONG
6-PM
27 APR
1988
HONG KONG 香港
上海市華東師大一村44號
蘇淵雷先生收
香港干德道6—8号四楼A座

MAHA SANDHI YOGA CENTER
203 Willow Road East
Staten Island, N.Y. 10314
TEL: (718) 447-2112

Ven. Kan Tsao Rinpoche
根造法師

蘇老慧峯：

上星期接到王局来信，说起静安寺之事，我即由密师通电话，他只说兼职可以，当天亦即由王局長掛長途电话，说明我们意思，王要我到上海去住数日面谈，因最近香港中心正在装修，一切規格要我指导，不能抽身。最后说要同真禅、明暘商量后答复我。我準备五月十号回美，如有賜教请寄美國中心可也。

专此 並祝

吉祥

根造合十

1986.4.27

中華人民共和國

上海市華東師大一村442号

AIR MAIL AIR MAIL

蘇淵雷先生收

THE PEOPLE'S REPUBLIC OF CHINA SHANGHAI

MAHA SANDHI YOGA CENTER
146 – 59 DELAWARE AVENUE
FLUSHING N.Y. 11355 U.S.A.

Ven. Kan Tsao Rinpoche
根造法師

渊雷先生慧鉴：

最近我从加拿大回美，接到龙华寺来信，里面有您一便条，说您圣诞节后到香港法住学会讲学，接此信后，我马上打电话到港叫黄伟恒居士到法住学会找您，他们说您没有来，我定於本月廿日到港，以后再联系。

关於师大教授来信说，我是您介绍的，但我之得不到您的回音，故我将壹仟美金汇给张志哲收，因我是信任您，他们我素不认识，故我把经过告诉您，他们说是教授，写的字不相教授，相当小学程度，故使我疑惑，您看怎么办，就托您了。

现在香港新道场地址是香港铜罗湾皇龙道五号一楼，新金龙台。大圆满心髓研究中心。电话8068826

专此 并祝

吉祥

根造启

1991.1.9

香港大圓滿心髓研究中心 HONG KONG MAHA SANDHI YOGA CENTRE 14G, CORONET COURT, 321-333 KING'S ROAD, HONG KONG. TEL: (5) 786087

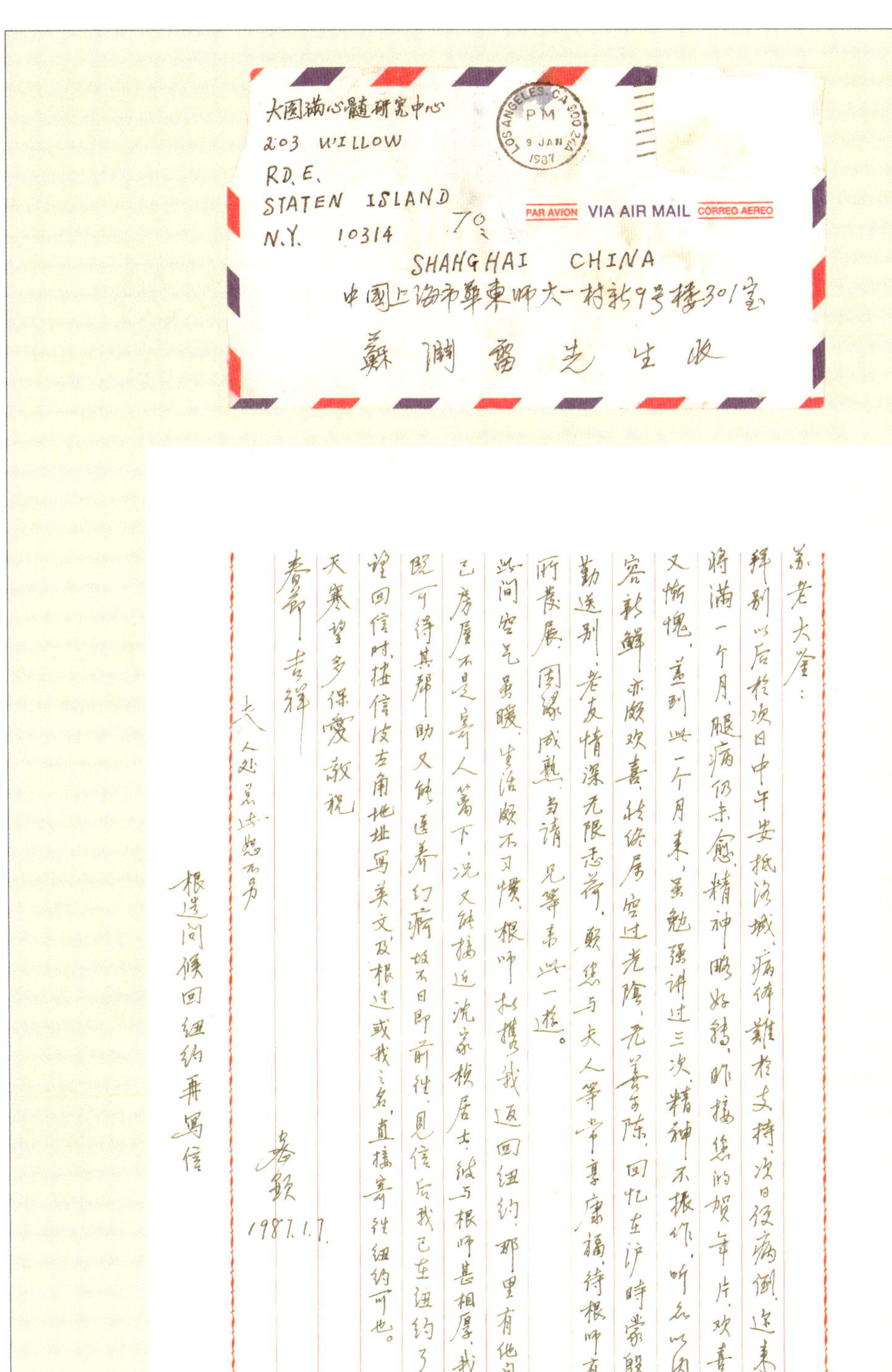

大圆满心髓研究中心
203 WILLOW
RD. E.
STATEN ISLAND
N.Y. 10314

LOS ANGELES, CA 900
PM
9 JAN
1987

PAR AVION VIA AIR MAIL CORREO AEREO

TO:
SHANGHAI CHINA
中国上海市华东师大一村新9号楼301室
苏渊雷先生收

苏老大鉴：

拜别以后於次日中午安抵洛城，病体难於支持，次日复病倒，迄来将满一个月，腿痛仍未愈，精神略好转，昨接您的贺年片，欢喜而又惭愧，盖到此一个月来，虽勉强讲过三次，精神不振作，听众以内容新鲜亦殊欢喜，於终居空过光阴，无善可陈，回忆在沪时蒙殷勤送别，老友情深无限感荷，愿您与夫人等常享康福，待根师有所发展，因缘成熟，当请兄等来此一游。

此间空气虽暖，生活殊不习惯，根师扶携我返回纽约，那里有他自己房屋不是寄人篱下，况又能接近沈家桢居士，彼与根师甚相厚，我既可得其帮助又能适养幻病，故不日即前往，见信后我已在纽约了。望回信时，按信皮左角地址写英文及根造或我之名，直接寄往纽约可也。

天寒望多保暖 敬祝

春节吉祥

夫人处并此恕不另

密显

1987.1.7.

根造问候 回纽约再写信

浙江省鄞县阿育王寺

盦水先生左右：二十九日赐
教并[illegible]初宁十老庆推出大作绝句二首
及春生先生山高水长画均已拜读。
昌胜诗章云云，感感何如之。
先生为之子赐亭墨宝，实为铭感无已。
已嘱语石臣先生将奉纸墨少许，乞
示徽，恍未敢言谢也。鉴真纪念碑已拓好，
将来俟前途先寄奉，俟得再奉函，
拓拔恐未能惬意耳。肃此，谨颂
吟祺

通一稽南　八五年中秋

浙江省鄞县阿育王寺

鉢水居士史席：八月廿七日錫下「鑑真紀念集」收到，手示誦悉。大文兩篇，已於八月廿五日掛號郵奉，諒已達。昨得九月一日來教，拜讀，關于保存舍利一節兩稿有異，愚意認為在你改稿中「住於通一和尚」句前，宜加上「前住於源龍和尚」，使兩文得以統一，妥否？祈主之。（源龍和尚于六六年二月十五日臥病，六七年四月病故。舍利是六六年六月度藏之舍利得以完存，是源龍和尚之大業。通一不過附驥而已）寫此，謹覆，順頌

吟祺

通一和南

九月三日

鄞县文物管理委员会用笺

椽筆揮灑，則當與我寺范的東坡兩碑同爲鎮山之寶，决不讓天水之專美于前也。敬此拜懇，萬望俞允爲幸。祇頌

謨安

阿育王寺文物保管所

通一和南

謹啓

一九八一、六、二七、

鄞县天童寺阿育王寺文物保管所

鄞县文物管理委员会用笺

益水大居士史席 久仰
廣譽無任歆慕逕有啓者 我寺 在十年浩劫中
毁成邱墟承政府撥款興建今春始重新梵宇
對外開放查我寺 舍利單鑑真大和上東渡時曾来
此休養為留此偉績擬樹立舍利单碑記以資
紀念窃以揚州鑑真大师紀念碑為趙樸老撰
文并書頗為中外人士所賞我寺 考慮到浙
東叢林理應由浙人自己撰寫但屈指兩浙大文豪
無出
先生之右既熟讀唐史又深究内典倘蒙

浙江省鄞县阿育王寺

時綏

阿育王寺住持通一

一九六二年十一月十四日

已收

浙江省鄞縣阿育王寺

蘇老先生閣下：

前月在滬相晤，承允為《阿育王寺新
志》作一序言，不勝欣幸。今以靈石臣先生
回滬之便，奉上《新志初稿》復印本三冊
約十四萬字，請予
審閱指正，尊見可寫在稿上。鄙望在陰曆
年底之前，與序言一并寄下，以便作進一步
修改定稿。至感至盼。專頌

镇江金山江天禅寺

渊雷教授钧鉴：

日昨由合成纤维厂驾驶员小褚同志送来
座下墨宝一联一屏，拜展之下，不胜欣慰之至。想
我寺自十年动乱期中所有一切已一空，所存尤
其文物之件，是个全面不易得之宝蒙
座下给以翰墨之功德，实使我寺生辉，特此
奉函泐谢，不一。专此，敬颂
康安

愚僧 慈舟 作礼

84.4.7.

92006